出品

世界温州人联谊总会

世界温州人家园

现当代温籍名家笔下的温州

梦绕瓯江

方韶毅 —— 编

文汇出版社

前言

改革开放以来，温州和温州人被贴上了种种标签。外地人一般都说，温州遍地黄金，温州人个个会做生意，家家都有钱，甚至认为温州人炒高了全国的房价。但他们来过温州之后，又觉得温州的城市形象与财富聚集的传言尚存差距。专家学者则归纳温州人具有艰苦奋斗、不等不靠、敢为人先的精神。二〇〇四年，温州跻身央视评选的中国十大最具经济活力城市之列。总之，说温州和温州人是近四十多年来中国最具有辨识度的区域和人群之一，恐怕大多数人都会同意。然而细细思量，这些标签多是"他者"的角度。温州到底是一座怎样的城市、温州人怎么认识自己、温州人如何看待这些标签，或许更值得考究。

我曾为瞿炜兄《温州记忆》一书写过书评，取题《其实你还不懂温州》，意思是温州是一座历史悠久的城市，富有文化底蕴，若认为温州只是一座商业城市，那是你不懂温州。但近些年研究地域文化愈深愈发现，其实我也不懂温州。不仅是很多外地人不懂温州，而且很多温州人也不懂温州。

于是就有了将有关温州人笔下的温州的文章汇为一编的想法，希望通过一个自我审视的样本让更多的人来了解、认识温州和温州人。

这本书选取的作者是晚清至民国时期出生的温籍名家。通过这份作者名单，不难发现这是一个人才辈出的时代，高觉敷、郑振铎、夏承焘、苏步青、王季思、夏鼐、琦君、南怀瑾、陈正祥、林斤澜、谷超豪、叶永烈等等，在各自领域均为杰出人物。某种程度而言，他们所见所闻、所思所想，具有一定的代表性。

其中有对山水的描绘，如陈仲陶《永嘉名胜一览》、苏渊雷《雁宕山游记》、游修龄《温州水城》、郑经生《人在天台雁荡间》；有对风土的记录，如张棡《温州风俗记》、朱镜宙《岁时记》、林斤澜《温州小吃》、周素子《衣食》；有故园怀思，如金溟若《乡愁》、缪天华《西楼梦寻》、马骅《百里坊遗留下的古老的记忆》、琦君《乡思》；有报国豪情，如刘廷芳《东瓯一少年》、王思本《省抗战宣传队山门之行》、胡景瑊《保卫温州》、张禹《我的启蒙学校——温州市府前街生活书店》、王来棣《忆临时中学》；有对亲人的想念，如陈适《儿时的秋夜》、林环岛《致双亲书》、董每戡《胡不归》；有对师长的感恩，如郑振铎《记黄小泉先生》、苏步青《从"背榜"到"第一"》、黄鸿森《感念三位启蒙恩师》、刘旦宅《怀念王晓梅先生》、周瑞金《最忆师生情——记中学语文老师林书立》；有对文化建设的执著，如刘绍宽《瓯风社记》、林损《心兰书社故园碑记》、夏承焘《旧温属公立图书馆征启》、夏鼐《论永嘉学派》；有对改革开放的鼓吹，如黄宗英《"百好"还甩得出什么王牌》、叶永烈《三游平阳》。……

这些文章写作年代各不相同，最早写于晚清，最晚则撰于新世纪。相距百年，正展示了温州新的历史阶段的风貌。从开埠到改革开放，政治制度、社会风貌、文化生态等都发生了重大变革,温州和温州人的形象也是这个阶段一步步凸显。

这些文章或文言或白话，或议论或抒情，体裁也不尽相同，然而作者对温州的热爱却是一致。马星野诗云："拜赐鲈莼乡味长，雁山瓯海土生香。眼前点点思亲泪，欲试鱼牛不忍尝。"南怀瑾在给乡亲的信中说："醉轻浮世事，老怀故乡人。"琦君写道："故乡啊！我怎忍想到你，又怎能不想你。且让我暂时再在梦里追寻你，藉以重温儿时温馨的生活吧！"

"子不嫌母丑。"对于故乡，我们同样有着难以割舍的恋情。即使那只是荒原里的一个小村，即使那只是大山下的一个乡镇，即使那只是河海畔的一个县城，身在其中可能无动于衷，但当你远离后，不知怎地会念起它的味道。即使那里环境恶劣，即使那里物质贫乏，身在其中，总想脱离它甚至有所怨恨，但当你立足他乡，不知怎地会想起它的好处。有位朋友对我说，他曾漂在北京，好久没有遇见下雨天，淋浴的时候，看到喷头洒下的水珠，就会莫名想起南方的雨天。

因此，美国学者段义孚用"恋地情结"（topophilia）这个词来定义人类对物质环境的所有情感纽带。他认为："人对环境的反应可以来自触觉，即触摸到风、水、土地时感受到的快乐。更为持久和难以表达的情感则是对某个地方的依恋，因为那个地方是他的家园和记忆储藏之地，也是生计的来源。"他进一步指出，"恋地情结是关联着特地地方的一种情感"。当这种情感变得很强烈时，地方和环境便成了符号。

我想，"恋地情结"的"恋"，应是"维桑与梓，必恭敬止"般的"爱恋"，而非"伫立望故乡，顾影凄自怜"般的"爱恋"。正如倪文亚《所望于＜瓯声＞者》文中呼吁的："过去的骸骨，我们固不必迷恋，但是开掘，阐发乡先生所遗下的宝藏，这都是我们后起之责任！"正如王季思《寄语温州》

文中提到一位朋友的赠言："我们要关心故乡的事业，但千万不要作回头鹿。"

这种"恋"不是自恋，是开放的爱。不被"恋"所禁锢，故乡的事业才有更广阔的天地。这才是"恋地"者所乐见的，才是一种应有的自我审视的姿态。

编者
二〇二一年十一月十六日

目录

张 棡	温州风俗记 1
刘绍宽	瓯风社记 6
刘景晨	敬乡楼图记 9
黄 群	胡化之先生墓志铭 12
姜 琦	地方父老和新青年 15
谢侠逊	初战棋坛 21
朱镜宙	岁时记 24
林 损	心兰书社故园碑记 33
刘廷芳	东瓯一少年 35
梅冷生	我与籀园图书馆 38
陈仲陶	永嘉名胜一览 44
高觉敷	不要聪明反被聪明误 59
李仲骞	谈谈温州的文化 62
郑振铎	记黄小泉先生 66
伍献文	忆故乡 71
夏承焘	旧温属公立图书馆征书启 74
刘 节	乡恋 ——一九三九年日记选 77
苏步青	从"背榜"到"第一" 86

王国松	忆故乡　怀老师	89
倪文亚	所望于《瓯声》者	93
张淮南	致高谊家书	100
林环岛	致双亲书	102
萧　铮	少时身世	108
朱维之	农村的童年生活	111
金溟若	乡愁	120
王季思	寄语温州	124
戴家祥	启蒙	128
钱天起	《永嘉长短句》序	134
董每戡	胡不归	140
叶永蓁	清明节有怀祖墓	145
陈　适	儿时的秋夜	148
缪天瑞	学习乐器趁年少——中学时期的音乐生活	151
苏渊雷	雁宕山游记	154
马星野	青灯有味似儿时	160
夏　鼐	论永嘉学派	165
管　雄	回忆	169

赵超构	望乡之情	174
王思本	省抗战宣传队山门之行	179
吴鹭山	王十朋笔下的家山	182
王栻	鳌江地方	189
汪远涵	难忘的岁月	192
缪天华	西楼梦寻	197
连珍	乡情忆旧	204
吴景荣	温州，我的故乡！	209
赵瑞蕻	瓯海在呼唤	212
马骅	百里坊遗留下的古老的记忆	222
胡景瑊	保卫温州	229
琦君	乡思	235
南怀瑾	醉轻浮世事 老怀故乡人 ——给地团乡亲的信	240
唐湜	我爱南戏	243
樊祖鼎	只缘温州是故乡	247
杨涵	月是故乡明	251
马大任	温州与温州人 ——我的故乡与同乡	259

游修龄	温州水城	264
郑经生	人在天台雁荡间	269
黄宗江	七十还乡	274
黄鸿森	感念三位启蒙恩师	281
张怀江	且托瓯潮寄乡情	297
张　禹	我的启蒙学校 ——回忆温州市府前街生活书店	300
陈正祥	用自己的著作纪念值得纪念的人	305
杨　奔	瓯江口	309
林斤澜	温州小吃	313
葛克俭	难忘的岁月	320
黄静嘉	魂萦温州 ——我在故乡的文艺少年岁月	325
林曦明	中秋明月照家乡	333
黄宗英	"百好"还甩得出什么王牌	338
谷超豪	怀念故乡	348
王来棣	忆临时中学	351
杨　勇	温州学人在香港	355
谢　云	苍南乡思	361

施昌东	思故乡	363
刘旦宅	怀念王晓梅先生	367
周素子	衣食	372
王大兆	梦绕瓯江旦暮求	381
姜嘉锵	故乡的清泉滋润着我的歌喉	389
林冠夫	故家，老屋基	394
戈悟觉	我是温州人	403
周瑞金	最忆师生情 ——记中学语文老师林书立	408
叶永烈	三游平阳	414
王则柯	淡淡的温州情结	423

温州风俗记

张棡

张棡（1860—1942），字震轩，号真侠，温州瑞安市人。长期从事地方教育工作，长达五十余年。历任瑞安中学堂、浙江省立第十中学堂、省立第十师范学堂、瓯海公学等校文史教员，有日记、诗文集存世，尤以日记出名，今编有《张棡日记》十册。

夫以山川能说，号表大夫；輶轩陈诗，官称太史。江州司马，惯吟开宝繁华；弁阳老人，曾记《武林遗事》。证新闻于花月，录著《梦梁》；溯教会之冶游，文详膺史。盖风土之记，自古皆然；而习俗所移，虽贤不免。

吾瓯僻处浙东，界分闽峤。山水标吴越之奇，理学擅鲁邹之美。雄文正则，与陈蔡而齐名；大节侍郎，抗方黄以角立。凡诸瑰行，久播讴歌；简策胪书，毛举靡罄。

若夫敬鬼之风，习传乎驷氏；逐傩之月，揆法于《周官》。每当上已修禊之辰，乃有赛会迎神之举。通阓带阓；张幔悬灯。一条软绣之街，轮蹄杂沓；三叠村田之唱，神鬼荒唐。翡翠屏开；琉璃台起，庭燎设而仙使呈；欣烽腾而白波卷。银花落地，南油与西漆争然；珊树撑天，蜡风共烛龙并耀。二分月白，锦昼灯笼；百人云红，布皆火院。打彻太平之鼓，歌舞鳌山；如游不夜之城，喧阗人海。此灯市风俗之一乐也。

优孟衣冠，梨园丝竹。易感人以哀乐，遂谄媚夫幽冥。祀不分阴阳，曲不区邪正。偶逢神诞，竞演新声。毡铺戏马之台，彩结飞虹之栋。游闲公子，来听散雪之歌；窈窕佳人，坐结团云之队。弦么管脆，玉笑珠啼。急声缓声，薛阳陶之觱篥；汉曲胡曲，李可及之琵琶。莫不凝睇含情，色飞眉舞；及乎西曲东四，汝南鸡唱。满台人散，谁云极乐生悲；百年歌残，犹说余音绕耳。此戏场风俗之又一乐也。

浴兰戴艾之天，藻野缛川之地。场开盘马，舰制飞凫。哀楚骚鱼腹之冤，斗场广龙舟之艳。时则景快新晴，明邀旧雨。单舟叠舸，置箫管于两头，小扇轻衫，拥佩环于四面。或爱壶觞之捧，充笄山肩；或欣画楫之摇，经口渡口。或珠帘齐卷，间凭亦扇之穷；或至貌憩窥，特敞三层之幔。咸延丽瞩；吝豁尘襟。虽不敌秦淮湖舫之欢，已极罗瓯海水之嬉之胜。盖竞渡风俗之乐，有如此者。

功果说起，浮屠焰张。未种福田，先成利薮。则有岳观缁流，开元老衲。经幡秘密，会启无遮。施各种之庄严，奏请天之伎乐。阴阳不隔，未知于意云何士女咸来，共说我闻如是。尔乃发菩提之愿，燃正觉之灯；焚解脱之香，诵贝多之字。治古人明器象形，寓钱镪纸；叹尘世宝山撮手，借火催银。谁为豪薛荔，施食千种；愿作须连多，布金满地。普门妙品，居然利可济人；举国若狂，不信财能役鬼。其盂兰风俗之乐，又如此者。

若夫失意才人，少年荡子。鄙诗画若糟粕，以放诞为风流。非寻欢而恋宿娟楼，即过瘾而沉酣烟馆。非花晨月夕，为马吊牌九之消闲；即僻地深山，设花会赌场以罔利。情之所注，不遑问衣食身家；类以为招，直莫辨王孙皂隶。凡此四端之风俗，今瓯到处而皆同矣。

愿或谓人生，不妨行乐，我辈最是钟情。古尝有烟花南部之谭，今亦传沤㵽青楼之记。瓯则境处馆毂，家鲜藏金，倡有流连，何伤风化。不知莲出污泥，心会沛果；桃开露井，命薄东风。既菌阆之堪怜；亦风花之易散。方其扇摇比翼，蚕卧同功。斗闹之新妆，试绸缪之旧郎。谓当乐死，誓比长生。适于橐尽黄金，人遭白眼。词传侬懊，变有欢闻。号若辈之恒情；实人生之美事也。或有谓莺粟虽是伤生，蝶枕亦堪破睡。况瓯为海国，市半洋商。种植者赖烟为销场，风寒者赖烟为药石。纵非美好，何害陶情。不知嗜酒必醉靶沉埋，渔色必欢场潦倒。烟较酒而痼癖尤深，烟视色而缠绵愈甚。纸醉金迷之地，乐此不疲；唇熏舌敝之余，与之同尽。青年富室，既甘火底投蛾；黄面贫儿，也爱管中窥豹。祇自误耳，悔可追乎？或又谓心如无用，孔宣圣云博奕犹贤；材苟可为，李安民以呼卢得赏。矧来朱去马，间中之能事偏多；秋月春花，世外之恼人不少。得斯玩具，足涤闲情。而啸侣而呼俦；岂含瑕而纳垢。不知牧猪收之戏，陶士行投诸江流；樗蒲马之风，宋广平纠以白简。持撄兔为城旦，汉代严刑；杀枭恶其不仁，齐臣法语。今则颓波日下，饱食群居，密室围炉，华堂爇烛。岂平奉重事相公，且握算持筹；岂文学余问学士，亦摊钱事注。岂留髡送客，男女可以合樽；岂绝类杂伦，弟兄不妨轸臂。稽其品目，剽稗官《水浒》之称；穷其末流，竭祖父私囊之蓄。至如会号为花，歌兴得宝，令疾衔枚，机源伏网。行踪同狡兔之藏；流毒比淫狐尤烈。人非管辂，鲜不堕其术中；论续韦昭，急当摈之化外矣。

嗟嗟！大风有燧，易致漂摇；小国为繁，宜从省啬。果使预防汰侈，蚁穴可至于溃堤；其如积习因循，萤火不能以沃雪。故灯市虽循曩例也，而耗财废业，乃可惜未免挂讥；戏场虽可陶情也，而诒容诲淫，三不归寝以为俗。竞渡则争先不让，蹈白水而捐生；盂兰则佞佛成瘾，掷黄金于虚耗。有此数端之弊俗；自招四者之不祥。理有固然，又何猜欤？生也身居梓里，目击伤心；但愧直操之乘时，争奈移风之寡术。所望为民长上，先存拔薤之思，因之下采刍荛，不废徙薪之说。则斯记也，今朝虽自掺土风，他年已幸逝化日焉。

（本文录自《杜隐园手稿》，选自《温州历代文选》，潘猛补编，作家出版社一九九八年二月版）

瓯风社记

刘绍宽

刘绍宽（1867—1942），字次饶，号厚庄。温州平阳人（今龙港市）。曾师从孙衣言、孙诒让父子，并入震旦学院学习，东渡日本考察教育，后执掌温州府中学、籀园图书馆。著有《东瀛观学记》《厚庄诗文钞》《厚庄日记》等。

吾瓯风气之开，肇自汴宋，南迁而后，郑薛陈叶诸儒出，学派始成，夫人能言之矣。自新安朱氏目永嘉为功利之学，与永康陈龙川氏王霸并行之说，举以为粗而不精。后学习闻其言，遂佻陈叶而折入于朱，元明以来，朱学定为一尊，学子靡然向风，几不复知有永嘉学矣。清季孙琴西太仆、止庵学士暨籀廎师，始力表章之，承学之士，稍稍诵习其书，会值世变，国家多故，有志经世者，起而讲求掌故，务为实学，于是陈介石、蛰庐世丈与一时同志，蹱起相应和，世所称求志社是也。洎乎欧学东渐，趋新之士，往往骛智识而轻道德，世道人心，日以隳坏。际其会者，益思永嘉之学，体用兼赅，本末具备，实为救时良剂，固学人所当急请也。

岁癸酉冬，介石世丈从孙穆庵、余友孟冲之哲嗣，亦余及门士也。目击世弊，尽然与其妹夫林君志甄，创设什志，号曰瓯风，将以昌明永嘉故有学术而为之倡，于是求志老辈池卧庐先生、籀廎师之长君孟晋与余，及黄君胥庵、高君储廎、王君志澄、林君公铎、李君雁晴、宋君墨庵、梅君冷生、陈君仲陶、夏君瞿禅、李君孟楚、陈君绳甫、张君宋廎，皆赞成斯举，相与请论道艺，而风气庶为一变。因名其论学之居曰瓯风社，属为之记。

余谓学术之兴，非惟空言相号召而已也。永嘉经制之学，至陈止斋氏而大成。叶水心氏称述其学，论其致源也，谓其从郑薛，以克己兢省为主，而敬德集义于张公尽心焉：至古人经制三代治法，又与薛公反覆论之，而吕公为言本朝文献相承，所以垂世立国者，然后学之内外本末备焉。论其致功也，囗年经月纬，昼验夜索，询世旧，翻史牒，搜断简，采异闻，一事一物，必稽于极而后止，千载而上，珠贯而丝组之，若目见而身折旋其间。吕公以为其长不独在文字也，而论其致用也，则曰：本原祖宗德意，欲减重征，捐末利，远之于民，省兵薄刑，期于富厚，而稍修取士法，养其礼义廉耻为人材地，以待上用。其于君德内治，则欲内朝外廷，为人主一全，群臣庶民，并询迭谏，而无壅塞不通之情，凡成周之所以为盛者，皆可以行于今世也。水心之言如是，是其所以致用者，即施之今日，亦安有不合者哉？太仆学士兄弟既尊显其学，而其绩学为文，又能心仪而力追之，其文之至者，直与颉颃而无愧。籀顾师之治周礼，精究古谊，窥见制作本原，几轶止斋而上之。出其绪余，著《周礼政要》，亦止斋通经致用之旨也。当时求志诸老，若介石世丈之友教南北，请学著书，与从子孟冲暨门诸子，共为《新世界学报》，蛰庐世丈著《利济学堂报》，是皆致源陈叶，求所以施之实用者，此非吾人所当尽心而致力者乎，毛传说诗六艺，一曰风，又自释之曰：以一国之事，系一人之本，谓之风。周绩之申其义云：由我化物，则谓之风。盖风之播地上者曰风，教成于下者曰风俗，而其机则系于一二人之心之所向，湘乡曾氏所谓，始乎微而终于不可御者也。《中庸》曰：知风之自，《易·说卦》曰：挠万物者莫疾乎风，胥是义焉。同社诸君子，夫亦本其所职志，而致审于风动之所艺者乎？

（本文原刊《瓯风杂志》第七期，一九三四年出版）

敬乡楼图记

刘景晨

刘景晨（1881—1960），字冠三，号潜庐、贞晦等，温州城区人。早年就读京师学堂，曾执教于温州府学堂（温州中学）。民国初年，被选为第一届国会众议院候补议员，一九二三年拒曹锟贿选。解放后为温州市文物管理委员会首任主任，系浙江省文史馆馆员、温州市政协副主席、浙江省人大代表、温州市政协副主席。著有《中国文学变迁史略》《贞晦题画绝句》《题画梅百绝句》等，今编有《刘景晨集》。

瓯江之水，经永嘉县城北而入于海，孤屿双塔，在水中央。江之南岸，相连，竹木鱼盐成市，而背城以居，登楼望江北，烟岚如临图画者。予与黄君溯初，两家比邻。溯初好藏书，尤喜搜集乡先哲遗籍，每有所得，辄庋之楼中，楼之名故曰敬乡也。

永嘉自唐以来，先哲遗书著录于《温州经籍志》者一千三百余家。溯初搜集之勤，积三十年，得书四百余种。其中宋元明清仅存之椠本、诸藏家传写未梓之书，有《经籍志》所未著录、有著录称已佚者，殆百数（十）种，盖亦难矣！

自予与溯初皆去其乡为远游，久而溯初思敬乡楼不能忘，其友武进汤涤、贵筑姚华、衡阳萧俊贤皆为之图，以寄遐赏。比年以来，溯初为客海上，挈楼所藏书陈之寓邸。戊辰之岁，时维暮春，爰发秘珍，寿诸铅墨，校理之事，予效其劳，是为《敬乡楼丛书》第一辑。玄冬向尽，全帙告成，乃授兹图，委为述记。

昔吾乡藏书之家，称孙氏玉海楼最富；汇刻之帙，亦始于玉海楼之《永嘉丛书》，遗响可承。敬乡楼之书，既选印以传于世，予尝有言书于其总目之后。而敬乡楼之图，新会梁启超、湘潭周大烈并有题记，予复何所云耶？夫人生不过百年，壮而有四方之役，老则还乡，闭门读书，以遣余日，然后为快耳。十年之前，溯初方新其故居之楼，予尝登览，四壁琅函，与山色江光相明丽。曾未几时，不戒于火，而藏书早移之海上，不为绛云之烬，亦云幸矣！

今城西南松台山麓，溯初有别业数椽，地十数亩，杂植桃梅梨橘，美茂成林。予谓溯初宜辟其隙地更筑一楼，海上藏书尽反诸楼中，纵乡人之浏览，表章昔贤，嘉惠来学，其于敬乡，不愈大乎？别除雅室，自适起居，四时佳日，予将携酒过从，庶几少时同学之乐，可以复寻。此则予披览兹图而不能无说也。

民国十有八年己巳三月，刘景晨记。

（本文原刊《蓼绥年刊》创刊号，民国二十六年六月温州籀园铅印本，选自《刘景晨集》，卢礼阳，李康华编注，上海社会科学院出版社二〇〇六年十月版）

胡化之先生墓志铭

黄群

黄群（1883—1945）原名冲，字旭初，后改字溯初，祖籍温州平阳郑楼，父辈以经商迁居温州城区朔门。曾就读于杭州养正书塾（后改名杭州府中学堂），后留日攻读法政。辛亥革命成功后，当选为首届国会众议员。与梁启超一道，为反对袁世凯复辟而奔走。后弃政从商，积极投入家乡现代化建设，发起成立瓯海实业银行、东瓯电话股份公司、瓯海医院及出版《敬乡楼丛书》等，并策划"高陶事件"。著有《敬乡楼诗》，今编有《黄群集》。

君讳炳熙，字化之，永嘉胡氏。名于族谱曰理圣。曾祖知二，祖尧阶，考滋田。君有二兄，伯曰理明，仲曰理睿。胡氏为永嘉大族，县东北楠溪之中塘而居者，殆千余户，皆以耕读世其家。君生有美德，读书不惮勤苦。方清之季，习为举业，应县府之试。及科举废，入温州师范学校。既卒业，历充本县城乡各小学校长教员，逾十载，又为县小学教育巡回指导员四载，浙江省教育厅奖其成绩，榜于其堂曰：功在树人云。余祖平阳郑楼，自先父移居永嘉，今三世矣。民国十年，余始于郑楼创办小学。胡定侯者，君之子也。余请为校长，克慎克勤，久于其职，众学生暨其父兄交口称道。既十有三年，即现在改为温州师范学校之址也。余有盐垦之田在江苏东台县之海滨，经营颇难其人，则又定侯兼往督视之，岁或一至，或数至焉，地力以是不复荒废，迄于今八年。

定侯间为余述君之往行。余且知君之以孝事亲，以悌事兄，以礼接人，以俭治家，澹于营利，而胸无城府。呜呼！贤已其父，也贤其子，然后能淑余以信。定侯者，信君书以勒诸石，庶几后之人信而效之也。君配盛氏，有子二人，曰方超、方崇，女一人适方序波。方超，字定侯。君以后其伯兄理明。孙一人，曰明诚。方超之子。君生于清光绪丁丑年十一月十七日巳时，殁于民国庚戌年二月初五日卯时，得年四十有四。君殁后之十二年，方超兄弟卜葬君于塘川山之原。属墓志，且系之铭曰："儒者治平先修身，端诚纯洁君其人，天祚陷德昌后昆。山磊落兮水漪沦，松柏华荫兮千万春。"

清光绪巳卯科举人，历奉天交涉司、吉林民政司、前江苏省长韩国钧谨书。

日本早稻田大学经济学士，曾任众议院议员、苏浙皖矿务监督黄群谨撰。

中华民国二十二年冬月立。

(本文选自《黄群集》，卢礼阳辑，上海社会科学院出版社二〇〇三年十月第一版)

地方父老和新青年

姜琦

姜琦（1885—1951），字伯韩，温州鹿城区人，著名学者、教育家。曾任温州省立第十师范学校、杭州省立第一师范学校以及上海暨南大学校长、浙江大学训导长等职，著有《中国国民道德概论》《现代西洋教育史》等。

我现在标这个题目，亦非是仅指一家庭上的亲父兄和亲子弟而言的，乃是指全地方上的一般父老和一般青年而言的。换一句话说：地方上的一般父老对于后辈青年应该取什么态度？有什么责任呢？这个问题是现在做父老的人所不可不研究的；欲研究这个问题，又不可不先明白人类社会是什么东西。

人类社会是一种有机的团体。凡是有机体的东西，都是有继续发展的本能；新陈代谢，就是他呼吸继续发展的作用；万一失掉这种作用，那么，一切这个机体的物就不会进化了。但是这种作用非是仅仅出于自然的，必须常常加以人工，才能够增大他的速率。请拿他种动物来和人类一相比较：为什么人类比他种动物有进化呢？因为人类会能够发明种种方法，去改良过去的经验，——人为淘汰——所以有长足的进化；他种动物只一味适应自然环境，去保留过去的状态，——天然淘汰——所以无毫末的进化。（野生的动物不但没有进化，并且有许多野生的动物是大形退化的；即使有些家畜的动物稍稍能够进化，也是人类的教育作用所改良的。）照这样看起来，人类之所以和他种动物有区别的地方，就是在于人类有意识的教育设施，他种动物只有无意识的盲动本能。换一句话说：教育设施就是人类要增进新经验，去陶铸后继的人类，使一代好于一代的一种作用。然而一切人类未必个个人都有这种作用；有些时代许多人故意阻止一般人类的进化，是屡见不一见的。请读世界史，别的国家不用说，单说中国罢。近来讲历史的人，都说中国是历史上最古文明国，都是单指着中国古代文明而言的。但是自先秦以迄今日哪里有丝毫的进化呢？这亦非是我们的智力不及西洋人，乃是因为受着历代专制政治的影响，一般人虽则具有思想活动的本能，然而他们恐怕徒招文字之祸，不敢自由发表言论，阐明思想，好像"寒蝉"似的；久而久之，在不知不觉之中就成一种习惯性，常常假托经义，诬会立说，去规诫后辈子弟。古人之所谓是的，也要他们以为是；古人之所谓非的，也要他们以为非。禁锢思想，可谓极点！甚至到了现在科学昌明的时代，还有许多父老不肯破成见，对着后辈青年开口就讲五行咧、织纬咧、运命咧、报应咧。他们的意思原是出于一种好意，以为非借用这种话，就不足以维持世道人心；可是他们不晓得这种话流传，有很大的恶结果；为什么呢？因为后辈青年听到这种话，就把万事都托于前定的宿命，不肯向前猛进，去解决自己生活的一切问题了。

　　我现在要敬告我最可敬的父老及可爱的朋友们；你们的这种话，只可以对于权力热衷的人、境遇不顺的人、年老归隐的人，给他们当做一服清凉剂，做安心立命的工具；若对于精神活泼心地愉快的新青年而发，那么，就是等于一种剧药，断送他们的新生命，教他们不肯谋进步图发展，阻害人类社会的进化，实在不浅的！西洋社会不是这样的，从西洋历史上看起来，西洋上古在希腊时代雅典是个民主的国家，暂且不用说起；就是军国主义的斯巴达虽则有时用神话做个教训的资料，然而不走于极端，常常顾到实际问题。例如斯巴达父老在公共教育场对着一般青年晓解市民的由来及国家的大势；或向他们考问处事从军等事，使他们自思自答，要养成一种健全的公民。至于罗马呢？罗马的教育虽则和斯巴达相同，偏重军国主义，然而他们的目的也要养成一种实际的公民。退一步说：西洋历史上也有禁锢青年思想的时代，然而不过自基督教皇时代起至中世纪初期止仅一千多年就是了。但是不久意大利的学者唐旦（Dante）在学术上别开生面，德意志的路得（Luter）在宗教上发起改革，那么，后来就逐渐形成十九世纪的科学世界。到着今日所谓"富国强兵"的地位。总括起来说：西洋的国家政治无论怎样变迁，他们的父老总要拿"启发后进诱导青年促进人类社会的进化"做自己的天职，不肯习故为常，坐观成败哩。

所以我以为我国不要进化就罢了；若要进化，非先极力启发后进诱导青年不可。至于应该怎样启发？怎样诱导呢？照我的意思，以为第一要考察青年的个性，人的个性各是不同的。谚语说："人心不同各如其面。"这句话是很对的，所以老年人对待后辈青年不可拿自己的心理做个标准；自己要什么，也要他们做什么；应该仔细考察后辈青年的心理，看他们的性之所近，使他们发挥个性，循循善诱，养成一般有用的人才，才算是对的。美国霍尔博士（Dr Hall）说："教育家不可用老年人的悲惨智识去扰乱青年的心情。"这句话最好玩味！第二要顾着社会的状况，社会的状况是随着时代而异的，因为一时代有一时代的精神，那么，前后社会的组织当然是不同的。生于什么社会上的青年，也应该就着那个社会的需要去做人，所以老年人不可拿自己的青年时代所经验的事情还遗传于现代青年的脑袋里，强要他们去模仿，应该使一般青年都有适当生存于现代社会的能力。

我记得前年我乡里有一位父老去世的时候，我辈中有一位朋友做一副挽联去吊他；这副挽联中最后一句说："吾乡今后更无人。"我读这句，毛发悚然！我很怀疑我乡现在岂真无人吗？这位朋友的意思若说：我乡今后没有那样人了，但是现在另有一种人辈出，那么，这句话是合理的；否则，这句话是太过的；为什么呢？因为假使现在没有那样人这样人，也应该希望今后有人，希望今后有比从前父老更好的人；断断不可讲这样"绝后"的话。去阻害青年的志气，摧残后进的元气，西洋纪元一三〇四年意大利有个著名的哲学家，名叫比的拉向（Pertarca），他有傲慢的癖性，常常存一种强大的自负心，很瞧当时社会上的人不起，他到晚年的时候，写遗书两通：一通给古代的哲人，把自己比作古人；一通给后代的人说"现代的人没有一人可以比做自己，不得不求之于后代"。像比的拉向这样傲慢的人，尚且他讲话很留余地，希望后代有人才。

所以大家要晓得人类社会是一种继续发展的，后代比前代的好是一种"必然"或"当然"的状态。古人说得好："青出于蓝。"我们也应该做这样想,希望现代或今后社会生出许多改好的新青年;不但希望,并且要负完全的责任,用正当的方法,去启发或诱导现代的新青年。

  我这篇文章是因一时的感想而做的,究竟对不对?还请有教育青年的责任的人指教!

九,十一,十二在杭州

(本文原刊《新学报》第三期一九二〇年六月印行)

初战棋坛

谢侠逊

谢侠逊（1888—1987），温州平阳人。驰骋棋坛，多次夺冠，人称"中国棋王"。抗战期间，赴南洋以弈棋宣传抗日，周恩来赞誉他是"爱国象棋家"。著有《国耻纪念象棋新谱》《象棋谱大全》《象棋指南》等。

我一八八八年生于浙江平阳县，先父是贫苦农民，生平酷好弈棋，我幼承庭训，六岁即爱好象棋。当我懂得着法之后,就找人对弈,越弈越感兴味,简直入了迷。有人说我下棋有天才,其实不然。主要是肯下功夫刻苦钻研,下棋时肯多想多算,不管是胜是败,弈后经常独自复盘,把输棋默记出来,研究失败原因,并探讨正确的着法,从中汲取经验教训。通过复盘,锻炼了我的记忆力,以后能闭目弈棋,也得力于此。有次,偶然得到一本《韬略玄机》,这是比较深奥的残局汇辑,是我第一次接触到的古谱。我如获至宝,用尽脑汁,孜孜不倦地逐局反复研究,终于由似懂非懂逐渐明白其中奥妙,领会了一些弈理,再对照实战经验,不断总结,我的棋艺获得了显著的提高。到十岁时,就"战遍平阳无敌手",为爱好棋艺者所重视。

当时温州有个雕刻艺人陈笙,棋艺精湛,远近闻名。我这"初生之犊",很想前去领教。但从平阳到温州相距百里,坐小船要近两天路程,我是贫民之子,怎能筹到这笔往返川资呢?一时未能如愿。十三岁那年,听说陈笙在福建一次联赛中荣获银牌。家乡亲友都希望我前去跟他较量一番,凑了三块银元资助我去温州。到了温州,我即登门向陈笙说明来意,起初他不愿和我对弈,认为和我这个无名小卒对弈有损他的尊严,经我再三请求,他才同意。第一局由我先走,面对名手,我的情绪有点紧张,起子特别细心,开局不久即占得优势,情绪渐渐平安下来,我终于取得了胜利。第二局战和,第三局失利,一个少年棋手与成名高手对弈,取得了这样的成绩，出乎人们意料，一时轰动了整个温州地区。

与陈笙较量后不久，陈的徒弟林奕仙（永嘉人）找上门来。我们对弈了两天，互有胜负，不分上下，真是棋逢敌手，他比我大几岁，两个人在一起切磋棋艺，谈得很投机，成了我的第一个好棋友。与陈分别了两年，他远游广东、福建回到永嘉，又来找我对弈。一下子，我就感到他的棋艺远非昔比，中炮威力锐利，兵、马运用协调，简直使我招架不住，以致三战三北。这使我非常惊奇。经了解，他曾钻研过《橘中秘》这本古谱，才有此成就。至此我方知除了《韬略玄机》之外，还有此书，即托人多方设法搞到了一部。通过学习，使我眼界大开，觉得这本古谱揭示了象棋艺术的基本规律，各种开局都具规模，在攻守战术方面也有独特见解，的确使我获益非浅。其后我又借到王再越著的《梅花谱》手抄残本，其中"屏风马对当头炮"引起了我浓厚的兴趣，对我有很大的启发。以后跟人对弈，有人说我用马得心应手，这就是从《梅花谱》中体会得来的。我又和林弈仙试弈了一下，效果良好。林当时也颇诧异我着法的变化。我乃把手抄本借给他看，他对《梅花谱》评价也很高。上述两本古谱，给我留下了深刻的印象，使我认识到要提高棋艺水平，除了自己苦练之外，还得研究前人的理论著作，两者是缺一不可的。

（本文节选自《棋坛依旧》，原刊《20世纪上海文史资料文库（8）》，上海书店出版社一九九九年九月第一版，题目为编者所加）

岁时记

朱镜宙

朱镜宙（1889—1985），字铎民，晚号雁荡老人，温州乐清人。章太炎女婿。著名报人、学者、诗人。曾任《天钟报》《天声报》《民信报》《民苏报》主笔、总编以及甘肃、陕西省政府委员兼财政厅厅长等职。著有《英属马来半岛》《民国政制改造论》《咏莪堂文录》《咏莪堂文录续篇》《思过斋丛话》《梦痕记》等。

过了二月二日，新年娱乐，至此告一段落。小朋友所盼望的次一节目，就是被称为佳节的端午与中秋。

端午，又名端五，亦名重五或重午。《岁时记》："京师市尘，人以五月初一为端一，初二为端二，数以至五，谓之端五。"周处《风土记》："仲夏端午，烹鹜角黍。"注："端，始也。谓五月五日也。"这是说端的意义。

重是再的意思。因其月为五，日亦是五，故曰重五。然而为什么又要说午？在中国药典里，有几种丸药，据说必须在端五的午时采制，效力更大。又说：苗夷等族的女郎，于端五午时，采取毒虫若干种，皿器中，使其相互啖食，取其最后残存的为蛊粉。如猎得汉儿郎，一年半载之后，男的思归，女的必问返期。如说三个月，女即取蛊粉，私置食物中，令男食之，及期不返，毒发即毙。如及期回来，女则以别药解之。这是一种传说，没有人试过。如果有个儿郎要去尝试的话，那，我要提醒你，当她问你什么时候回来时，最好说五年十年，看她怎办？

或言午五一音之转，这也可存一说。

说到端午的排场，着实相当热闹。先六七日，各家以菰叶包糯米（即秫米），缚以小绳，名之为粽。其制法：是用开水烧稻草灰，俟灰汁沉淀后，将灰水顷入锅内，然后将包好的粽，每四个合为一揭（即一束），放入锅内，用猛火煮约二个多钟头，然后取食，粽皆作金黄色，香味可口。因草灰含碱质甚富，故亦可助消化。周处《风土记》：俗以菰叶裹黍米，以淳浓灰汁煮之，令烂熟，于五月五日及夏至啖之。一名粽，一名角黍，实与吾乡做法相同。按周处，阳羡人，仕晋新平太守，新平为今陕西邠县，如《风土记》所说为新平故事，则吾乡千余年前的最初移民，或将来自新平，故能将其风俗，亦一并移来，至今保持忽替。治民族学的人们，如能本各地风俗习惯语言等等，以求吾民族南北迁徙流转之迹，或可得其大概。

在端午节将届之前，倘至亲中有长辈的，如岳丈母健在；或岳丈母虽已去世，而婿家已有儿女，则于外家的舅父或舅母，估以儿女名义送礼。这也足见吾国风俗淳厚与人情完美了。至于这种礼物，必须与时令相配合，以端午来说，粽子不但不能缺少，而且要特别加多，占全份礼物中的半数——两盒。

盛礼物的，是两只木板做成的圆筐子，叫做"重盛"。每只重盛，均有直径二尺余的圆筐三格，或称三盒。最低一格，与提梁相联，不能移动，中上两格是活的。如系老亲，每只只须两格，即可移去一格。如系新亲，就非三格全用不可。做这种"重盛"的木匠，称为圆木老司，与专门盖房子的方木老司，其所用器材，如锯凿等等，彼此都不相同。所以做圆木的不能做方木，做方木的也不能做圆木。

从前每到嫁女儿的时候，所有嫁妆如木盘、木桶等，皆是圆木老司的生意经。方木老司，只好等在一边看。但嫁妆中如桌子椅子等，又非方木老司不可了。

因为至亲中都要送礼，所以你如果有十个男孩子，而且十个都已订了婚，那末，你于每个儿子的岳家，单就粽子来说，每家两格，每格至少十揭，则须四十个粽子，两格合计八十个。此外，还有一格是猪肉，重约一斤半至两斤。一格是鱼鲞。鱼鲞不成文法，是要打回头的，所以叫做"剩样"。这是就老亲说的。如在刚订婚的新亲，就要用六盒，除两格粽子要加多外，还有四格，一是全副猪内脏，一是鸡两只，一是米面，一是打回头的剩样鱼鲞。这笔支出，确实是个惊人的数字！

最好你能生五男五女，而且男女同时订婚，那，你的收支，才能平衡。如果你只有五个，你的收支上，不是加号，就是负号，因为你无法生个半男半女中性的孩子呀！

有往必有来，收礼的人，不好意思让空"重盛"挑回去。所以必定也有些回敬。如在新订婚的，花样着实不少。自翁姑以次，各有肚搭（又名肚兜）一个。都是白布或丝织品做的。至于未婚夫的那一个，不消说，自然是丝织品了。而且肚搭额更要特别宽大，白缎底子，上面绣了许多花鸟之类，都是未婚妻自己下的手工。因为当时做女子的，女红是每个人必修学的一门功课。

当"重盛"自岳家担回来时，姊姊妹妹们立刻会围拢来，彼此抢着兄弟的肚搭，仔细端详一回，然后大姊说：蝴蝶绣得好。妹妹说：牡丹绣得好。二姊说：海棠绣得出色。二妹说：紫藤绣得更好。最后做母亲的也会笑眯眯地加入评判会。而且无疑地是评判会的当然主席，一切评论，都要经她老人家最后审定，才得算数。因为这一群姊妹们，都是她一手教出来的徒子呀！

吾乡有句俗话："吃了重五粽，棉衣好向箱子里送。"这等于说：一过端午，天气热了，棉衣夹衣，都用不着，可以送入箱子里去了。

因为那时还没有汗衫。乡村中人，一到热天，彼此个个赤膊，腹部容易着凉，于是肚搭便应运而生。

肚搭的制作，是大约一尺方的白布或青布，一角向上，一角向下，一角向左，一角向右，其左右二角各紧一带，预备将肚搭捆在腰间用的。上角截去，中凹作半月形。另用白缎为额，亦作半月形，上文已经说过。如果没有订婚的小朋友，那些义务，就要姊姊或母亲代劳了。肚搭下端，裁为钝角，另自腰间至钝角，加缀同色布一方，大小与搭同，称为肚搭袋。可以盛物，及放置金钱之用。

现在有了汗衫，而且都市生活，也不作兴赤膊，所以肚搭就很快地被淘汰了！

佛说一切法无常，"此有则彼有，此灭则彼灭"。仅仅半个世纪，现在小朋友，一提到肚搭，就会向你瞪眼。

香袋也是端午节的应时物。用丝线结成，或长，或圆，或四角,或多角,中放香料,下垂五色丝线,体积甚小,挂职在胸襟上,言可辟邪,这不消说,也是未婚妻的义务。还有许多回来的东西,我一时也记不清楚。统名为"回盂"。如果是老亲,回盂是很随便的,山楂、茅卵,都是野生之物,并不值钱,无非骗骗小孩子罢了!惟有一串光饼,就它本身说,是面粉与少许红糖,没甚希罕。但它的故事,却值得大书特书!

据传:明嘉靖末年,倭寇沿海劫掠,出没无常,以山东、江苏、福建、浙江等省,被祸最烈。吾邑三面濒海,数遭焚劫,邑人乃纷纷筑城以自卫。"乐清一县九条城,处州十县九无城。"因处州山国,倭不易至故。

戚继光奉命平倭,除沿海各要塞,分屯重兵外,为迅速应变起见,以面粉做成一种直径约二寸大的圆饼,中虚一眼,贯以小绳,合数十饼为一串,套在头上,边走边吃,不问何处有警,均可依时到达。终于将倭寇弭平了。后人为纪念戚将军此一劳绩,遂名为光饼,彼此馈赠,以示庆祝之意。至今相传勿衰。

到了端午那一天,门上插着蒲剑。父亲买了许多中药如白芷、香薷之类,放在土钵里,置卧室中,用火燃着,令烟四散。一面采了许多含有香气的卓类,煎汤令全家大大小小都要沐浴。同时母亲还煮了许多鸡鸭蛋及炒豆给我们吃。午饭时,雄黄烧酒,是少不了的,可任意小饮外,小朋友的额角,还要抹上一些,无非是辟邪的意思。

一年的端午,就这样地过去了,次一节日,便是中秋。

月亮儿渐渐地圆起来了,小朋友们知道所希望的中秋节,快要来临。

但是中秋的花样,比起端午来,着实简单得多。

至亲送礼,"重盛"或六盒,或四盒,与端午一模一样;不过端午以粽子为重心,而中秋则代以米粉干,也占了满满的两盒。回盂中有一样是不可少的,那,就是直径盈尺的月饼。

晚饭后赏月的节目,在天井中设个香案,点三炷香,一对小蜡烛,案上放个大月饼,大人们仰起头来,对着圆圆的月亮儿。小朋友们的两只漆黑眼睛,却牢牢地盯住圆圆的月饼。只待母亲一声令下,于是姊姊妹妹哥哥弟弟们,欢天喜地地各抢一块,去大吃特吃。其实,乡间的月饼,除红糖面粉并饼面几颗生芝麻之外,他无所有;然而小朋友们对此,已感万分满足。因为一年一度的中秋节,终算享受过了!

秋山淡远,万籁无声,一轮当空,星斗明净,这,更是山地姑娘追逐对象的时候。你能唱几句山歌,她会远远地高声和你。据说:康藏一带的男女,至今还是用这种方式结合的。

"关关雎鸠,在河之洲,窈窕淑女,君子好逑","求之不得,辗转反侧"这一类的歌词,焉知不是当年文王在月下追逐后妃的情歌,不过理学先生们,决不会承认的。其实,制礼自周公始;那末,周公以前男女之间,无所谓媒妁、聘问等等，也就可想而知了。

中秋过去，腊尾就一步一步地接近了。至亲们不免又有一番应酬，于是"重盛"又用得着了。但这是一年中最后的一次。所盛的重要礼物是年糕，我乡称为粿。也要满满两格。余与端午、中秋无别。回孟除柑、橘、荸荠外，还有二百大钱，是给小辈压岁的。所以端午、中秋、年节，各有它相当意义存在。

做年糕要从材料说起，它是一粒粒又大又肥又白的米，叫做白米。黏性不及秫米，但比普通食米就显得特别大，是专供做年糕用的，都要自己下种，市上没有出售。

做年糕的步骤，当在十二月初十左右，将白米用水浸了两天，然后舂成粉。炊的时候，要用猛火。炊的人必须有经验。否则，它就要"被"，便永远炊不熟。做好的年糕，半生半熟，就无法久放。

做的人都是年富力强的小伙子，先将炊好的糕粉，放在脚踏的臼里去舂数十下，然后拿回来，放在一张约八尺见方的木板上，大家用力地揉。主人先预备两个模型：一个是圆的，一个是方长的。圆的是送老亲用，长方则送新亲。要做圆的若干？长方若干？都听主人指挥。更要做些猪头、馒头等，以备敬神之用。至于做的人，都是平日有交往的好友，送他一点年糕，就算是报酬了。

年糕做好以后，要放在阴凉的屋子里，盖上被罩，以防见风破裂。过了七天以后，将重叠的年糕分开，放入大缸内，加入清水，将糕全部浸入水中。因此做年糕的人，必须将手指甲剪平，不然的话，糕如着有爪痕，水会从痕缝而入，年糕就难久放了。此后只要时常换水便得。

"盘菜"以形似盘得名，只有温州五县才有。味甜而鲜，每当休农时期，各乡轮流做戏，看了戏回来，拿盘菜炒年糕，别具风味。

"瓯柑"也只温州永嘉一县才有，味略苦，水份特别多，故外国人多喜食之。《杭有卖柑者》是刘文成公所作的一篇好文章。但杭州并不产柑，金玉其外，败絮其中，是文成有为而发。但近年来由于交通方便，上海、杭州，都能买到瓯柑了。

以上所说的三节，是我们家乡的特别风光，也是我个人梦痕中的一环。

(本文选自《梦痕记》，乐清朱氏咏莪堂一九七〇年三月初版)

心兰书社故园碑记

林损

林损（1890—1940），字公铎。温州瑞安人。曾任北京大学、东北大学教授等，著有《论理正名学》《政理古微》等，今编有《林损集》三卷。

吾读叶昌炽《藏书纪事诗》，未尝不为之掩卷叹息也。历五代宋元明清，岁亦邈矣；所载数十百家，人亦繁矣；聚散兴衰善恶之迹，迹足以为鉴矣。或归之天府，或弃之涂泥，水火兵烈所经，夷狄利诱而势取，顾永保之艰难，则孝子慈孙所以珍惜先泽之心油然生焉。

往者清高宗粉饰治平，开四库广罗异书，而其功渐人为多。全祖望、万斯同、章学诚、邵晋涵辈，皆能推扬文教，故浙东藏书之家尤盛，而吾瓯尚以无书闻。人生僻壤，耳目之晋接者寡，亦无以开其心，孟子谓豪杰之士，虽无文王犹兴，此特吾先公、先舅足当之耳。然犹困于贫，醵金集书，實在陋巷。今之所就，其业与全、万、章、邵孰多？而当年之情，可谓筚路蓝缕以启山林者矣。于是知寒士之弥可伤也。

盖洪亮吉尝云："同形而化者，不无圣贤；代我而生者，又有子孙。"子思亦云："其父析薪，其子勿克负荷，君子懼之。"呜呼！徒读父书，犹为赵括，其不读者复何物哉？茂林丰草，魂啸于中，鬼神欲延其祀，嗣者益不能无霜露之哀。哀之所极，莫如心死，死而生之，乃系于书。轮扁糟粕之喻，非吾尝所忍闻也。远绍在亲，旁搜自迹，登山浮海，徒张邪说，自谓陟高明之境，乃适驱而纳诸罟获陷阱之中。吾党小子，幸不迷于津梁，推家及乡，放乎四海九州可也。况乎彝伦攸叙，感乎斯通，虽以子思之所以称述仲尼者，绳我祖考，仁远乎哉？息壤在此，来格来歆。

（本文选自《林损集》，黄山书社二〇一〇年十月版）

东瓯一少年

刘廷芳

刘廷芳（1891—1947），字亶生，温州市区人，著名基督教华人领袖、诗人、心理学家、翻译家。曾主持孙中山丧礼家祷式，历任燕京大学宗教学院院长、中华全国基督教大学委员会主席、中华基督教教育协会主席等职。主编《生命》月刊、《紫晶》等杂志，著有诗集《山雨》。译有《疯人》，是中国出版的第一部纪伯伦作品。与杨荫浏合作主编的《普天颂赞》影响深远。

五四运动时，东瓯一少年，刚入大学预科，愤强邻之无道，努力奔走，宣传抗日，有一天与同志们在街上工作，为警察所包围，刺刀枪柄之下，受了内伤。但他依旧继续工作，夏月赤日当空，日行数十里，组织青年团，到处讲演，夜间露宿江边，检查商船，抵制日货，某日下午回家，方抵门，口喷鲜血，卧病半载；变成肺痨，一年后病益加剧。到庐山养病去；一共三年，才痊愈。这本小册子中，几十首小诗，是他在庐山病中写的。从艺术方面看来，这不是他的代表作，他的诗，一部分已经在他的专集《山花》中发表。然而这几十首短作，却是他真诚经验的代表。是当时从山中，写寄他的哥哥，以代通信。曾陆续在《生命月刊》中发表过。《野宿之夜》，是病愈后返北平，入燕京大学复课时写的。

这小本是一个青年信徒宗教经验史中的一章。用诗写个人宗教与信仰的经验，整个的，赤裸裸的写出来，在中国这是第一次。有许多朋友怂恿我为他出一个单行本，因为《生命月刊》的旧本，已绝版了。我冒昧的照办，是有一个希望。我希望许多同志、能不顾忘的，展开心胸，与当代青年结灵的团契，彼此交换宗教与信仰的经验。

这是风满楼丛书第五种，中华基督教女青年会全国协会文字工作委员会现正征求当代宗教著作，承该会好意代为出版，我深深感谢他们的鼓励。我觉得这似乎是很合宜的，因为要求我把这小册刊行单行本子的朋友中，有许多是教会中的女同志。

我写几句卷头言，不觉言之已冗，然而我不得不添一句，这本诗的作者本系一个身体十分强健的青年，忧愤填胸，奔走国事，虽未入战场，也几乎丧命。经五年之努力，与剧病相斗，才得复元，虽现在身体较前更强健，已由大学毕业，远适异邦，研究科学，但他常觉得牺牲了五年最宝贵的青春，是平生一件伤心事。如今此小册付印之日，我国又在暴邻军阀铁蹄之下，国内同胞负痛牺牲青春者到处皆是，作者回忆，得毋悲从中来！

(本文原系作者为其弟刘廷蔚诗集《我的杯》所作序言，选自《过来人言》，海豚出版社二〇一三年三月第一版，题目为编者所加)

我与籀园图书馆

梅冷生

梅冷生（1895—1976），名雨清，字冷生，以字行，温州鹿城区人。学者，诗人。曾任温州市图书馆馆长，毕生从事图书馆事业，为保护、整理、研究地方文献贡献卓著。

在成立有二十余年的籀园图书馆，以前经过几位主持者惨淡经营，现在挨到驽钝无能的我，只怕不能够负得起责任罢！可是区区的愿望，一向从历史的眼光，看我们温州是文化发扬区域，乡哲的遗留种子，连续散播在学术园地上，要尽量使它生长，同时引入□□□□灌溉着，使它勾萌畅达；虽然偶时有暴风雨袭，一片生机，仍是不能压折的；因此一个文化区域里，充实图书馆，便是园地里工具供应所，随着大时代而进转扩展，换句话说，便是应求知者之需要，而不断供给的。这二十多年，我是常来本馆的一个主顾，历届当事，除姚平子女士不大认识外，其余俱是常领教的前辈或朋友，顺便寄予热烈的同情。记得本馆未正式成立之前，事在民国六年间，瓯海关监督冒广生先生刻了一部《永嘉诗人祠堂丛刻》，临走时把全部版片放在关署偏西祠堂里。后来祠堂驻兵，快要拿去替柴烧火，我的朋友瑞安薛储石先生在里面当幕友，看见了跑来告诉我。大家设法和军队交涉，夤夜把它搬来本馆，交付门役收藏。当时未有馆长，他们看见也莫名其妙。这一段事实还记在广友的笔记——《寄瓯寄笔》里。前尘如梦，过去的回忆同现在的努力仍是一个人，在佛家或说是因缘罢！后来永嘉王俊卿（毓英）先生、严琴隐（文甫）先生、平阳刘次饶（绍宽）先生、永嘉王希逸（学羲）先生、瑞安孙孟晋（延钏）先生历充馆长，逐渐推进，从筚路蓝缕而至于发扬踔厉，中间许多年份，经过不少功绩，我亦时参末议。迄今还浮在脑海里几件事：一件是王俊卿先生任内接受瑞安黄氏蓉绥阁书籍，是我极力怂恿王先生去商洽的，这是黄仲弢先生藏书,共有九千余册,虽然没有宋元旧籍在内,可是清代精刻实在不少。当时馆藏仅有浙江广东官书局刻本几十种,再备点报纸杂志,此外就算缺乏,骤增这许多书籍,可称贫子暴富了。这宗书籍以前还是寄存性质,到了严琴隐先生任里才有黄氏后人正式捐赠,可惜当时尚有瑞安项氏、乐清徐氏、永嘉曾氏诸家藏家散出,地方上没有人注意,都入书贩子里,化整为零,散售出去,本馆困于经费,没有给价搜集,确实是大大憾事。一件是刘次饶先生任内征集吴兴刘翰怡、张石铭、周梦坡,海盐张菊生,杭县徐仲可诸先生的家刻,亦是由我发起,来一次行征书运动。夏瞿禅先生做好一篇《征书通启》,而请海宁张冷僧道尹去介绍的。难得他们惠然慨允,把大批书籍凑集送来;梦坡先生还在上海为催促装运;而翰怡先生嘉业楼历年辑刻群书,送给部分居然有六大本,分别部类,灿然具备;现在吴兴沦为敌手,嘉业楼版本能否存在已不可料,这宗书籍亦视等珍秘了。一件是孙孟晋先生任内本馆持藏乡先哲遗书四百余种。这发动原始是许蟠云专员同刘贞晦先生,我被约去参加的。费了两年时间,把许多没有刻本的前人著作,抄集在一起,加以校订,送到本馆保藏。现在这一类书籍,很多著者后人来馆转抄。那时我真无间寒暑地去管理抄校,同孙先生交情就在这个时间最为浓挚。因所集的原本以他本家玉海楼旧藏为多,他快活拿出,我欣然接受,两个人精神都注意在地方文献上。那时他正接手本馆，努力改善，一方面充实新书，一方面推广借阅；近几年来，本馆的阅借人数大量激增，渐渐脱离静止状态，向前进展，多是他的功劳呢！

这几件事实，不过我个人对于本馆有无限愿望，要它并蓄兼收，放开肚皮大量吃进，成为一个最完善的图书馆；并不管什么帮助，又不是来一出丑表功。但是图书馆的功用，善藏还要多读；图书馆的概括，守旧还要谋新。这几年全面抗战，我们心里坚强，持久不懈，就后方说，任何轰炸威胁不能动摇丝毫，这条防御线就是靠着文化堡垒。现在许多新兴文艺作家，随着抗战的洪流来自社会各阶层，写出来的东西都是热血喷溢着，表现出大时代，绝不是彷徨沉郁或颓废的一类软性文字。就量的方面说，在前方战地，后方乡村，以及各游击区里，到处布满了伟大的抗战文艺网那些短小精悍的作品，都是大众的精神食粮。我们自命为粮食仓库的图书馆，应如何采运储备，源源供给？同时，日新月异的各种科学书籍常有译著出来，供应多方面研究探讨；还有各地方抗战史料以及建设进行的整编零本，亟应及时搜集储为文献。似乎这几宗出版品，比较那些高文典册尤其需要。从一个月在馆经验，阅众常有需要某书，指名相索，我们回答他未备，而发生了喑愧的。这在物质肿胀、书价昂贵之下，虽然不能汗牛充栋，普偿众愿，但是尽可能的范围以内，应当图其所急。所以本年编制预算，对于购买书籍、杂志、报纸等费，特别增加,以期充实;同时驰函行都和桂林、昆明、金华各出版地方,请赐赠阅,节下一些购费,再及其他。这是我二十年来希望本馆赠书的唯一意旨,不过稍有新旧缓急之分。至关于读的方面,我们前经奉到省厅转发二十八年教育部颁布《图书馆工作大纲》里,明白规定推广工作:"举办图书顾问","指导民众进修",及"辅导民众写作"等项。那是使民众必须充实自己,丰富自己,吸收人类伟大的精神遗产以及时代的新知识,图书馆要向民众负了成人教育的责任。我们看来虽然任重道远,但最低限度要使一般有心与图书馆接近的民众,个个都带点书本里的精神和知识回去。在前任已经举办青年读书会,可算是温州读书团体的一个单位,满播着真正读书种子,春天了,不久这园地上满开着灿烂之花。我们更不要以为推广工作在社会影响甚微,但是这项工作,如不占住社会一部分,那别的环境自然会把你所有原地位占领了去;所以流动书库、巡回阅览等等施教办法,本年也需认真举行;温州俗语"埠头撑去就航船",明知是笨重的工作,我们惟有依照曾文正说话:"莫问收获,但问耕耘。"

过去一般人以为图书馆即是藏书楼,能够找一个有闲阶级的人管理几本旧书,不要使它散失,此外就是蛀坏了也不关你事。现在我来本馆服务,还有人对我说:"这事尽够你消闲。"这句话完全反映出温州社会被物质势力笼罩,文化业尚未至于十二分抬头。同时则有一班朋友站在自己本位上,很热烈企望我们能替他解决精神食粮饥荒，他们把这问题重于没有米吃。两方面均显出矛盾的现象。我们要使漠不关心的引起直觉，面对殷勤渴望的人给予安慰，仍须不少的努力，不断的进展。所以我不敢侈陈学理，高谈计划，只愿在服务的一天，步步踏实的，把已做的继续做去，未做的分别缓急，逐渐来做，到了相当时候，让给别人来接手，也还算是过程中一个肩挑手帮的人。这一点还要勉励自己和馆里同人吧！

一九四一年

（本文原刊《籀园月刊》第二卷第二、三期，选自《梅冷生集》，上海社会科学院出版社二〇〇六年十二月第一版）

永嘉名胜一览

陈仲陶

陈仲陶（1895—1953），名闳慧，号剑庐，以字行。诗人，学者。曾任上海中央银行秘书。与夏承焘、李雁晴、宋墨庵、李孟楚、李仲骞、薛储石并称"永嘉七子"。著有《剑庐诗钞》。

孤屿

孤屿，在永嘉城北瓯江中，东西广三百余丈，南北半之。初两峰对峙，中贯川流，曰中川，深处曰龙潭，中峙小山，即孤屿也。故谢灵运诗云："乱流趋正绝，孤屿媚中川。"宋时蜀僧清了以土窒中川，联两山为一，逐成今址。孤屿之椒，往时犹露于佛殿后，以寺僧营宇，铲而平之，今弗得见矣。屿有东西二塔，江云祠树，掩映丹□。江心寺系唐时古刹，兴庆、龙翔二寺在其左右。建炎四年宋高宗尝驻跸于此，有御书"清辉浴光"四字，今唯"清辉"字尚存耳。德祐二年，文公天祥泛海求益、信二王，亦尝一至（有《北归宿中川》诗），又为明礼部尚书顾公锡畴授命之地。今屿上有文信国公祠，即祀文公、配以少卿杜公浒，正将徐公臻；顾公祠祀顾公锡畴。卓公祠，祀明户部侍郎卓公敬，乃殉靖难之变者。陆公祠，祀明郡守陆公润，配以公曾孙平阳令崇礼、永嘉令问礼，皆循吏，有惠政于民者。至徐公祠，则近人所建，以祀乡先生定超也。

屿有十景：瓯江月色、孟楼诗韵、远浦归帆、沙汀渔火、塔院筠风、翠微残照、春城烟雨、海淀朝霞、罗浮雪影、海眼泉香。称孤屿十景，见陈舜咨《孤屿志》。又有浩然楼即孟楼，澄鲜阁即水陆阁，旧在西塔下。谢公亭有《康乐像》碑及狮岩、象岩诸胜。西塔下旧有海月堂，宋僧灵岳建，有石刻明郡守洪觉山公像，及宋王梅溪先生读书堂，今俱废。龙翔寺之海眼泉即东井，兴庆寺之琉璃泉即西井，又名灵寺泉，水极清冽。

华盖山

华盖山，在永嘉县治正东，一名东山，山麓有容成太玉洞（洞不知实在何处）。旧学署后一井栏，镌"容成太玉洞天"六字，相传为王羲之笔。水涸时，井底有窍甚深邃，人疑洞即在此。（孙雨人《永嘉闻见录》曾辨其误。）相传为容成子修道处，《道书》谓天下第十八洞天。有三生石、五粒松、青牛坞（以宋林灵素为乘青牛于此得名）、丹井、蒙泉、龟池诸胜，今惟丹井、蒙泉及三生石尚可踪迹，余则茫然矣。山周回九里，遥望似华盖，故名。上有金鸡岭，元朱盖铲平建道院。前者旧有太玉楼、华盖楼，今废。大观亭在其巅，表里江山，举目千里。双忠祠，现改名烈士祠，旧祀清初温处道佥事陈丹赤，知永嘉县马珺，皆殉耿靖之变者。又有资福禅寺及容成庵，为缁、羽栖修之地，而资福寺尤为邑名刹，有左宜右有山房，擅登眺之胜。民国十一年，吴兴胡仲巽监督葺而新之，更名华盖精舍。山下一清泉，又名滴水，味甘洌。谢灵运《与从弟书》云："华盖山北涌出一泉，名为滴水。"即指此也。按一清泉在今东瓯王庙后。

积谷山

积谷山，在永嘉县城东南隅，以山形圆、正、高得名。上有雷云亭，屹立层巅，俯瞰江海，为一方壮观。南有飞霞洞，为刘根栖隐处，相传根尝乘赤霞至天台，今洞旁有升台，云其升仙处也。洞下有飞霞观，楼阁依山，颇饶胜概，有卧树楼、骖鸾亭（今此亭额曰驻鹤，与巽吉山亭同名，实误）。旧有慕云楼，长春亭（久废）；而卧树楼之古樟，相传为唐时物，横卧如虬，撑阴亩许。民国十六年，观毁于火，树亦焦枯，滋足惜也。洞畔有谢灵运摩岩书"白云曲、春草吟"，今已芜没，唯"谢客岩"三篆字尚存。山之西麓奇石壁立，嶙峋攒蹙。下有清池曰春草池，或名谢池，以谢灵运"池塘生春草"诗得名。池畔东山书院，两岩对峙如门。（书院旧在华盖山上，为宋王儒志先生讲学之地。清雍正间移建于此。）内有康乐公祠，民国十一年吴兴林铁尊道尹倡捐修葺，置建永嘉词人祠堂，附设瓯社，以为社员研究词学之文、讲学之地。山下一带旧有谢村之目，谢灵运守永嘉，爱其山水美于会稽，创第凿池斯山下，去郡时留其次孙超祖，侍太夫人于此，遂为永嘉人，村因以池名。司空图诗"红叶谢村秋"是也。

中山公园

中山公园，在华盖、积谷两山之间，得地最胜。北为总理纪念堂，盖于游地之中景仰国父之旨。堂前有沼，游鱼葰葰，碧波湛然。前为假山，周以小河，有桥架空如虹。桥南为四宜亭，在水一方，颇适憩坐。亭之前有明平倭将士戚继光等功绩纪念碑，所以资观感而厉士气也。园中胜处尤在河滨一带，广道如砥，浓阴似幄，间以小亭三四，风景月夕，游人接踵。左近有民众俱乐部。东城一隅，益为游赏胜处。园落成于十九年十月间，主其事者为县长邱远雄。

玉介园瓯隐园

玉介园，在永嘉县城墨池坊，明王澈（字子明，号东崖，叔果、叔杲之父，官兵部郎中，福建布政司右参议）所筑。邑志载王澈徙郡墨池，建传忠堂，后为玉介园，焦弱侯为记，有玉华、凝翠诸胜。清初入官，为温州镇总兵署，民国为瓯海关监督公署，民国四年，如皋冒鹤亭监督于署东辟瓯隐园，并建永嘉诗人祠堂，祀唐宋以来郡人之能诗者。园内旧有诗传阁、疚斋、水香榭、清话轩、锦秋墩、秋爽台、藏春洞、苍雪径、流花桥、昔二桥、洗钵池诸景。自驻兵后，日益颓败，今唯诗人祠三楹尚存。

墨池

墨池，在永嘉城内墨池坊。邑志载："王右军临池作书，洗砚于此,米芾书墨池二大字。"按此池在墨池坊旧温州镇总署（即今瓯海关监督公署）二堂后一小室中，为米芾所书,久已无存。后"墨池"二字，系乾隆五十年三衢黄大谋所补书者，民国廿三年吴县贝志翔监督，惧其湮没，加以修整，并题榜以张之。考墨池之在永嘉者凡有数处，旧府署二此园中有墨池，旧卫署之北相传亦有墨池。《歧海琐谈》载："滴水巷真华观有右军祠堂，为墨池故址。"《永嘉闻见录》引《四朝闻见录》云："留元刚字茂潜，以宏博应选，使酒任气，永嘉刘锡祖父掩据羲之墨池且百年，后为世仆所发，公断其庐，得池于刘卧内。"则是又一墨池矣。明叶式《墨池记》谓池之制方，今关署内之池亦方，与《记》文吻合。且焦弱侯《玉介园记》亦言园中有墨池。然则斯池殆其羲之涤砚处耶？要之表彰古迹，意在景仰先贤，灵踪所寄，奚事刻舟。至羲之为永嘉太守，不见《晋书·本传》，而万历《温州府志》载：晋永嘉太守有王羲之。今邑志"王谢祠"云：祀晋郡守王羲之、宋郡守谢灵运。又"古迹门"有五马坊，引祝穆《方舆胜览》云："王羲之守永嘉，列五马，绣鞍金勒，出即控之。"是宋时已有此说。姜白石《水调歌头》"富览亭"词，亦有"不问王郎五马，颇忆谢生双屐"二语。《瓯江逸志》载："温州自百里芳至平阳时，百里皆种荷花，王羲之自南门登舟赏荷。"（即今南塘一带）又华严山在城北八里，邑志云："有华严洞，花木繁丽，自成佳境，其石可为砚。"《王右军法帖》云：近得华严石砚颇佳。此外如富览亭之额，容成太玉洞天之井栏，相传皆羲之所书，是羲之遗迹之在永嘉者不一。瑞安孙籀廎征君于所校辑郑缉之《永嘉郡记》中有云："《郡记》仅云右军游永嘉。则守郡之说疑不足据。本传载羲之自会稽内史去官后，遍游东中诸郡，穷诸名山'与《郡记》可互证。

《艺文类聚》引羲之《游四郡记》云：'永嘉县界海中，有松门。'永嘉当即四郡之一。游记之作，与突星濑之书、张文君之访，盖同在罢会稽内史之后。"其说最为精审。是羲之守郡之说虽不足据，而足迹曾至永嘉，则信而有征也。又考《永嘉郡记》载：王和之曾为永嘉太守。或后人讹为羲之，亦未可知。

松台山

松台山，在永嘉县治西，又名净光山，城跨其上。旧有塔寺，唐宿觉无相大师瘗此。或云宿觉大师是瘗西山，不知古时城西诸山，皆名西山。叶水心先生所谓永嘉多大山，在州西者，独细而委，十数步内，则自为拱挥，高不孤耸，下亦凝止，阴阳拊从，向背以情者是。今松台与附郭诸山，皆西山之列也。僖宗因赐寺名净光。（净光寺旧有四松风阁，今废。）宋太宗赐为宿觉名山。建炎四年，宋高宗驻跸州治，以寺为都堂。徐玑、徐照俱有《净光四咏》诗，即咏宿觉庵、绝境亭、会景轩、茶山堂四处，今唯宿觉庵犹在山麓耳。支阜陂陀起伏间，怪石突兀，甚有奇致。有摩崖落霞谭诗。清项维仁（字寿春、号勉轩。以画擅名，兼工诗字，所著有《果园诗稿》）之果园，旧亦在西麓，后易主为唐园，即朱谏之诗"怀怆堕硕果，转眼变唐园"是也。北麓有金沙井，水最甘美。明张文忠公旧第亦在山下，旧有宝纶楼、荣思堂、慕思亭、制敕亭，四名亭俱废。今第前有长池，池前有大石坊三，相传系进第大道，虽芜烟蔓草，基址仅存。而当时甲第巍峨，规制伟丽，犹可想见。旁即祠堂，内有张文忠像碑。

落霞潭

落霞潭，在永嘉西城下松台山麓，水与放生池通，意即蜃川也。上下天光，余霞漾影。潭侧有普觉、宿觉诸寺，而清曾唯之依绿园得地最胜。民国二年温州人士追念瑞安孙籀庼征君兴学之功，就其遗址改建籀园，设祠崇祀，并筑阁庋书以惠学者，即所谓旧温属联立图书馆也。馆与黄氏松台别业东西相望，水木明瑟，亭榭参差，称胜境焉。

怡园

永嘉名园之附丽公廨者，旧道署之且园（巡道高其佩建，有剗绿轩等十景，在今保安队团部内）、旧府署之二此园（知府刘养云建，有阅音山馆、墨池等八景，后改为养素园。王雪庐重加修葺，复名二此。在今县政府内）及瓯海关监督公署之瓯隐园。属于私人者，则有曾氏之怡园、张氏之如园，以及近人吕氏之于园，黄氏之松台别业，均有林亭之胜，而怡园尤以结构精巧著称。园在永嘉来福门内，为清道光间曾佩云（字石生）、裔云（字次石）昆季所有家园。初筑时，名画师项果园以画法为绘图叠石，故园中假山玲珑巉刻，匠心独运。有楼名西爽，凭阑四望，附郭诸山如华盖、积谷、松台皆几案物也。最胜处尤在水榭，雕阑曲折，凌波若染，奇石环列，杂植佳卉，有绣球一树尤盛。（往岁瓯隐园社集，尝以此名命题，今枯萎矣。）佩云昆季著有《怡园同怀诗草》。佩云子名谐（字小石），著有《小石诗抄》及《针鹂山馆诗草》。皆好宾客，文酒之宴殆无虚日。近数十年来，园日颓败（今园中尚留白皮松一株，高及檐际，亦此间罕有也），仅有破屋废地，供人慨叹而已。

海坦山

海坦山，在永嘉县城东东北隅。城跨其上，石级峻整，林木阴翳。上有亭曰艮峰（近人所筑），可眺瓯江。其支阜曰慈山，旧有鹤林亭，明王激（字子扬，王澈之弟，著《文江集》及《鹤山文集》）读书于此，今废。宋叶水心先生之墓在焉。麓有白鹿庵及嘉福、天宁二寺，旧为永嘉名刹。

郭公山

郭公山，在永嘉县治西北，城跨其上。邑志谓郭璞尝登此卜城，故名。巅有富览亭，登者腰脚不劳而尽山水之胜。亭额相传系王羲之笔。（按此额今已失去。）先贤姜夔、楼钥、翁卷皆有诗词题咏。西麓有金锁岭，石矶入水，江流有声。东麓有白莲塘，清碧泓然，酷旱不竭，附近居民咸就汲焉。

中山

中山，在旧郡治内（按今温州中学，即中山书院故址。亦即旧郡治也），仅有一小阜耳。旧有中心亭，今废。（邑志载旧郡治内有红云阁及谢灵运读书堂，今俱废。）

翠微山太平山

翠微山，在永嘉城四五里，壁刻"翠微"二字，其巅可眺望瓯江上游。山多松林，涛声谡谡。上有禅寺，起高阁数层，俯瞰田塍，纷如局棋，远山近水，历历可指。麓有泉曰玉眉，水味清洌，昔人以比松台之金沙井、孤屿之海眼井，称永嘉名泉焉。左近太平山，旧有翠微亭，今废。麓有太平寺，称永嘉名刹。

西山

西山，在县城西五里（一名瓯浦山，又名金丹山），连峰叠巘，青葱秀丽，如列画屏，为永嘉登览胜处。谢灵运诗："步出城西门，遥望城西岑。"即此。有翔云、茗瓯、紫芝、慈云、亶竹、瑞鹿、甸洋诸峰，又有爱泉、鉴泉、玉孔泉、饮鹤泉、虎跑泉、白泉（其水甘洌，相传唐僧宿觉禅师卜埏，久旱水竭，人多资之）、龙珠坞、丹光洞、赤松洞、云霞岙、桃花涧、小雁谷、藏春谷诸胜。旧时精井名刹一十八区，其峰十有二。宋时郡守携客饭于净社寺，即用鼓吹登山，岁以为常。至明渐成荒径。诸峰逼近郡城，登高瞰下，了如指掌。元末盗起，往往建营寨于此。清康熙十四年耿藩之变，及清兵进攻，俱屯兵于此。往时营垒遗址，犹有存者。护国寺为永嘉名刹之一，在翔云峰上，门外清池鉴空，泉声潆然，入门重檐长庑，规制宏丽。旧有冷翠阁，宋杨蟠有诗，今废。左近一阜突起（俗名雪山），岭路甚峻，长松撑阴，孤亭如笠。上有观，祀许真君。再上绝顶，可眺全邑山水。

会昌湖

会昌湖，在永嘉县城西南五里，受三溪之水，汇而为湖，弥漫巨浸。起于汉晋间，至唐会昌四年，太守韦庸重浚治之，因名。其近城西者曰西湖，在城南者曰南湖，实皆会昌一水耳。宋时龙舟竞渡，多集于此，卢蒲江《水龙吟·淮西重午》词会昌湖上扁舟，几年不醉西山路"二语，即咏其事也。（邑志载思远楼在郡治西南，宋郡守刘述建，面西山群峰，临会昌湖，里人于此观竞渡，令人歌"思远楼前路"之词，亦其一证。）沿湖平畴、古木、小桥、村舍，历历如绘。西山兀立水滨，螺鬟影照，尤为可观。宋叶文定公宅在西湖之水心村，薛师石（字景石，著《瓜庐集》）瓜庐及郑廙（字泰臣，赵清献有《赠郑廙高士》诗）故宅，亦均在湖畔，今则并难踪迹矣。

巽吉山　黄土山

巽吉山，在城东南二里，当旧郡巽位。其巅峰有塔，俗称文笔峰，世传白玉蟾控鹤于此，建驻鹤亭。旧有魁象亭及文昌祠，今圮。旁有小阜，曰黄土山。

回鹘山

回鹘山，在城西广化厢广济庙后。山不甚高，上有亭曰揖峰，登之，隔江诸山如相拱揖。有碑镌巡道无锡秦小岘所为《揖峰亭图记》文。光绪中余济臣于亭旁添筑寄楼，花木扶疏，假山兀嵘。旧为西郊胜地，今渐圮废。

大罗山

大罗山，在城南四十里。东北枕海，广袤四十里，跨德政、膺符、华盖三乡，及瑞安崇泰乡。顶有大湖，中有孤岩特立。山之峰曰华鬘、摩霄、积翠、玉女、天柱、四皓、插笏、二老，岩曰削铁、苔篆、答响、醉翁、白石、飞来、旗障（亦曰板障）。潭曰菊花、卧龙（其侧旧有堂盘阁）、玉函、龙须（均在西麓仙岩）。洞曰归云、宝岩。其最高处曰霹雳尖（即李王尖），相传唐宗室李集隐此。此山秀削千寻，气雄身厚，俯视众山，上睨霄汉，这为永嘉县南主山。邑志载唐刘冲隐山中，人称其居曰廉让里。宋李少和亦世居于此。其东谷之水，引为姚溪，入永宁江；西谷之水，引为杜岙溪，入慈湖。北麓有信岙岭、丁岙岭、马鞍岭，俱通永场。西麓则瑞安之仙岩山，多奇胜，《道书》所称天下第二十六福地也。

按《永嘉郡记》载："泉山之北有泉，天旱此泉不干，故以名山。山东有瀑布，长数十丈，游名山者云：顶有大湖，中有孤岩独立，皆露蜂房。"《方舆纪要》谓："泉山即大罗山，在永嘉县东南四十里。"又祝穆谓："此即朱买臣所谓越王居保之泉山。"《温州府志》辨其误，谓："《汉书》朱翁子所云越王，谓东越，绝非东瓯王。"考颜师古注："泉山，泉州之山。"可知越王居保之泉山，不在东瓯甚明。是则大罗山亦名泉山，实非越王居保之泉山也。

茶山

茶山，在县城东南二十五里，大罗山之支脉也。山有回溪复岭，深潭飞瀑，风景绝佳，以产茶及杨梅著名。山麓贾宅园尤多梅树，花时翳高寒深，冰玉一色，游人麕至。山上五美园，有逆川大师遗迹；园后顾公洞，极曲折深邃。洞口两岩对峙，上承巨石，翼然如檐。洞广逾丈，高半之。外有石扉，巧为障蔽；旁有隙可入，窈然深邃，不能穷也。石扉镌"顾公洞"三大字，洞口石壁，苔纹斑驳，隐隐若文字，为明昆山顾锡畴尚书栖隐处。别阜曰香山，有龙潭，亢旱不涸。

东瓯王城

东瓯王城，在城西五里瓯浦。《史记》孝惠三年，举高帝时越功，曰："闽君摇功多，其民便附，乃立摇为东海王，都东瓯。"姚氏云："瓯，水名。《永嘉记》：水处永宁山，行三十余里，去郡城五里入江，昔有东瓯王都城。有亭积石为道，今犹在也。"

白鹿城

太宁元年初立永嘉郡，时方建城，有白鹿衔花，遂名其城为白鹿城。五代梁开平初，钱氏增筑外城，亦曰罗城。

九斗山

晋郭璞卜城，谓郡城诸山象斗者，以松台、郭公、海坛、华盖、为斗魁，积谷、巽吉、仁王为斗柄，黄土、灵官为左右辅弼。按松台、郭公、海坛、华盖、黄土已见上。仁王山在城南五里，别名湖屿。灵官山在仁王山西，一名覆釜山，林灵素葬此。俗以仁王、灵官为双屿。

二十八井

《郡志》载永嘉始议建城，郭璞登山相地，错立如北斗，于是城于山，且凿二十八井，以象列宿。

谯楼

谯楼在旧郡治前，开平中钱氏筑，历宋、元、明、民国迭经修筑。按今民众教育馆即旧谯楼也。

（本文选自《陈仲陶遗编》，开元文化企划二〇一二年三月印行，略有删节）

不要聪明反被聪明误

高觉敷

高觉敷（1896—1993），名卓，温州鹿城区人。著名心理学家。曾任四川大学、中山大学、复旦大学、金陵大学、南京师范大学教授。著有《现代心理学》《群众心理学》《心理学名人传》《教育心理学》《中国心理学史》等。

本题是刘绍宽校长的一句名言。我于一九一一年考入温州中学，那时刘校长似乎已经离职，但是他这句话却在同学中流传着，给我以深刻的印象，使我受到了很大的教育。

刘校长是旧时代温州的一位著名教育家。他似乎能摸清学生的情况，知道学生的优缺点，有的放矢，对症下药。我们母校第一班有一绝顶聪明的学生，刘校长可能深知这个学生在聪明中存在着某些缺点，所以语重心长地对他说："你不要聪明反被聪明误啊！"

可是这个聪明学生没有接受老师的教训，后来真个"聪明反被聪明误"了。他曾教过我们的历史，课讲得很好，引人入胜，我很敬重他。但是他自恃聪明，染上了旧社会的恶习，吃鸦片成瘾。他在上海教书时，竟把学生的卷子带到鸦片馆里评阅，因而丢失了卷子，终至于为学校所解聘。

这样说来，是否聪明反有害于人的发展吗？这当然是不正确的；相反，聪明乃是学习和事业等成功的一个必要的条件，受到了教育家和心理学家的重视。孔子希望学生听到老师举一隅时能够以三隅反。孟子认为得天下英才而教育之是三乐之一。做学问，搞事业，没有一定程度的聪明才智是不容易有很大的成就的。所以西方先进国家都企图用科学的方法测验儿童智力。美国心理测验者大规模地测验士兵智力。大学考试也包括智力测验。这都可证明智力的重要，估计或测定学生的智力是教育成功的条件之一。

但也必须注意，聪明才力或智力不是学习和事业成功的唯一条件，更重要的是毅力，是知难而进，勤学苦练的自学精神。科学家除有一定的智力外，还须具有两个特点，即忘我和无私。忘我是为了科研而忘记了自我，无私是对学问的兴趣太浓厚了，以致其他兴趣都是居于从属的地位。现在我们伟大的中国共产党提出了实现四化的要求。我们就得以这个要求作为我们学习和工作的动力，善用其智慧，以期作出应有的贡献。

与此相反，那些"聪明反被聪明误"的人，有些可能骄傲自满，夜郎自大，故步自封，安于中游；有些可能弄虚作假，投机取巧，仿造成绩，自欺欺人。更严重的可能舍正轨而不由，好立异以为高，鄙视四项基本原则而醉心于资产阶级自由化，自以为很聪明，其实是无比愚蠢的。因此我们在庆祝母校八十周年校庆时，重温刘校长的训导，是有其现实意义的。

(本文原刊《温州一中八十周年校庆专辑》，温州一中八十周年校庆筹备委员会一九八二年八月编印)

谈谈温州的文化

李仲骞

李仲骞（1897—1972），名骧，号薏园，温州鹿城区人。参与创办瓯海公学，任校务委员和第二任校长。曾任金陵女子文理学院、河南中山大学、四川大学、安徽大学等院校教授，与李雁晴、夏承焘、宋墨庵、李孟楚、陈仲陶、薛储石并称"永嘉七子"，著有《中国文学史大纲》《薏园医案举要》等。

吾温版图春秋时隶越王勾践之下，在历史上并未著名，至西汉高祖时，东瓯人驺摇将众从鄱君吴芮佐汉，征战有功，封于温，即东瓯王是也。于是东瓯之名，始见于历史，至武帝时，闽越东瓯相攻，帝命庄助从会稽群发兵讨伐，并以为温民气反复无常，乃徙温民于江淮之间（现时温民并非当时土著也）。遂墟其地。

迄三国时温州女子瞿素，以守节著称（《三国志》虞翻传注）。东晋元帝渡江，迁都南京，温州方为人所注意，筑城之时，郭璞卜之，有白鹿衔花之瑞，故谓之白鹿城。

宋时有大诗人谢灵运，来为永嘉太守，好水佳山，题咏殆遍（其佳者多载《文选》）。于是温州之文化，始有基础矣。

迄有唐武则天时，温州大水，文化扫荡无遗，故府县志，亦于唐后特详。

吾温学术最著之时，实在宋神宗元丰间，斯时产生元丰九先生，即周行己、许景衡、沈躬行、刘安节、刘安上、赵霄、戴述、张辉、蒋元中，九人中周刘沈戴皆伊川弟子，而赵戴张蒋则私淑程门者，案宋儒学说，歧为二派，一为先格物而后致知（即归纳法），一为先致知而后格物（即演绎法），永嘉九先生之学，则属于前者，宋儒多仅言心性忽略事功，——宋之积弱即在于此——永嘉学派则不然，盖合道器体用为一，即道即器即体即用，而要以见诸事功为切当。故永嘉学派为经制之学。窃以为中国从古以来，有用之学凡分三期，一为周秦诸子，二为永嘉学术，一为清初四先生（顾亭林、黄宗义、王夫之、李中孚），其余或偏于玄虚，或恣于理欲，皆不足道者。周行已为程颐之高足，学成归里，设座于浮沚讲学，徒众颇盛。许景衡瑞安人，建炎时曾参大政，其所研究多切实用，如疏灭茶盐税，请罢花石纲请去童贯，请留宗泽，惜多未行。沈躬行专工《中庸》《大学》。刘安节主修已用世，于事当出以至诚，并以为书生应以知兵为要。其他数人不甚著名。然渊源所自，实无大异。自九先生以后，乃有郑伯熊、郑伯英、薛季宜（皆为高宗时人）等，均足以继往开来。迨陈傅良、叶适（水心）出，乃集大成。陈精《周礼》《春秋》，洞明当世利弊与官制因革。且于尊王攘夷犹三注意，其惊人语有曰："吾辈为汉民，将十余世，而使吾君忍耻事仇，乘六十年，而学校乡党，晏然无远志。大则率其徒为清谈，次摘音句，小则学为诗文自娱，至此时我党与士友不变其说谓之波荡，此某所为惧。"沉痛凄怛，尤足以警惕今时之学子也。叶水心文章远在三苏之上，其发挥经国大业，尤无余蕴，经制学派为中日天矣。惜自朱明中叶以后，姚江之学，举国风靡，永嘉海陆空派，遂鲜传人，至可惜也。吾温文学作家散文以叶水心为极，而诗则南宋有林景熙，元未有四灵，即徐玑、徐照、翁卷、赵师秀，清新瘦媚，源有郊岛。至清初有市井七才子，皆平民文学家也。末季□琴西、小石，则规模狭小，非大家也。

清中叶汉学特盛，而波及吾温颇迟，孙希旦首开风气，《礼记集解》明而未融。迨孙诒让先生出，精博绝伦，《周礼正义》《墨子间诂》二书，雄视当代，蔚为经学大师。惜其学不传弟子。科举废，学校兴，然吾温之国学人材，反日见其盛，海滨小邹鲁之令誉并未堕也。

二十一年四月廿八，胡鸪鸪、胡小妍记录

（本文原刊《瓯中季刊》第三期一九三二年十一月五日出版）

记黄小泉先生

郑振铎

郑振铎（1898—1958），生于浙江温州，原籍福建长乐。著名社会活动家、作家、学者、翻译家、收藏家，曾任中国科学院考古研究所所长、文化部副部长。论著有《文学大纲》《中国文学论集》《中国俗文学史》《中国版画史图录》等，文学作品有《桂公塘》《欧行日记》《蛰居散记》等，译有《飞鸟集》《新月集》等。

我永远不能忘记了黄小泉先生。他是那样的和蔼、忠厚、热心、善诱。受过他教诲的学生们没有一个能够忘记了他。

他并不是一位出奇的人物；他没有赫赫之名；他不曾留下什么有名的著作，他不曾建立下什么令年轻人眉飞色舞的功勋。他只是一位小学教员，一位最没有野心的忠实的小学教员。他一生以教人为职业。他教导出不少位的很好的学生。他们都跑出他的前面，跟着时代走去，或被时代拖了走去。但他留在那里，永远的继续的在教诲，在勤勤恳恳的做他的本分的事业。他做了五年，做了十年，做了二十年的小学教员，心无旁骛，志不他迁，直到他儿子炎甫承继了他的事业之后，他方才歇下他的担子，去从事一件比较轻松些，舒服些的工作。

他是一位最好的公民。他尽了他所应尽的最大的责任；不曾一天躲过懒，不曾想到过变更他的途程。——虽然在这二十年间尽有别的机会给他向比较轻松些，舒服些的路上走去。他只是不息不倦的教诲着，教诲着，教诲着。

小学校便是他的家庭之外的唯一的工作与游息之所。他没有任何不良的嗜好，连烟酒也都不入口。

有一位工人出身的厂主，在他从绑票匪的铁腕之下脱逃出来的时候，有人问他道："你为什么会不顾生死的脱逃出来呢？"

他答道："我知道我会得救。我生平不曾做过一件亏心的事，从工厂出来便到礼拜堂；从家里出来便到工厂。我知道上帝会保佑我的。"

小泉先生的工厂,便是他的学校,而他的礼拜堂也便是他的学校。他是确确实实的不曾到过第三个地方去;从家里出来便到学校,从学校出来便到家里。

他在家里是一位最好的父亲。他当然不是一位公子少爷,他父亲不曾为他留下多少遗产。也许只有一所三四间屋的瓦房——我已经记不清了,说不定这所瓦房还是租来的。他的薪水的收入是很微小的。但他的家庭生活很快活。他的儿子炎甫从少是在他的"父亲兼任教师"的教育之下长大的。炎甫进了中学,可以自力研究了,他才放手。但到了炎甫在中学毕业之后,却因为经济的困难,没有希望升学,只好也在家乡做着小学教员。炎甫的收入极少,对于他的帮助当然是不多。这几十年间,他们的一家,这样的在不充裕的生活里度过。

但他们很快活。父子之间,老是像朋友似的在讨论着什么,在互相帮助着什么。炎甫结了婚。他的妻是我少时候很熟悉的一位游伴。她在他们家里觉得很舒服。他们从不曾有过什么不愉快的争执。

小泉先生在学校里,对于一般小学生的态度,也便是像对待他自己的儿子炎甫一样;不当他们是被教诲的学生们,不以他们为知识不充足的小人们;他只当他们是朋友,最密切亲近的朋友。他极善诱导启发,出之以至诚,发之于心坎。

我从不曾看见他对于小学生有过疾言厉色的责备。有什么学生犯下了过错，他总是和蔼的在劝告，在絮谈，在闲话。

没有一个学生怕他，但没有一个学生不敬爱他。

他做了二十年的高等小学校的教员，校长。他自己原是科举出身。对于新式的教育却努力的不断地在学习，在研究，在讨论。在内地，看报的人很少，读杂志的人更少；我记得他却订阅了一份《教育杂志》（？）这当然给他以不少的新资料与教导法。

他是一位教国文的教师。所谓国文，本来是最难教授的东西；清末到民国六七年间的高等小学的国文，尤其是困难中之困难。不能放弃了旧的四书五经，同时又必须应用到新的教科书。教高小学生以《左传》《孟子》和《古文观止》之类是"对牛弹琴"之举。但小泉先生却能给我们以新鲜的材料。

我在别一个小学校里，国文教员拖长了声音，板正了脸孔，教我读《古文观止》。我至今还恨这部无聊的选本！

但小泉先生教我念《左传》，他用的是新方法，我却很感到趣味。

仿佛是，到了高小的第二年，我才跟从了小泉先生念书。我第一次有了一位不可怕而可爱的先生。这对于我爱读书的癖性的养成是很有关系的。

高小毕业后，预备考中学。曾和炎甫等几个同学，在一所庙宇里补习国文。教员也便是小泉先生。在那时候，我的国文,进步得最快。我第一次学习着作文。我永远不能忘记了那时候的快乐的生活。

到进了中学校,那国文教师又在板正了脸孔,拖长了声音在念《古文观止》!求小泉先生时代那末活泼善诱的国文教师是终于不可得了!

所以,受教的日子虽不很多,但我永远不能忘记了他。

他和我家有世谊,我和炎甫又是很好的同学,所以,虽离开了他的学校,他还不断的在教诲我。

假如我对于文章有什么一得之见的话,小泉先生便是我的真正的"启蒙先生",真正的指导者。

我永远不能忘记了他,永远不能忘记了他的和蔼、忠厚、热心、善诱的态度——虽然离开了他已经有十几年,而现在是永不能有再见到他的机会了。

但他的声音笑貌在我还鲜明如昨日!

二三,七,九。在张家口车上。

(本文原刊《太白》创刊号,一九三四年五月五日,署名郑西谛)

忆故乡

伍献文

伍献文（1900—1985），字显闻，温州瑞安人。南京高等师范学校毕业后，曾任教于厦门大学中央大学。后留学法国，获巴黎大学博士学位，回国主持中央研究院国立自然历史博物馆动物学部，历任中央研究院生物研究所研究员、中国科学院水生生物研究所所长等。中央研究院院士、中国科学院学部委员。著有《中国鲤科鱼类志》等。

我是瑞安乡下人，住在离县城大约十里路的一个农村，名为屿头。我少时在城内念高小和初中，每次从城里回家总是走到西门小码道乘小舢板到宝乡（今名宝香）。宝乡位于飞云江边,离屿头居民集中地点不过三里路。我从家进城也从宝乡乘船,但必须等一定时间,乘客达到一定人数才开;这样,我就得在宝乡近岸一个卓公祠内等候一下。这个卓公祠是纪念我们的乡人卓敬对明朝朱家王朝忠烈的事迹而建立的,很简陋,北东西三面有墙,南面敞开,连门窗也没有。北面中间近墙立有卓敬牌位,牌位的两侧有木柱,柱上挂木制对联,这是我们瑞安著名文学家孙琴西先生的大手笔。上联写"学窥濂洛、竟少传书,想当年禁严抄曼、难从历劫订遗文";下联写"烈并方黄、更兼远识,倘先机谏纳徙薪、定有老谋全大局"。这副对联只有寥寥四十余字,将卓敬全部事迹都包进去,而且书法是柳体,苍劲秀丽,很能引起我对乡先贤的景仰。

孙琴西先生名衣言,是桐城派古文学家,有《逊学斋诗文集》八册行世。其子仲容(名诒让)先生是著名经学家,不事科举,著有《墨子间诂》,极著声望。其家藏书二十万卷,称玉海楼,瑞安后起文人有深受其益者。孙家后门有青石刻联,也是琴西先生大手笔,上写着:"只求好古如君举;尤贵能文似水心。"好古、能文又举出永嘉学派二位前贤作为准则,可见孙家父子用功所在。

我在初中毕业后去南高师念书,南高毕业后就去厦门教书,前后十多年,每年只回乡一次;一九三二年在南京住家,离故乡更疏远了。抗日战争时期先后迁住阳朔和北碚,解放战争时期住上海;新中国成立后不久随机关迁武昌。现在时局已是很安定,准备在武汉长住了,真是"旅泊多年岁,老来不知回"。只有在明月之夜,还是低头作故乡之思。

一九八二年十月十五日

(本文原刊《浙南日报》一九八二年十一月十四日,文中所引对联有误,应为:"烈并方黄,更兼远识,倘先机纳谏徙薪,定有老谋全大局;学窥濂洛,竟少传书,想当年禁严抄蔓,难从历劫订遗文。""务求知古如君举;尤喜能文似水心。")

旧温属公立图书馆征书启

夏承焘

夏承焘（1900—1986），字瞿禅，晚年改字瞿髯，号谢邻、九山翁等。温州市区人。著名诗人、词人、词学家，尤以词学研究与教学见长，被誉为"一代词宗"。曾任教于之江大学、浙江大学等，著有《唐宋词人年谱》《瞿髯论词绝句》《月轮山词论集》《夏承焘词集》《天风阁诗集》《天风阁学词日记》等。

昔闻匹缣一卷，牛宏访五厄之遗书；好写留真，河间搜四方之逸典。休文所庋甲京师，老聃之守在柱下。盖阮孝绪《七录》以还，私家始多存弆；刘子骏十家之辑，官阁实等幽囚。欲其永流传之广，便循览而资，此晚近图书馆之制，固彰昭其利也。维我温邑，山名石室，符娜嬛福地之藏；置介蜃江，有邹鲁海滨之誉。自宋以降，官守典籍，若经史（宋）、藏经（明）、万经（清）诸阁。私家则宋邵氏（邵屿邵振阁）、元季氏（季德几箦笃书屋）及晚清孙氏玉海楼（琴西）、黄氏蓼绥阁，（仲弢，黄氏书现迻藏敝馆）。皆炳然文物，流誉东南。惟是瓯在海中，越邻南戒，故家绨褧，既乡邦文献之难征；郡国山川，亦屋壁蜡车之未见。敝馆创始于兹，将逾十稔。钩沈古逸，掇丛残以满车；经始方中，懔亏亡于一篑。加以廪不继粟，书难馈贫，用恃尺札之通，仰作一瓻之乞。海内大雅，其有胜笈精编，巾箱佳刻。荆州八袠，作口实于言家；任昉万篇，率人间之异本。散王家镇库之遗，赐班斿秘书之福。或有前修遗著，先民清芬。王符作《潜夫》，不欲章名天下；贾逵诂《左》《国》，允当写贮秘庭。或有坊局初刊，新行象本，公孙著就，县直千金；陆贾书成，传呼万岁。亦有海内华夷之图，关东风俗之传。地德著《鲁语》之文，土训重《周官》之典，以及外域奇文，南象迻译。绿衣纻絮，短书共兰典兼罗；巷语街谈，小说亦稗官职掌。统祈出充箱照轸之余，沾延阁鸿都之润。或籍付史官，誊存福本；或永留东序，珍袭椟传。以数车贻王粲，不过友谊高情；输一仓于曹曾，夫岂私家纫惠。

呜呼！蝍螀方亟，铅椠将休。求田问舍，鄙士隳志于铢泉；七诱十醉，士夫耻言夫问学。独芥柱下之言，糠秕席上之说。天一之积，既阽佚于烟尘；皕宋所储，又化迁于瀛海。岂必待赵政之焚，萧绎之烬，始叹典坟之多厄哉。敝馆用是作庚癸之呼，为征藏之举，引企闳达，鉴此微忱。德邻不远，未吾道而终孤；寸莛可撞，怙同声之必应。阐永嘉之学，五派征梨洲之书；分小酉之藏，百城拜李谧之赐。

（本文原刊《温州日报》一九三八年十一月十七日）

乡恋 —— 一九三九年日记选

刘节

刘节（1901—1977），原名翰香，字子植，自号青松，温州市区人。刘景晨之子。著名史学家。毕业于清华大学研究院国学门，曾执教于南开大学、河南大学、中央大学、中山大学等。著有《历史论》《人性论》《中国古代宗族移殖史论》《古史存考》等。

一月一日　星期日　阴

二点半渡海，与虚心同访郑亦同，稍谈即出。

一月三日　星期二　阴

返至旅馆，作函寄清之、仲博、朱右白。下午访郑亦同不遇，同胡公续至九龙访友，稍坐即返，与公续同至温沙餐室晚饭。

一月八日　星期日　晴

余即作函寄家及翰宗。

一月十六日　星期一　晴

上午七时起床，作函寄仲博、翰宗及庚款会。并翰烈托汇翰宗之款五十元一同寄出。在沪时翰烈托我带钱给翰宗，当时我欲绕道广州湾，经柳州转黔入蜀；后来到了香港，始知广州湾不能走，因之到了昆明才把款寄出。持仲博之函访西南运输处龚仲达先生。

一月廿六日　星期四　上午晴，下午转阴

四时半抵黄果树瀑布。在公路上可以远望瀑布之源，凡三折而来；其最下一折，分为三瀑；自大石屏间，贯注入瀑，高可百许丈。雁荡之大龙湫仅及其三瀑之一而已。

一月廿八日　星期六　雨

上午在寓寄信给父亲及昆明徐森玉君。晚六时，黄竹如兄约宴杨子餐厅，座客体有洪伯容兄。伯容亦在江苏医学院，余与之握别在三年之前，地点为北平忠信堂饭庄，是日为刘廷芳请客，伯容和乐之气仍如往日，真有道之人也。座中客多能饮酒，共饮茅台酒一大瓶，余共饮五杯，已觉微醉。茅台酒有芝麻香，不知此真茅台酒否耳？饭毕，共伯容、竹如三人至旅馆畅谈，至十时左右始散。闻江苏医学院将移重庆，约至重庆相会。

一月廿九日　星期日　阴

于餐馆中晤同乡梅祖勋君，此人为梅思平之弟，近在党部中做事。异乡作客，遇一同乡，亦至不易也。

一月三十一日　星期二　阴

渡江至重庆已下午二时矣。即至上陕西街访仲博。与仲博同出寻住宿之处。宿处既定，乃与仲博同至新川旅馆洗澡理发，晚至南园酒家晚餐。皆仲博招待，至以为慰。今日得见清之两函，内附显曾照像。为慰饥渴，显曾耳病已愈，一路所挂念者，至是始得放心。晚饭后，仲博同至旅馆中坐谈许久，告予年来奔走之劳，为之肃然。

二月一日　星期三　阴

早七时半起床，即至仲博处换衣服。晚仲博来，谈至十时始去，余即入睡。

二月二日　星期四　晴

早起至紫家巷，校车已开。乃至七星岗坐商营汽车至小龙坑，由小龙坑步行至中大，已九点多。教务长童冠贤未到，稍候，校方派王书林兄接洽。书林兄余世交，在此无意中相逢，至为欣幸！乃同至教务处访童冠贤氏，童氏和煦如春风，状貌长硕，笃厚君子也。答应迁校中居住。书林并与同访总务长。得悉伍叔傥兄近在重庆大学教国文，即至重大访候，晤谈甚欢。晚仲博同事温竞生等八人共宴于国泰饭店，诸君皆广东人，情意至厚。

二月四日　星期六　晴

至十时晤王书林，与同至出纳课领取一月份协款。见仲博，交伊国币百零五元。嘱其电汇温州，大约周内可到。由仲博处到清之信，乃前日十二日所发，知家中情形甚详细。

二月十二日　星期日　晴

十一时，至青年会访伍叔傥，座中客有三四人，其中沈钢百氏，为中大同事，倾谈久之。即往访仲博，仲博尚未下公事房。余先至白玫瑰坐候，至一时左右，仲博来，一同午餐。下午访李超英，坐谈至三时许。同出访戴夷臣，不在。

再回至青年会，赴温州同乡会约。今日下午把晤同乡旧友甚多，胡然、胡非两弟兄，已十五年未见；叶溯中已十四年未见；其他如林秋羲、陈逸云，皆中学时同学，已二十余年未见；其他如沈兼豪、姚味莘两先生，皆父执。晚饭后叶溯中兄以所乘汽车送我回校，在车中谈旧时朋友及近日时事甚多。溯中英年有为，所谈皆中时弊，其前途颇有希望也。

三月八日　星期三　晴

即访仲博，知家中有信，已寄学校。出，于路上遇见洪伯容兄，同至旅馆坐谈久之。接家中快函二封，平信一封。知请之在二月二十四日，即旧历正月初六寅时生一子取名颂曾，颇合余意。清之颇想到此，但时局不佳，职业前途未定，一时实不能轻举妄动。

四月九日　星期日　晴阴

中午与仲博同在冠生园午膳，膳毕，同赴重庆市商会，开浙江旧温属旅沪同乡会。到会者共有一百零八人，林彬主席。讨论章程，选举职员，到下午四时十分始散会。

四月二十日　星期四　晴

今日得蕙香清之二函。知三月二十日永嘉有敌机轰炸，弹落县政府，家人饱受虚惊。知叔扬已于三月十八日到上海去，看其来信如何。

四月二十六日　星期三　晴

　　下午接清之信，寄来照相数帧。显曾气体益健，颂曾雄壮有威，深为喜慰。

四月二十九日　星期六　晴

　　早六时半起床，膳毕，乘九点钟车进城。在车中晤一学生周君，永嘉人，知前天飞机轰炸温州招商局码头，又是同我故家很近，甚为系念！

六月五日　星期一　阴微雨

　　再访周守良于川盐银行，托汇款百元至家，并谈及温州轰炸详情，知其家人亦已早日入乡矣。

七月十日　星期一　晴

　　至十时左右，旧同学李藩君来谈，藩君字锐夫，在中学时低余两级，于民国十七年毕业于东南大学，习数学，历年以来在广西大学、山东大学任讲师。去年接受中英庚款协助，在故乡温州未能出门。今岁接受重庆大学之聘，于前日始从温州绕道香港经昆明乘飞机抵此，稍谈，即与同访王书林。谈至十二时分手。

七月十五日　星期六　晴

　　先访徐敏夫不遇，继访周守良，交伊大洋百元，请代汇温州，据云：日来情形不同，恐不能汇至口岸所在地，只得先将百元存在彼处。

八月二十六日　星期六　晴

　　翰宗忽自外来，知伊前日新自遵义来。翰宗此次在遵义患恶性疟疾，甚危险；仲博自重庆赶至贵阳为其看护。在遵义十余日，始能乘车赴渝。昨日在仲博处，今日始到此。翰宗与余谈：今岁在桂办盐务事，其办事有相当能力。云每月四十元，尚有办公费，收入当六十元左右，亦略有积蓄云。中饭将届，李锐夫来谈，约今晚在新新夜饭，约客有伍叔傥及南开张君。中饭余约翰宗至秀野午餐，下午五时，翰宗乘轮回城。六时余应锐夫邀宴，叔傥未到。

十月五日　星期四　阴晴

　　晚间与晓峰兄同进城访竺校长，坐谈十余分钟，知姜伯韩先生将到此任训导长。

十月一十七日　星期五　雨

　　早六时起床，匆匆入城上课，入校门，即见王国松自内出，把晤甚欢。

十一月二十日　星期一　阴晴

遇王国松兄，同苏步青、苏叔岳二兄约定今往同饮合陛楼，余回后，稍稍休息。下午又有警报，直至四时始解除，余即入城。先访步青不在家，继至合陛楼，诸公皆未到。在路上晤国松兄，知步青已返，乃又至其寓所坐谈久之，同出至合陛楼，少刻国松兄亦来。始悉今晚补行纪念周，姜伯韩先生及叔岳兄至八时左右能到。于是三人闲谈甚久，又同乡章君，永嘉场人，农学院讲师。八时左右姜、苏二公始到。合陛楼今日之菜甚佳，其中尤以糯米鸡最好。席间伯韩先生畅论训育方针，甚有心得。席散已九时半，不能回乡。国松兄陪同至张兆骞兄处留宿，兆骞兄亦中学同学，今日回乡，故留此榻待余也。

十一月二十三日　星期四　晴

早起已八时，上午接清之来信，附来照片一张。清之、显曾、颂曾，皆甚肥壮，甚为宽慰。函中言叶宅姑婆本月在余住五日，姑婆今年八十五，为我刘姓祖辈之仅存者，闻其曾孙已十八岁，再有三年，可以见玄孙矣。姑婆少年寡居，而光景日佳，可见有志者事竟成也。

十一月三十日　星期四　阴雨，下午转晴

三时左右进城，至王国松兄处坐谈久之。出晤姜伯韩先生于途,约至天厨共饭,谈至七时左右,苏叔岳来,八时食毕,结果是我请客。

十二月八日　星期五　晴

下课铃响罢,至王国松兄处坐谈久之,出又访苏步青兄,知彼亦不急急东行矣。

十二月十五日　星期五　阴

今日乃余与清之分别纪念日,为时已一年矣。此一年中余为人之方可告无罪,自今以后清操益励,于心自安矣,他复何求也。

(本文为刘节一九三九年日记中有关与同乡交往、家事、乡事条目选摘,选自《刘节日记 1939—1977》,刘显曾整理,大象出版社二〇〇九年六月第一版,题目为编者所加)

从「背榜」到「第一」

苏步青

苏步青（1902—2003），温州平阳县人，著名数学家、教育家。曾担任过复旦大学校长。在微分几何领域贡献卓著，并培养了一批数学人才。

我的童年是在浙江省南端的平阳县农村度过的。父亲务农，粗识之无，母亲不识字。五岁那年的夏天，曾跟大伯父读了两个月私塾，但没有学到几个字，以后就在家看牛。有一天，不小心从牛背摔下来，虽未受伤，但从此怕牛怕马，再也不敢骑了。

偶然从财主家里借来《东周列国志》和《聊斋》，尽管看不大懂内容，死啃硬背，结果倒也学到了不少字和知识。九岁时，同村的十几个儿童联合聘请了一位连秀才也没有考取的白老师上课，每人每月出两升米和一些柴火，轮流给老师烧饭，并摊派一点副食品。到年底，一共凑足一百只大洋（银币）当"束脩"（即学费），送老师回家过年。

第二年春节（一九一二年），因为家乡没有小学，我离家到百里之外的平阳县城去读高小一年级。十岁的小孩远离父母，心里十分悲伤。我的唯一胞兄大我六岁，比我高两班，也在那里读书，但不大管我。我那时贪玩，城里的一切事物都比山区有趣，结果，呆了一年，考试成绩倒数第一名。这在我们乡里叫做"背榜"，意思是说，我把全班在榜上的名字都背着。

一九一三年，离我家约十五里的水头镇上办起小学来了，于是我插进高小二年级，但依然贪玩，不肯读书。

我现在还记得当时有这么一件冤枉的事：国文老师不知道我早已熟读了《聊斋》和《三国演义》，作文中有些句子是从那里面套来的，竟说我的作文是抄袭别人的。这极度挫伤了我幼稚而天真的心灵，我越加不想听这位老师的课了，结果，第一个学期（一年三学期）考试成绩仍旧是背了榜。

恰恰这个时候，教地理的老师陈玉峰先生叫我到他房里谈话。陈老师首先称赞我是个聪明的小孩，一定能够读好书的。他又告诉我：你父亲每月挑米到学校来给你，一部分当膳费，一部分当学费，而你呢，吃了饭不读书，你不觉得惭愧吗？这一番话使我恍然大悟。从那以后，我开始用心上课，星期天回家还帮父亲种田。第二学期考试成绩全班第一名。我想：当时如果没有陈玉峰先生拉我一把，不知道自己会变成什么样的人呢！我牢牢记住陈先生的一番话，一直到后来进中学，进大学，始终保持第一名的成绩。我至今还爱劳动，这也是陈玉峰老师教导的。

一九三一年，我留日归国，回到平阳老家，第一件事就是去接陈玉峰先生来我家。路程有三十华里，老师坐轿子，我跟在后面走。现在，陈老师作古多年了，我今年也已满八十，但是，我仍旧牢记着老师的教导。

一九八二年十一月二十八日

（本文选自《夜光杯文粹：1982—1986》，新民晚报副刊部编，上海远东出版社一九九九年八月第一版）

忆故乡 怀老师

王国松

王国松（1903—1983），字劲夫，温州龙湾人。先后就读于浙江公立工业专门学校、美国康乃尔大学，曾任浙江大学教授、工学院院长，浙江大学副校长、代校长，中国电机工程学会发起人之一。著有《平行导线的集肤效应》《不振荡电路之极大放电率》《电工数学》《电路原理》等。

我离开故乡——温州，已经有六十一年了，中间也曾回去过不少次，最后一次离开是在一九五五年。可是逗留时间都不长，总的说来，是别离时间长，相见时间少。但是，故乡的风景，故乡的人物，却仍旧历历在目，铭刻在心。

我出生在一九〇二年，童年时代和青年时代一部分是在温州度过的。当时，风华正茂，既好学也好玩，故乡的名胜古迹，有的去过不止一次。近的有江心寺、仙岩寺、头陀寺、雪山寺；远的有北雁荡山。现在回忆起来，仍然如身临其境。江心寺在城的西北，处在瓯江中央，往览风景，需要过渡。瓯江的潮水一日两次，涌流澎湃，颇激起向上向前的心情；雪山寺、仙岩寺、头陀寺在城西南，幽静清致，藏而不露，使人心驰神往，养成沉静的性格；北雁荡在乐清县境，以山峰奇特驰名，夏承焘教授有一句诗：雁荡归来不看山"，那里奇峰嶙峋，大龙湫瀑布如练，感人心腑。祖国江山的壮丽，油然激发读书救国之心。此外，在这些清明幽致，壮阔绮丽的景色中，还穿插许多骚人墨客的词句的书翰，更增添江山的景色。

山水冶性情，故乡的风物陶冶了我从事谨严的性格。而当年的许多老师对我学习和作风上的陶冶，更令人难忘。我特别喜欢数学，正是数学，给我以后的专业奠定了基础。可是，使我对数学引起很大兴趣的却是我小学的启蒙老师林默君先生。记得有一次我算出了一个难题,林老师赞赏备至,不断鼓励。从此以后，我数学程度在林老师的指导和自己努力学习下，逐步提高了。一九一六年我进了温州中学（当时称浙江省立第十中学），又经陈叔平老师和杨霁朝老师的教诲，信心更不断加强。这些老师都是道德和业务兼优的老师，他们的启发教育的方法，诲人不倦的精神，感人心腑，也成为我以后工作中的榜样。还有一位英文教师郑济（字式卿）老师，认真负责，从严要求。当时我任班长，每堂课背诵、问答都要问到，在他一丝不苟的严谨教育下，不仅英文程度日有进益，而且他的治学态度，对我起了深远的影响。

一九二〇年我离开故乡来杭州，考取浙江公立工业专门学校电机科（浙江大学电机工程学系前身），一则想工业救国，二则取其对数学应用比较多。一九三〇年我考取官费留学美国，学习电机工程，并取得硕士、博士学位。记得在美国学习期间，有一次考试，七道题目限时一小时，我按时做完了全卷。美国教授考试出题多，一般都做不完的，评分采用点数办法。我这次在限定时间内做完做对全卷，美国教授说："中国人聪明，了不起。"外国人对中国人的赞誉，在当时是得之不易，我争到这个赞誉应归功于过去这些老师的教育与培养，这个赞誉中充溢着他们辛勤的汗水。一九三三年我回国在浙大任教，一直到现在，我也以我的老师的谨严作风启发教育了下一代，现在他们都成为国家栋梁之才，担负着建设祖国发展科学技术的重任。

现在，我的许多老师大多已不在人世，而我今年也已经近八旬了，但老师们的精神和作风教育了我这一辈，我又教育了下一辈人，一代一代在传下去。长江后浪推前浪，世上新人替旧人。

现在祖国的山河更加美丽，祖国事业更加蓬勃发展，新的一代正在茁壮成长，在这种情况下，老年人的心情越来越开朗与高兴了。抚今思昔，饮水思源。我永远在怀念故乡，缅怀老师。

(本文原刊《浙南日报》一九八一年十二月二十七日)

所望于《瓯声》者

倪文亚

倪文亚（1903—2006），温州乐清人。曾任国民党中央青年部部长、台湾省党部主任委员、国民党中央常务委员、"立法院院长"等职。

几年前，还在厦门吧，当群山睡着，冷月飞也似的过去的时候，被命运支配而漂泊在"这冷酷的孤岛"上的我们，每每手挽手，畅谈一切；谈到了乡事。便不约而同的想办一种出版物，作我们改革地方的第一步，当时因为人才、经济、印刷的不便，却终于没有实现。

到上海以后，无论人才、经济、印刷都非在厦门那样的局促可怜了，但是逃出了命运的支配，而深深地陷入了环境的深渊里的我们——至少我是如此——生活真的浪漫极了。十里洋场，消磨了我们的英气不少。旧事重提，我个人只是怅然若失。但是终没有勇气。"想办一种出版物，作我们改革地方的第一步"，这个理想，依旧只是个理想。在已往的陈迹上，留下一个不能自恕的伤痕。

现在呢，《瓯声》得着同乡诸君的努力，快要出版了。漂泊的我呢，离开了母校，行将漂泊到太平洋的那边去了。今日听见《瓯声》，我个人只是忏悔。在上海的时候，承同好的不弃，一再催稿。归来后，榴红满绿，心境幽然穆然。兹先就我个人所见到的《瓯声》所应注意的地方。约略写出，供同好的探讨。

《瓯声》是大夏大学的瓯海同乡所创办的。《瓯声》受着这两重意识的限制，自然和一般泛论时事，或专门学术的出版物不同。国内外的最近时事和超乎时间，空间的学术思想，固应尽量介绍，严格批评。在沉闷像死一般的中国出版界里，大放厥"声"这是应该的……但是同时切不要忘记了这个"瓯"字。对瓯海的各方面，尤须不要放松。

谈到了乡事，刻骨痛心说一句，真是"斜月三更闻鬼哭"。

使我战栗彷徨,抱头鼠窜。老实不客气说一句,不幸逢人问起"贵处那里"的时候,我是抵死不说"敝地温州"的。说到了"温州",在神经过敏的我,便和"温州鬼"这个尊号,成一牢不可破的绾结。"温州鬼"这个尊号,别人不知道,我看看这个"鬼"字来形容温州人,真是"名不虚传"。这种无形的传统,看来似乎没有什么关系;但是实际上这个"鬼"一作祟,无论什么工商业都不会发达。贩雨伞不行,卖麻袋不行,卖柑也不行。这是小事。放大点说,翻开中国全部的历史,瞒不得小聪明的温州人说,没有一个作大事业的贵同乡——包括强盗和帝王。这虽和气候、地理有密切的关系;但是最大的原因,却是这个无孔不入的"鬼",所以想改革温州,我以为应拖四十八生的大炮,非把这个"鬼"打得落花流水不可。把跟在自己背后的鬼娘,怀在肚里的鬼胎,杀个净尽;然后过五关斩六将一般的杀将前去。提高国际地位姑且搁起不谈,提高地方地位,非打倒这个"鬼"不可。目下高唱入云的打倒军阀,打倒帝国主义,我想第一步还要先打倒"个人的小鬼主义"才有办法。对不住"温州鬼"哟!

还有,死的沉闷,活的无理,是现世界到处无可幸免的惨劫。我们既不能像那些作四方极乐国梦的殄灭现实论者。惟有脚踏实地,切实努力。在目下民气闭塞,交通不便的内地,第一步应竭力宣传现在时,空的实在情形,使知所改进,知所适从。第二,对于地方的恶势力,尤应本大无畏的精神,痛加破坏。受过新时代的洗礼的新青年,应该联合在一条战线上,前仆后继。过渡时代免不了的牺牲,尤须持以毅力。"面子"这个鬼,在这时候是会出来百方牵制的,必须看准眼睛,打它一个狗血淋头。大人先生,大的事件固应该十二分注意,打个不平。而不重要的人物,小事件因为在社会上的普遍,影响很大,也非特别注意,痛加改革不可。能如是,才可以谈第三步的建设。因为没有宣传,使民众有相当的了解,无论怎样的好事情,是敌不过他们的深闭固拒的。恶势力如没有充分的破坏,新事业是无从下手的。就能敷行一时,也只是流沙上建大厦终究是要倒的。但是有宣传而没有建设,那宣传好点说只是高调;不客气地说简直是废话。如果有破坏而没有建设,那破坏为破坏而破坏,则破坏为意气的,盲目的,无意义的。我谨希望《瓯声》的同好者对一切的事业,用这种精神去对付。就是提倡建设任何新事业,尤必须按照这三个阶级作去,才不是空唱高调者。《瓯声》之能否引起乡人的注意,全在言论之有没有生命,不然,打开天窗说亮话,就是粉碎地球,也未当不可言之成理,何况弹丸的瓯海呢?《瓯声》的同好者哟,这一点应该特别注意。

  上文已经说过,超乎时间、空间的学术思想应该尽量的运到自乡去。自乡的土产文史,也必须尽量的装出来。有了《瓯声》作转运机关,这种进出口生意是必须要作的。专门的,高洁的自然要运归去;通俗的,浅近的尤须多装点回去。

先转转他们的口味。至于土产呢,虽没有多大的成绩;但是瓯海古称"小邹鲁",在学术思想上,确不是一片"不毛之地"。旁的不说,单说南宋吧,永嘉的叶适(水心),瑞安的陈傅良(止斋)辈,崛起一时,"为学生博通致用"。所谓永嘉学派的就是。虽有人以为他们是流于"俗"了。但是我却以为永嘉学派恰足以救所谓"南顿"、"北渐"之弊(其详非本又范围所及,只得从略)。同时还有王十朋(龟龄)"绍兴中,延对以忠鲠称;擢第一"。他的古文在南宋也是数一数二的。"童生通,王十朋!"我们镇里的妇女们到现在还这样地嚷着。

说当时的诗吧,南宋中叶以后,承江西派的末流,"气失则粗,意失则涩"。诗史上的所谓永嘉四灵,是在这时露头角的。所谓四灵,就是徐照(灵晖)、徐玑(灵渊)、翁卷(灵舒)、赵师秀(灵秀)四人。因为他们的号里都有灵字,故称四灵(但是并非全是永嘉人,就中灵舒就是乐清人了)。他们的诗是以清虚便利行之。是直进晚唐的,在文学史是有相当的位置的。四灵的出名,虽半由水心的赏识而来,但是由江西派的一家天下,打出诗的新的园地来,却不能不承认他们是前路先锋了。单就南宋的文哲而论,《瓯声》已可大放厥声。虽他们都不免失之于"柔",不像李唐、北宋的那样苍厚;那是国运使然,是不能独对他们吹毛求疵的。

后来明清两代,我们的乡里也算不得衰落。比拟欧洲文艺复兴的清代，瑞安的文风盛极一时。孙诒让（仲容）且为一代汉学大师。

《瓯声》的同好者哟，过去的骸骨，我们固不必迷恋，但是开掘，阐发乡先生所遗下的宝藏，这都是我们后起之责任！

还有乡土的史，地的变迁和社会调查等等，为解决温州局部的问题，这种脚踏实地的工作，是少不得要努力的，至于民歌童谣，我们温州合乎古音的字很多。如果把这类在民间的平民文学搜罗起来，我想成绩是很有可同观的。这种材料是可应用的全部的中国的历史、地理、社会学、文学、方言学的，很有价值的。但是这种宝藏，只有"亦乡亦学"的人们才有资格能开采的。

能尽量发挥上述两项，才不愧是"大夏大学的瓯海同乡"所组织的《瓯声》。能尽量表现"亦乡亦学"的精神来；那末，一时的毁誉尽可不问了。此外还有一点似乎很小，但而实际上都很有关系的。就是时论的文章是有时间性的。"明日黄花"最能减少读者的兴趣。我以为《瓯声》每期篇幅不妨暂时少些；而出版期却应该缩短。为普及起见，定价必须减至最低限度，或送阅。但不知《瓯声》的主持者，以为怎样？

可怜吓，死的沉闷，活的无理，社会给我们的精神上失望，也未免太利害了。万恶的虹桥哟，几千年遗传下的大家庭制度，振荡得快要崩溃了。遗产毒坏透了一切的"财主儿"。"流氓捧败子"，是虹桥的实在情形，并不是我冤枉它的。同时"为富不仁"的刻薄成家业者，压倒了小农工阶级，可怜他们动弹不得。所谓共和民国，虽只是空招牌。却已十五年了，但是他们还渴想"正命天子"。时代先生挟起世界老人一刻不息地奔腾澎湃。但是我的故乡呢，鼻声雷动，睡兴方浓！

《瓯声》哟，你真的来了么？好。希望你是洪水猛兽，冲破了这灰色的乡关！

（本文原刊《瓯声》第一期，一九二六年六月版）

致高谊家书

张淮南

张淮南（1904—1941），原名绅，又名冲，温州乐清人。曾任国民党执行委员、中央组织部代理副部长等职。抗战期间作为国民党代表参加国共谈判，同周恩来建立了良好的合作关系。张淮南病逝，周恩来在《新华日报》发表《悼张淮南先生》，并送挽联："安危谁与具；风雨忆同舟。"充分肯定张淮南在团结抗战中的作用。

外舅大人鉴：

　　前奉上小影一张，当已收到。京中诸校以时届隆冬，次第放假。敝校亦于今晨停课结束。贱躯托庇粗安，半年于兹矣，想念前游，宛如昨日。

洪君伯容署长医校，无如风潮愈闹愈大，而教长黄郛（浙江人）又落阁选，依仗无人，恐致陨越也。

品石欲归，迟迟不能首途，恐中校又变卦矣。

昨接家书，缙兄称母亲行年六旬，生平茹苦含辛，宜有以表而出之。兹届寿辰，愿乞一言以为荣，未知大人允吾否？挽近辞章衰退，京师之大，虽不能谓无老师宿儒，然行文崇实，能绍桐城余绪者寥寥不多见，而铜臭之樊樊山辈，无不足论也。区区伏希谅纳。至于母亲生平，大人当有闻之，不必婿重及。

肃此谨请

福安

婿张绅谨上

外舅母均此问安

十二月初八

（本文选自《乐清文史资料》第四辑，中国人民政治协商会议乐清县委员会文史资料工作组一九八七年一月编印，题目为编者所加）

致双亲书

林环岛

　　林环岛（1904—1940），温州洞头县北岙镇人，温州地区早期参加中国共产党的革命知识分子之一，杰出的新闻、教育工作者，缅越华侨的卓越领导人之一。曾担任《现实周报》《南声报》《星华日报》《星光日报》《星星晚报》等报刊主笔、编辑。作为"厦门抗日前线儿童救亡剧团"的总领队和支部书记，他带这个剧团到柬埔寨、越南进行抗日宣传活动，后担任印度支那共产党南圻中国同志工作委员会书记。因积劳成疾，病逝于越南西贡，年仅36岁。

双亲大人：

离乡井，已月余，想家人定必健康如常。前杨表弟自故乡来，谓二影偶患剧疾，胥平复，甚慰！

怀青哥本季就建泰行之职否？男未之闻。烟台匪患频生，刘珍年部发生变化，三数日前，曾遭激烈之巷战，现虽告熄，但因济南章邱之问题，及军阀余孽张宗昌、孙传芳之企图再起，致山东整个民不聊生。据报载，此事实有大规模之组织，抱有极狠之野心，以日帝国主义者为后援，名其组织曰"中华国民党"，其中分子以安福系（段祺瑞等）为中心，一班北方官僚为羽翼，军事方面则以张宗昌、齐燮元、褚玉璞、唐生智、陈炯明等主干，静待南方之变，冀图攫取统治阶级之政权。最后，宁汉两方——蒋系与桂系——各自调兵遣将、掘战壕、运军火，已在鄂与皖、湘与赣开始拼个你死我活了。连日南京运回伤兵甚多，但中央总想设法辟谣，结果长江下游左右岸之炮声响到各大小报上，现双方已经接触，交通已断，肉搏之期去斯不远，苦我百姓，又将化为机关枪下之白骷髅。血淋淋之中国版图，又将重新宰割。河南、甘肃、陕西、山西因水旱而造成四百余万之灾民；山东、河北（直隶）、安徽受军匪之蹂躏，十室九空；四川、广西、贵州、云南以及广东福建等省，非苦于豪劣统治之压迫，苛捐杂税之重征，即为军阀争地争城攘权夺利下之冤死鬼。全国沸腾，已无尺寸之净土。孟子书中有"庖有肥肉，厩有肥马，民有饥色，野有饿莩，此率兽而食人也"一句，不料复为今日党治下而至于训政时期之中国写照矣！

男到沪后，连得缅甸友人促道之函，谓"渠们数十人之信用，将为男之迟迟南下，延搁两三月而丧失"，且有"如足下不来，我等此后不能有所企图"，"即南下半年后回国，以释我等之疑亦可"等语。事缘前男偶以"东山"为名，不料福建亦有所谓"林东山"其人者，为福建极凶残之土劣。今因男友与东山通讯，乃疑男友亦为不肖之徒，经男友向之解释，彼等绝不相信。前，平阳陈志标（曾在十中附小任教），乘日本船到新加坡，在道南中学为教员。一月后，忽被学生发觉陈某为乘日本船之人，立即将其驱逐出校。现陈某已改名换姓，匿于吉隆坡之村中，足见南洋人脑筋之简单，有如是者！其实，在上海有让我生存之职，有使我学识能力增加之机，男何尝愿意去较远之地，而行家人父母所不许之行。本来，高低远近纯据于比较而来，上海与北岙，缅甸与北岙远近同也。惟有不离顶寮始可谓真正之近。况且下交通便利，用海轮绕一球一周，不过如前清秀才上京之时日。将来电学更进步发展，游地球有如北岙之上温州。况男年龄及身体与环境均有到缅甸一游之可能，且为期极短，绝不至于超过二十个月。最望其能于本年底归来！

双亲乎！男年二十六，自七岁入塾，经师范入大学，凡十八年，此十八年中，使大人劳心血，费精神，腓无胈，胫无毛，沐湛雨，栉疾风，上楠溪，下平阳，跑烟台，奔上海。剥家人之幸福，受亲友之庇荫，使男完成此十八年之教育！即木偶，即土瓜，即蠢如牛羊，顽如鹿豕，苟受此十八年之教育，亦必由灵而显、而聪敏、而感觉；即呆子，即书痴，即笨伯，亦必由能而干，而通达，而想努力，以负社会之使命，而思如何可以不负此，遍九州亘万古所难得之父亲之望！何至于弃家，离友，违亲心，抛乡人。

前月还乡，在家庭会议席上，大人所责训之点与家督警惕之辞，男未尝不认为是爱子爱弟无所不至之心。根据于家庭之立场而发，此为在旧社会制度未除，新社会关系将至间过渡时代之矛盾，京即旧社会之伦理与新社会之伦理之冲突，胥根源于经济而动之必然现象也。

双亲乎，一切之伦理、道德、法律、教育、政治、风俗，皆建筑在社会生产方法之上。苟社会之生产方法一旦变动，一切之伦理道德……等等亦随之而变化。看"三纲""五伦"已不见于现在；女子之"三从""七出"已绝迹于今世；《四书》《五经》《三字经》不复为今日学校中之教科书。商鞅之变法，王莽之篡位，满清之覆没，民国之建设，此无他，时代不同而社会的生产方法各异。因之，一切人类之精神生活与物质生活亦各变更。我乡以渔为业，因生产工具无力改革。故对于娘娘妈、五通爷、天公、家祖、虔敬特殷。北乔商铺有"招财神"之牌位，而上海各店家未曾用香，在大马路上撒鸟（尿），即遭巡捕之拘牢视为犯法；于土地公宫边撒粪，北峇人无敢干涉；广东有不种鸦片之"懒捐"，违者科以重刑；四川有"行路税"，违者视为抗捐。故一切之标准，因时而异，因生产方法之不同而根本变更。申言之，即"不是人之意识决定人之生活，而是人的社会生活决定人之意识"。近言之，男之乐于东路西走，上武汉，下缅甸者，亦根据于此定理而然，实则，芸芸众生均不能越此围范而生存也！双亲如以男言为鹜，为狂妄，可再举其浅者近者以闻。

有贼船入九厅鼻之恐慌，利泰轮始二千伍佰元预备金之抽捐，海山区民众无有怨言，且认为合理；经过糙米每元二十斤之痛苦，始有这一个铜板上警察局之争讼；三月三之上帝公"过火""斗辇"，近年不复举行，而三月十五之胜阳春未曾间断。一切一切，善善恶恶之一切，均有其因而结其果，惟意识有精浅，觉悟有强弱，表现有明隐之差别而已。

双亲乎，男言尽矣，而实未有尽也。男觉识薄能微，无以应世，无以贡乡人，无以慰亲心，故乘此机作国外之一游。明年归来，如双亲绝不愿以男志为然者，在上海在温州在北峇在顶寮均可一尽男为社会上之一人之职！

才哥，已长函告之矣！

男定明晚启途，由沪至香港经新加坡而达缅甸之仰光，约费进十二日，苟过埠不久停。旅途中男当有报告，以后之通讯处，已写好六个信封，他日仍可源源寄上。

通讯处之解释如下：

林环岛

缅甸新闻报公司

一百八十三号

——仰光

因那边邮局对于英文信封较易传递，其实在那边的人有十分之八是华侨，才哥处曾告以电报。

通讯处为：林环岛

新闻报

仰光

谨祝

合家健康

男　环岛
一九二九年三月二十七日

（本文选自《林环岛文集》，中共温州市委党史研究室、中共洞头县委党史办公室编，中共党史出版社二〇〇九年六月第一版）

少时身世

萧铮

萧铮（1905—2002），字青萍，温州永嘉人。土地问题专家。曾任中央政治学校地政学院主任，中国国民党中央执行委员、常务委员等职，创设中国地政学会、中国地政研究所。著有《平均地权之理论体系》《平均地权本义》等。

余生于一九〇五年，浙江之永嘉县，彼时尚为温州府治。先父鸿声公染时疫逝世，年仅二十三岁，我为三岁孤儿。家慈林氏痛不欲生，曾先后二次自尽，均蒙乡邻救活，乃立志守节抚孤。家贫，赖针黹所入，以养祖母及孤儿。幸姑适徐氏，时有资助。余于启蒙后，入姑家私塾读四书、左传、纲鉴及唐诗等。于十岁时随姑母赴江西永修，时先姑丈徐翰青先生任该县知事。翌年因二次革命失败，先姑丈辞官，余亦偕同返里。于民七考入浙江省立第十中学，民国八年五四运动发生，偕同学在温州发动抵制日货，因有人运米出口输日，鼓动商店罢市反对，为瓯海道尹（温州之最高行政长官）以鼓动罢市罪名逮捕，嗣经士绅调解得释（尚披红游行街市一周），于是在校中成为"前进分子"，常偷阅禁书，喜谈革命，意气相投之同学，组织了一个"醒华学会"，我还存有醒华学会成立时的照片，这群少年里，后来有三人同时为中国国民党的中央委员，余与郑异（后名郑亦同曾任驻澳大使）及张淮南（后名张冲为对俄问题主要人物）。而后来成为名将在徐蚌会战中殉难的邱清泉将军与余同班（但不在这张照片里），亦为当时相知同学之一。民十一年暑假中学毕业，醒华学会会员均出外进修，余受同学鼓励及亲友资助赴沪，图谋升学。

同行同学张绍良与我同样对国父孙先生具有崇高的敬仰，时在沪同寓于一小街之同乡店铺中，一日忽告余，孙先生将抵沪，相约往码头迎接。但以不知其行期，往返黄埔滩数次，卒未接到。嗣同往环龙路国民党部，始获初见国父，及聆其讲话。盖其时在陈炯明叛变之后，国父率海军于白鹤潭抵抗后退出到沪，时为十一年八月十四日也。

其时上海公立大学不多，如南洋大学系理工程，非志愿所近，私立大学均系教会所办，亦不愿去。于是偕同学到杭州考入法政专门学校。此校功课较轻易，得以余暇多读五四运动后初出各杂志及新书，对社会问题颇多了解，而以获读《国父演讲集》及《建设》杂志等，对实业计划最感兴趣。而于平均地权，则似懂非懂。

在杭州法政学校时，无意中获识沈定一氏，沈为当时在杭州的国民党主持人，思想甚为左倾；几度相见，伊均大谈农民问题，伊常说佃农的生活太苦了，他们辛苦耕耘的收入，却大部分被地主剥削了去，所以要救佃农，非打倒地主不可。其时他自己是浙江萧山县的大地主，他主张自己率先实行减租。后来。他果然在萧山的"卫前镇"（他住的乡村），组织农会，首先实行"二五减租"。我那时对他甚为佩服，后来才知道他也是共产党的发起人。但他在民十四年以后亦为反共的西山会议派重要人物，这是后话。

经过和国父及沈定一氏等之接触，使余对国民党有了很深的印象，在第二年（民十二）到北京后，不久正式加入了国民党，亦因此开始对土地问题有了兴趣。

(本文选自《萧铮回忆录：土地改革五十年》，"中国地政研究所"一九八〇年十二月初版)

农村的童年生活

朱维之

朱维之（1905—1999），温州苍南人。著名比较文学学者、翻译家、教育家。曾任福建协和大学、上海沪江大学、天津南开大学教授。著有《基督教与文学》《中国文艺思潮史略》《文艺宗教论集》《圣经文学十二讲》等，译有《失乐园》《复乐园》《宗教滑稽剧》等。

我出生在浙江温州苍南的一个中农的家庭里，从幼年到童年都在农村度过。从十岁进城读书时起,逐渐转到城市生活。现在回想起七十年前的农村童年生活,好像是昨天的事。

一、最初能记忆的事

三岁以前的事完全没有印象了,最初能记忆的事是妈妈的慈爱和她的勤劳。大约是我三岁的时候,妈妈拿了一张小竹椅,叫我坐在她的两膝之间看她纺纱。那时我开始体会到妈妈怀中的温暖,欣赏她劳动的技能。她坐在纺车的前面,右手摇着纺车,左手拿拇指粗的棉花条放在纺针尖端被搓滚成细纱。在那时的农家中,这种纺车算是最精密的机器,大车轮转一圈,纺针就转好几百次或上千次。棉花条在针尖上很快就被搓滚成细纱。妈妈得心应手地一手摇转车轮,一手把针尖上纺出的棉纱向上拉长,到了高得不能再高处,叉开三个指头像舞蹈的手势绕上棉纱三圈;然后把车轮轻轻倒退一下,把棉纱绕在纱锭上(纱锭套在纺针上,锭的下面就是纺针的尖端,针尖顺转时把棉条纺成纱,倒转时就把纱绕在锭上),然后再把棉条放在针尖上搓纺。

我坐在妈妈前面,看得最清楚,一面欣赏她的技艺,一面欣赏这个小机器的灵巧。

到了我五岁的时候,比我小两岁的妹妹坐上那张小竹椅,同样在妈妈的两膝之间欣赏她的纺纱技艺,并偿受她的爱护之情。我看了,很有一些"让位"的感慨。我长大了,该让位了，虽然妈妈同样地爱我，但我不能永远赖在妈妈的怀抱里，必须自己独立去找玩的东西。

二、自己去发现并制造玩的东西

七十多年前的农村，不像今天小朋友的家里有许多自动或机动的玩具，没有开发儿童智力的新式玩具。我在幼年时，家里什么玩具都没有，大人们不关心孩子玩耍的事。我在五六岁时就自己到大自然去找可以玩的东西。农村的特点是接近大自然。辽阔的天空，广阔的大地，浩浩的河流，繁茂的花草、树木，空中的浮云和飞鸟，地上的走兽、昆虫，水中的游鱼等等，有说不完的好玩东西，能够引起孩子的遐想和实验。例如小麻雀的蹦蹦跳跳、快乐活泼的样子，叫你高兴。老鹰在高空中盘旋时，展翅飞动而流荡滑翔，有时猛扑而下，像在捕捉小鸡或什么东西，给人以雄健勇猛的感觉。花草树木的生长、开花、结子，暑寒荣枯，都有各种不同的趣味。草的叶子不一样，有长有短，有的还带刺；开的花有红的、黄的、紫的、蓝的，形状也有单瓣、重瓣，有四瓣的、五瓣的等等。树木的千姿百态，更有给人乐趣的东西。昆虫的动作也很好玩，例如蚂蚁搬家，那么长的队伍，那么整整有条的阵营，个个尽自己的力量，把货物全部搬迁。这种组织性很强的小动物的行动，直叫人佩服。当它们两军对垒时，更是好看，队伍整齐，正式打仗时，打得你死我活，直至尸体堆积如山，勇敢忠贞的精神，真令人敬佩。

我家房子的前后左右都有余地，栽有各种的果树，有梨树、桃树、橘子树、柚子树、酸橙树，它们在不同的季节开不同的花，结不同的果实。从树上直接摘下的果子，格外鲜美。我家后面还有两丛竹林和一株棕榈，是我最爱的。竹子长得快，雨后春笋，一天长几寸，出土几天就长得和我一样高了。笋子炒咸菜，味道鲜美无比。更可爱的是它们那耸入高空的青翠茎叶，亭亭玉立，显得那么纯洁！微风吹来，一片沙沙声，是那么温柔细腻。但当大风袭来时，竹林总是最先发出萧萧的喧声，不平静的调子，奏出我幼小心灵的怅惘情绪。池塘边的棕榈树坚毅地独立着，大蒲扇似的叶子显得很高洁，在秋天高爽的日子，倒映池水中，小鱼在池水的倒影中间游玩，是另一种境界。

大自然是一部看不完的大画册、读不完的大书，里面有无穷的奥秘、极大的学问，有欣赏不完的乐趣。

更有意思的是自己制造玩具。印象最深的是茭白的叶子作成的帆船。茭白叶子长长的，像一把把宝剑，叶面有绒毛，放在水里很平稳，不吸水，以茭叶船航行起来很灵敏，只要有一点微风就能把它吹到池心或河心。我家门前五十米外有条大河，河边有乌桕树和榆树，在树荫下放帆船，可以随风而去，远到百米以外。但河大水深，妈妈不让我独自去玩。每当独自玩时，为免妈妈的操心，我总是在后院的池塘边试航，池边多茭白，造船的原料充足，缺点是风小，须得风乍起，吹皱这池春水时，茭船才活跃起来。

自制帆船的玩法最好是比赛竞渡，看谁的船驶得快。可惜我没有同龄游伴，小哥哥比我大七岁，虽然他很爱我，但他快到成人之年，不是我的游伴；伯父的小儿子比我大五岁也玩不到一块去；妹妹比我小两岁，年龄的差距不大，但是个女性，又不到自制玩具的年纪。所以我只能同时制造几只船，同时开航，让它们自己比赛。环境逼我独自玩耍，独自沉思。

三、劳动和健康的身体

农村的男女多喜欢劳动。我妈妈一向喜欢纺纱和其他的劳动，到七十多岁时还是闲不住，要儿辈买棉花让她纺纱。她觉得纺纱劳动是消磨老龄时光的最好方式。我爸爸虽然也喜欢读些书，但他是个农耕的能手，在村子里受人尊敬。我从七岁起就帮着干些农活。父亲犁田时，我跟在后面拾泥鳅。放牛是我喜欢的活，骑在牛背上是一种享受。等我会看小说时，牛背上阅读更有一番风趣。只有一次，我不小心从牛背上摔下来，起来却鞭打了它，它流泪了，那泪水唤起我永久的内疚。

捉螃蟹、钓河鳗、扦虾、拔针鱼等带有游戏性质的劳动我也是喜欢干的。捉螃蟹方法有三种，夏天用蚯蚓穿在细竹丝的一端，放进田畔的蟹洞里，哄它出来；秋天把丝瓜或葫瓜的废藤拔下捆扎或捆放在河里，过一夜后拉上来，准有蟹在；冬天撒网在河里，再撒一把米，过一小时去拉网，一网可得二三只。钓河鳗的方法是一人准备十多根小竹杆，系上带有钓鱼钩的粗线，钩上有蚯蚓为饵，把钩沉入水中，竹杆插在岸边，过半小时后，一杆一杆地拉起来，河鳗若吞了鱼钩就逃不掉。扦河虾的方法和钩河鳗相似，不过不用鱼钩而用酒糟少许在一尺对方的布网上，河虾好酒，醉卧布网也逃不了。拔针鱼不是一个人干得了的，要有六七人，一半在岸上拉纤，一半划船，狭长的鱼网在中间水面浅处拦过去，每二三十米可以起一次网。针鱼在夏天的中午喜欢游在水面，很容易捕捞。这些劳动不容易累，不是不用力，而是带趣味性的劳动，既可以改善一家人的生活，又可以学会渔猎的方法和熟悉鱼虾的特性。

划船和车水是比较费劲的劳动。划船不单要气力还要有技巧。在南方农村里，船是主要的交通工具，一划常是十里二十里，不像公园里的划船，可以不费力和技巧。农村划船是劳动，长距离的划船要有耐心、韧性和毅力。在夏日炎炎的车水劳动中，锻炼我在这方面的意志和体力，还使我在拼搏中苦思怎样用机械代替体力劳动。今天农村都用电机灌溉了；但是锻炼意志、毅力和拼搏精神却不能减少。

我童年时代在农村参加劳动和锻炼，给了我健康的身体，这一点，我愈到老年愈清楚。我今年八十一岁了，一直没有生过大病。我从童年起就不常患病,除了一次因蚊子传染得了疟疾外,在农村没有病过。农村有清鲜的空气,充足的阳光,鲜的蔬果和鱼虾。还有一个好习惯就是不吃零食,消化系统一直正常,心肺也正常。粉碎"四人帮"以后,重操旧业,一九八〇年以来,我每年出版一本书,包括翻译的弥尔顿诗作《失乐园》《复乐园》《斗士参孙》,主编了《外国文学简编》《外国文学史》,估计今后五年还有可能每年出一册,还打算继续学习希腊文,希伯来文等古代语文,如果没有意外的话。这都是受益于童年时代劳动和锻炼。

四、家塾和小学

我七岁发蒙,在家塾读书。发蒙老师是一位老秀才。我有幸在民国初年(一九一二年)发蒙,新编小学教科书第一册开始是每页两个大字配上图画,"人、手、中、刀、山、水、田、狗、牛、羊",一些象形的字,很容易记住。老师见我太轻松,要教我读《幼学琼林》,我坚决不读,因为比我大的孩子都愁眉苦脸地读四书五经或《幼学琼林》,嘴里硬背,心里不懂,只想逃学。我不愿坐着死背书,喜欢在玩耍中认字,教科书等于看图认字,楹联、匾额等也是大字教材。秀才老师也识时务,皇帝倒了,孙中山先生当了第一任总统了,科举也废了,他就不勉强我读《幼学琼林》了。但老师有一部《康熙字典》,不认得的字可以一查就会,引起我的极大兴趣。

几年之后,我也买了《中华新编字典》,这书对我帮助很大。后来我特别喜欢买各种辞书的嗜好,也是由启蒙老师来的。

第二年老师病了,哥哥们和堂兄们也都读过好几年书了,家塾因而停办了。我只好到离家很远的小学去上学。小学里除国文外,还有算术、修身、手工、体操等,花样多。但我每天得独自往返走十六里路,走过五条大河、六条大石桥,早晨八点前要赶到,晚上很晚才到家,风雨无阻,坚持两年,这对我这八九岁的孩子来说是个考验,也是极好的锻炼——锻炼身体、意志和毅力。

两年后,爸爸为我在温州城里找到一所可以住读的小学——崇真小学。这所小学比较严格,每天要做清洁工作,每星期六要洗擦地板,自己洗衣服。这比每天走十六里路要省事多了。教历史的王活泉先生给我印象最深,他讲近代史时讲到帝国主义如何欺我们,我们连连打败仗,甚至在中法之战中打赢了还得割地赔款,王老师讲得生动,在幼稚的心灵中播下爱国思想的种子。

一九一七年冬,我十二岁,从高等小学毕业了。未读中学之前,王活泉先生介绍我到温州瓯江上游西溪的一个山村去教小学,其实是家塾,因为教师只我一个。那时我十三岁,却一点也不怕;因为我熟悉家塾是怎么回事,同时,我带有一部《中华新编字典》这有利的武器。我到任的第二天,就有两个十八岁的学生退学了,说是老师只十三岁。其余留下的学生都和我年龄差不多,都喜欢玩儿。有些家长通过学生暗中考我,问了一些较难的字,我查了字典,一一予以正确的回答。他们服了,对怎么教法都放心了。我为了山村的需要,以国文为主,也教些算术、唱歌、体操、修身。下午四时放学,我和年龄相近的同学上山采果子,采花。我生长在平原农村,对山区不熟悉,学生倒教了老师好多东西。我也讲了些平原农村的事和从老师那里学来的近代史和爱国的故事。学期快结束了,家长们轮流宴请"小先生",有酒有肉。我在欢乐的气氛中告别了山村,也告别了童年时代。

(本文选自《晚霞落日觅童年:二十世纪中国作家、学者、艺术家谈童年》,邓九平主编,中国和平出版社一九九九年一月版)

乡愁

金溟若

金溟若（1905—1970），原名志超，温州瑞安人。作家、翻译家。因翻译日本文学，与鲁迅有过来往。一九四九年后赴台，从事翻译、散文创作。著有《残烬集》《自己话·大家话》《金溟若散文选》等，译有《出了象牙之塔》《爱的饥渴》《美丽与悲哀》《岩流岛后的宫本武藏》等。

"少小离家老大回，乡音未改鬓毛衰。儿童相见不相识，笑问客从何处来？"

生在近代的人，就很难体味到这首诗上的情怀。除非离得太远而又有了牵制,虽是浪迹天涯的人,久则三年两载,近则三五个月,那些近代的交通工具,会很快地送你回乡一趟,住腻了,再让你出门去。轮船、火车、飞机,有的是;谁还在外面待上十年二十年不回家一趟的?科学的进步,把途径缩短了,天涯海角不会使你感觉太远,而那无边的乡愁,也被一手抹煞了。

但在我,却也领会过些那滋味:童年出门,跟着父亲出国,回来时已是十八九岁的一条汉子,虽不曾"鬓毛衰",但孩时的游伴,有的做了生意,有的已经是支撑一家的结实的汉子,也有的穿上长衫马褂,俨然坐镇一方的绅士了。女孩儿们变得更快,许多都是人家的妻子,也有已经抱了孩子的。"儿童相见不相识",那该不会差得太远吧。

少年人志在四方,虽在异国住着,但对于怀念乡土什么的,始终茫茫。同乡聚首偶然谈起,也是淡淡的,一闪而逝,不懂怀乡病,怎能知道乡愁。至于"举首望明月,低头思故乡",那更谈不到了。

那次在家住不上一两个月,又出门了。这次去的是上海,离家近,来回也便,要回去就得回去,虽不是朝发夕至,可也差不了许多。那时,压根儿就不会想到有所谓家乡的,那得有愁?对于那些讴诵乡愁的诗,我始终还是泛泛然的。

到了中年而膝下犹虚的人,会切望自己有个儿子;进了老年仍飘泊无依的,会热切地迷恋家乡,我虽已逾中年,但有着太多的孩子，当然不会了解第一种人的心境。离老年还得有段路程，但近来我却很能了解老年人的那个情怀似地。

越是酸的葡萄，也愈令你垂涎。是人类，便被注定了这辛酸的命运。是这命运，让我知道了老年人的那情怀的，是大陆上来的，谁都知道这，我以为。——同是有家归不得的，谁能无动于衷呢？

已是十月小隆冬了，在家乡的温州，该是柿子成熟，栗子也早已经上市，又是持螯赏菊的季节了。而这里，还是夏的延续，柿子虽也曾红遍摊头，那只是植物的周期长热罢了，与节令怎能联系得上呢？

家乡里秋末冬初的夜晚，兀坐已久，放下写作的笔，踱出庭阶迎头仰望如水的月色，从薄棉衣沁入的凛秋之感，给你带来凄怆但又舒畅的快意。这里也有着好月色，像今夜的月也确够圆够亮的了。庭院小伫，我终觉得欠缺着什么——是少了那凛冽的寒光，送来浓浓的秋意的。

家乡里的这样夜晚，该不会教我这样寂寞，令我嗒然若失的罢。

这些这些，都让我领会了李青莲的那首《举首望明月》的诗的意境，也教我知道了乡愁，而且了然于老年人的乡土的怀恋。

第一次来台湾时，路过福州，偶游戚将军祠，求得了一支签诗，结语是够渺茫的：

——请君细体庙堂碑，碧海青天夜夜心。

当时百思不得其解，及今思之，不觉神往。

三年来，这些乡愁积得满满地，太重了，太累了，来日回去时，怎么装得下，载得了呢？

(本文原刊一九五二年十二月四日《中华日报》，选自《金溟若散文选》，台北牧童出版社一九七七年五月初版)

寄语温州

王季思

王季思（1906—1996），名起，以字行，温州市区人。中山大学中文系主任，著名戏曲史论家、文学史家。著有《西厢五剧注》《集评校注西厢记》《西厢记校注》《新红集》《玉轮轩曲论》等。

我是喝瓯江的水长大的。多年来我在外地工作，仍经常想起温州。使我念念不忘的是故乡山水的秀丽和前辈好学的风气。

我老家在温州郊区的上田。小时从上田乘一种叫作"蛙蟆溜"的小船进城,经过水心殿、打网坝、南塘街,一路山明水秀;将近小南门,穿过双利桥,会昌湖上的山色又映入眼帘。真是赏心悦目,应接不暇。至于雁荡的雄奇,孤屿的明媚,更能激发人的奇情遐想。从中学到大学,我曾两游北雁,一游南雁,每游必有诗。最近我的词《诗词录》在杭州出版,以雁荡灵峰的水墨画作封面,深得我心。可惜经过十年浩劫,当时诗作已十九不存了。

我小时学习的浙江第十中学(温中,温一中的前身),当时校舍在仓桥,即现在温六中所在地,是清末著名学者兼教育家孙诒让创办的。我进校的第一次便在礼堂上看到他的遗像。孙诒让对我国历史文化遗产作了认真而深入的钻研,遗留下几部不朽的著作,同时企图吸收西方的文明,变法革新。他遗留的《周礼政要》充分说明了这一点。继承孙诒让的遗风,校里选聘的教师有不少是学贯中西的学者,学风朴实而不保守。近年科学界盛传温州出数学家,从苏步青、李锐夫、徐桂芳到杨忠道、谷超豪、白正国,他们都是从浙十中或它的后身温中毕业的。我后来虽专攻语文,由于在中学阶段代数、几何、生物、地理等科的基础打得较好,使我具备了当时青年人的所应有的科学头脑,还不能不归功于陈叔平、项声初、刘逸伶、李逸伦等前辈学者的辛勤教导。记得郑振铎同志出国前到中山大学来看刘节教授,谈起我们的先后同学有五人被选为学部委员，这在国内其他地方的中学里是少有的。这次我在北京参加国务院学位委员会召开的学科评议工作会议，见到步青、夏鼐、超豪等同志，就想起在浙东地区长期流行的两句老话，"宁波人会做生意，温州人会读书"。可惜经过"文化大革命"，地方教育事业受到严重破坏。一九七九年春节回温，参观了温一中、温四中，图书仪器，凌乱不堪，还远没有恢复到我一九五九年回乡时所看到的样子。我希望故乡父老，尤其是党政领导同志能考虑到地方前辈注意培养人材的好传统，因势利导，拨乱反正，把地方教育事业办好，为祖国的社会主义建设多出人才。这是我们在外地文化教育领域工作者的共同愿望。

我们在外地工作的同志谈起温州时，感觉到有些社会风气值得注意。一是讲表面，好虚荣。有人说温州妇女的打扮全国第一，温州人春节的家宴比国宴还丰富，虽未免夸张，仍多少说明问题。至于结婚、出丧的摆阔气、讲排场是我一九七九年回温讲学时亲眼看见的。随着地方经济事业的发展，人们的物质生活自然要逐步提高，但铺张浪费就不应该；追求表面虚荣是小市民的习气，我们必须摒弃。二是贪舒服，怕艰苦。温州"背山面海，利兼水陆"，物产丰富，气候宜人，这本是好事。但生活过于舒适，对一个人的成长并不见得有利；而艰难困苦的环境有时却更能锻炼人。温州也叫鹿城，有个"十鹿九回头"的石刻。我初到广州时，言语不通，生活不惯，经常想起故乡生活的舒服。当时一位十中老同学对我说："我们要关心故乡的事业，但千万不要作回头鹿。"这是值得我们和故乡的朋友共同深思的。

(本文原刊《温州一中八十周年校庆专辑》，温州一中八十周年校庆筹备委员会一九八二年八月编印)

启蒙

戴家祥

戴家祥（1906—1998），字幼和，温州瑞安人。著名历史学家、古文字学家。清华大学国学研究院毕业，先后任中山大学、四川大学、英士大学、华东师范大学等校教授。著有《金文大字典》。

我生于一九〇六年（清光绪三十二年丙午）五月四日（阳历），养于浙江省永嘉县上田乡（今瓯海区梧田镇南一村）戴家，汉族。

祖父伯陶娶元配霞坊叶氏，继娶本县茶山乡诸氏（瑞安经学大师孙诒让的大姨），夫妇都死得很早，有一子两女。子名佩和，元配亦娶诸氏（为其母的同族侄女），婚后即亡。继配瑞安县海安（今场桥乡）竺雅周公长女采芹，生一女，女两岁时，佩和病故。佩和在其高祖的世系中为嫡长子，兄弟一辈尚未出世，更谈不上传宗接代的子侄。因此，诸、竺两个外家商量定策，教他的遗孀伪装怀孕。

这时瑞安县鲍田乡有个周姓贫农，长年在海涂中捕虾捉蟹为生，患胃病不治身故，遗下一子名崇水，年仅六岁，其遗孀已怀孕数月，只好带着崇水沿街乞讨。产后第十三天，以三十五元的代价，将新生儿（即我）出卖，由竺姓外家带进上田，冒充戴佩和的遗腹子。因我生父名庆桃，所以乳名余庆，在上田戴氏宗谱中属"瑞"字辈，谱名瑞暄，但在鲍田周姓，却属"崇"字辈，谱名崇郎，"出继上田戴氏"。这两个谱名虽然一直保留在各自的宗谱上，但是一直没有对外用过。

生母把我卖出后，改嫁场桥李殿庚，生子女各一。十多年后，殿庚贩卖私盐到永嘉，在路上患急性传染病死去。一家靠崇水从事"非法"买卖，即所谓盐枭子过沽。有时还借卖盐之便，绕道上田，偷偷地看一眼被卖出去的胞弟长得怎样？但机会是不多的。

戴家虽然拥有良田千余顷，但我在戴家却饱受养母竺采芹的虐待。她对待生女戴燕姑和养子我，态度悬殊，让我和老妈子一起睡在铺着草垫子的北屋里，盖着破棉絮，姐跟她却睡在南屋，床上铺柔软的毯子，身上盖暖和的新被。燕姑又借故向妈妈告伪状，我被妈妈打得鼻青脸肿是常有的。这在重男轻女的封建社会中，自使人一目了然。妈妈还在打骂声中每每话中有话，这就等于告诉人家，余庆非我儿也。

这时，担任上田初级小学校长的戴桂芬（京生），绰号"狂生"，是其高祖世系的二房大阿公，敢于欺侮寡妇孤儿，借修订宗谱为名，想把我排除出戴氏宗支之外，一次一次地勒索去巨款，还不满足，终于告到公堂上去。他的官司虽然被驳回了，但在乡里造成极坏的影响。

在这样的环境中，我不可能和其他适龄的学童一样，有资格进入初级小学，只好请教师在家里关起门来教读。第一个教师诸庆森，是个不学无术的鸦片烟嗜好者，把我取名戴家祥。第二个教师是一位年已六十四的瑞安人俞牖唐（君尧），其子名煦牲字春如。宣统己酉（一九〇九年）拔贡。第三个教师姓吴名濬字虞士，真正穷到没有立锥之地。年过半百，一家四口，住在瑞安司前卫城河木桥上搭建起来的一间不到八九平方米的小屋子里——土名"桥棚屋"。以好学闻名，为当地士绅项苕甫先生所推重。他自己只有两个女儿，对于我显得格外喜爱。用"和气致祥"的含义，结合谱名瑞暄，同时照顾到继父佩和的身份关系，字曰"幼和"。

吴老师从科举废后，便学会了英语、算术等新知识，又擅长国画，山水、花鸟、人物，样样都会。由于他一度把我从严重的赤痢病中抢救脱险，近邻十里左右的农民，才发现他是一个出色的郎中，求医的人一天多似一天，但他从不收受人家的分文谢礼。

一九一三——一九一五两年内，我读了《华英初阶》《华英进阶》，学会了笔算、珠算，同时还背诵了《论语》《孟子》《中庸》《大学》《孝经》《诗经》《左传》，能写一百字以内的短文章，对国画的基本功，也略有所知。

民国四年乙卯（一九一五）养母病故，曾祖父的侄儿（殿鳌的儿子）伯镛叔公管了我的家，不到两年，叔公也短命死了，年仅三十九岁。

养母死后，家产遭受亲戚房族和男女佣人们虫蛀鼠窃，渐渐走向破落，但是我精神上的压力却有所减轻。叔公死后，我获得更多的自由。一九一九年，我敢于走出家门，参加五四运动的行列，散发字画宣传品。吴老师也意识到青年的将来，要靠从学校里取得资格，要我外祖（竺旦）允许我走出私塾。那些邻里读书的人，特别是我家后岸的王起（季思）一再怂恿我以同等学力去投考中学。一九二〇年秋季，以英语成绩优异，被教会学校温州艺文中学（校长英国人蔡博敏）录取，为第一名，后来又被瑞安县立中学录取，只是浙江省立第十中学名列备取第四。

瑞安是吴老师的家乡。县立中学的创始人,是姨公孙诒让(仲容)和项苕甫先生。姨公虽已去世,他的二媳妇即孙次镠和夫人,又是我姊夫诸叔琳的二姊。由于这种错综复杂的亲戚关系,遂和诸叔琳、王起作伴借住虞池孙家,成为瑞安县中的走读生。同时有机会获得次镠先生的爱顾,允许走进他家藏书的"玉海楼",翻阅姨公及其先人琴西公遗著。

姨公《古籀拾遗》自序:"光绪戊子(一八八八)同里周孝廉璪亦嗜篆籀之学,为手书以上版。"周璪先生字仲龙,那时还健在,对于我的拜访,破格接待。他对我讲起姨公的治学方法:以专带博,反过来又使渊博的知识为深邃的专精服务。同时讲到姨公晚年,每天以一支洋蜡烛为度,烛泪未干,手不释卷。

姊夫诸叔琳、同乡王起,都在一年后毕业回乡。我一个人似乎不好意思再在孙家住下去,但是感情上实在不愿意离开"玉海楼"。后来无意中碰到一位林铸(涤夫)先生,他当时担任着瑞中三年级语文课,和我并没有教和学的师生关系,谁知立谈之间,结成忘年之交。他主动地把我接到龙首桥他家去住,又把我介绍给他的表娘舅陈琮(燕甫)先生做受业弟子。

陈老师是个奇怪的知识分子,他在科举时代是个廪生,但是深爱天文、数学,所有几何、三角、代数乃至物理、化学,一看就懂,一用就会。生平嫉恶如仇,因被省立第十中学校长邵季达解聘,失业在家。这时又殇了一女倩姑,写《哭女诗》二十章,有"可怜一块心肝肉,冰雪含云化作泥"句,堪称一字一泪,精神上感到非常苦闷。涤夫先生介绍我去,不是为了微薄的束脩,为的是使他老人家"得天下之英才而教育之,一乐也"。当时人们打趣说:"林涤夫爱才如命,陈燕甫嫉恶如仇,戴家祥思学若渴。"陈老师见面时,赠我八个大字"勤能补拙,俭可养廉"。

陈老师每天清早,总要到教务处转一转,除英语、手工、图画外,他都能教,也不论什么课都能吸引学生。同学们望着他拿着点名册的身影,一哄"燕甫老来了!"便争先恐后地拥进课堂。我向陈老师学的主要是先秦文献。四年时间,计有廿二部子书,再加《论衡》《文心雕龙》《史通》《文史通义》。只欠黄帝《内经》,说他自己不懂。

陈老师和涤夫先生又都教我从师不如访友,介绍给我许多朋友,都是当地有名气的书法家、鉴赏家和教育家。

一九二四年发生军阀抢夺地盘的江浙战争,永嘉到福鼎都是戒严区域。我回家乡避难,阻隔了一个多月,不料涤夫先生已在中秋前夕,呕血身亡。他的老父雅琴公公,要我照旧住他家,不必拘束。不久,我中学也毕业了。

(本文选自《戴家祥学述》,浙江人民出版社一九九九年三月第一版)

《永嘉长短句》序

钱天起

　　钱天起（1906—1968），又名式芬、易寒，浙江瑞安人。一九二三年浙江温州省立第十四中学毕业后，曾就读于北京中俄大学、武昌中山大学，又赴日本留学。回国后，长期任教于上海国光中学。一九四七年在上海加入中国民主同盟。新中国成立后，历任平原师范学院（即今河南师范大学）中文系主任、副教务长、教授。一九五六年调开封师范学院（今河南大学）任院长助理、副院长兼中文系主任等职。"文革"期间，含冤去世。编著有《学生国文学类书》等。

词与辞不同，古文词作䛐，说文"䛐，意内而言外也。从司言。辞，说也，从䛐辛"。段玉裁分拆这两个字的区别，最为精切恰当。他说："意者文字之义，言者文字之声，词者文字形声之合，乃摹绘物状及发声助语之文字也。辛，辠也，䛐辛犹理辠也，谓文辞可以排难解纷，然则辞谓篇章也，积文字为篇章，积词而为辞。"孔子曰："言以足志"，词之谓也；"文以足言"，辞之谓也。然《公羊传》招公十二年"其词则丘有罪焉尔"。《韩非子》"驱乎声词眩乎辩说"。词字都作文辞或辞章解，这大概是当时传写之误。到了汉时，这两字的区别，越发淆混了，词可作辞，辞也可作词，如《史记·儒林传》"是时天子方好文词"，而同书《孔子世家》"约其文辞而指博"，则又作文辞，文辞两字，初见于《左传》"仲尼使举是礼也，以为多文辞"，可见文词，文辞，是同义异字。《晋书·郭璞传》"璞词赋为中兴之冠"，那么辞赋也可作词赋了。《韵会》"文词，诗词当作词，言辞，讼辞当作辞"，这是就当时习惯用法而言，是所谓俗义，决不是正当的解释。

诗歌称辞，最早是《伊耆氏蜡辞》《禹玉牒辞》，此后范蠡有《祝越王辞》，汉武有《秋风辞》，石崇有《王明君辞》，六朝时拂舞歌有《白鸠》《济济》《碣石》等辞，作者更多了。六朝以后，称辞渐少，称词渐多，像送春词、闺怨词、宫词、杨柳枝词、竹枝词等等，一时作者，很多，大都是以五七言、绝句为词。到了晚唐五代，律绝襄敝，新声踵起，就有许多人专门弄词，于是词才有了一定的体制。所以我们可以说五代、北宋的词，是古代歌辞的演进；现在所通用的词字，是古代辞字的演化，原义早已失去。诗歌称词，在汉以后才有看见，辞与词的区别，也在汉以后才打破，许慎是东汉人，他著《说文》又是根据经籍，并没有牵引俗义，所以"意内言外"之义，只可解释秦汉以前的"词"字，决不可施之于唐宋"词"曲。宋陆文圭序《山中白云》，曾犯了此误，他说"词与辞通，释文'意内言外也'，意生言，言生声，声生律，律生调，故曲生焉"。牵强附会，荒谬已极。清张惠言、周济辈，也以"意内言外"为立说之本，自以为得了古人论词的真义；近人刘毓槃更把它说得玄之又玄，什么"以意为经，以言为饰，言内意外，交相为用"，说来说去，尽是在"意""言"二字里兜圈子，所谓以讹传讹，识不得大体，极为可笑。

词本是诗的一体。元稹《乐府题序》说"诗迄于周；离骚迄于楚，是后诗之流为二十四名：赋，颂，铭，赞，文，诔，箴，行，咏，吟，题，怨，叹，章，篇，操，引，谣，讴，歌，词，调，皆诗人六义之余"。所以后人于词有诗余之称。诗有些可以入乐，可以歌唱；有些不可以入乐，不可以歌唱，词便是可以入乐可以歌唱的诗。汉魏乐府歌辞是它的雏形，南宋的慢词，是它的精华。两宋是诗与乐复合的一个时代，朝野上下，都能通八音六律之学，辨轻清重浊之分，

乖律协言谬,都不能为词,法纪非常森严,于是词在中国文学史上,遂自成了一个特殊的体制。现在试把诗与词的关系,图示如下:

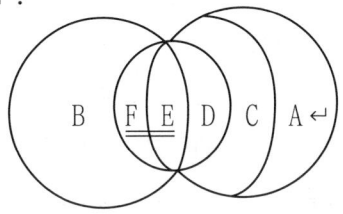

A、文学　B、音乐　C、诗　D、诗人之词
E、词人之词　F、乐人之词

　　有诗人之词,有词人之词,有乐人之词。以境为主意,以协律为末,如《二主》《珠玉》《六一》《东坡》诸集,谓之诗人之词;兼顾意境、音律,如《乐章》《片玉》《白石》《山中白云》诸集,谓之词人之词;律吕协洽,而意境卑下,如《大声》《翠薇》诸集,谓之乐人之词。李清照说:"苏东坡词往往不协音律,乃句读不葺之诗耳。"这是乐人之见。吹剑录》载:"东坡幕士说东坡词。须关西大汉,执铜琵铁板,唱大江东去。"这是词人之见。晁无咎说:"东坡词,人多谓不谐音律,就横放杰出,自是曲子内缚不住者。"这是诗人之见。
　　用文学的眼光去扎评词,所谓以诗论词,自然以五代、北宋的格调为高;如就词的正统而言,所谓就词论词,那么北宋不及南宋,这就是有清一代,浙常二派之所由分。

上列图表已经告诉吾们：词是诗与乐的化合物，也是诗的一体。在文学上，可歌的诗，往往比不可歌的诗流传得远一点，而感人的力量也大一点。相传柳耆卿的词，在当时凡有井水饮处，都能歌诵。这便是因为它可歌，所以能致远。在南北两宋的时候，士大夫都懂得音律，青衣小婢、乐伎伶工，都能歌唱，词之流行是必然的趋势，而律吕的谐协也是需要的；明清两代，乐谱沦佚，歌词无从按拍，士子为科举所羁，八音律，成为专门的学问，古代乐器也只几个有专门职责的人，才能够知道，这是诗与乐合而复分的一个时代，词之衰落是必然的趋势，而律吕的谐协，也是不需要的。此时音律之于词，就同四声八病之于诗一样，都是文学上无谓的羁绊，决不能存在的。吴文英说"音律欲其协，否则长短句耳"，我们现在所应该做的，便是这种长短句，而不是词。

永嘉董每戡最近集了旧作长短句若干阕，成永嘉长短句四卷，特地从雁荡山寄来给我看，正在无聊的时候，得读他在无聊时所作的东西，心里觉有难言的怡悦。我同每戡认识是在十年前，跟他作朋友只是两年前的事，对于他的行谊，比他自己兄弟姊妹还了解些；不过同他一块儿玩过的人，也没有不了解他的。因为他有的是坦然的心境，从没有机心做事。山谷道人说晏叔原费资千百万，家人寒饥，而面有孺子之色；人百负之而不恨，信人终不疑其欺已。每戡恰是如此。

每戡是学戏剧的，词只是他的余技枝，但是在此处正可以看得出他的天才。他作词不曾用过词谱，率意写来，有不协律处，可改则改，如改了会使原句失色的，或者失掉原意的，便不易一字。对于慢词中的偶句，也这样应付。这种态度，最使人佩服。从前曹氏父子曾借乐府写时事，李白、杜甫、李绅、张藉几个人所作的乐府，也都是不可歌的；可见豪杰之士，决不可为时习所囿。

永嘉词人，除卢祖皋为一代名家外，余都不足道。近人夏瞿禅风流蕴藉，听说其词也像其人，恨未得见其词其人。现在每戢以永嘉名其集，也许有以蒲江后一人自期之意。此集不称为词，而称为长短句，大概也是吾所说的乐亡词废的理由罢。

在东京时，他曾对我谈起词与辞之别，那时双方都不曾说透澈，所以乘便写出来作为此文的开端。

一九三二，六，一

（本文原连载于《温州新报·副刊》一九三三年一月十八日第四十七期至二十一日第五十期，署名钱易寒）

胡不归

董每戡

董每戡（1907—1980），温州瓯海人。著名戏剧家、戏曲史研究专家。曾任中山大学教授。著有《每戡独幕剧》《中国戏剧简史》《西洋戏剧简史》《西洋诗歌简史》《琵琶记简说》《三国演义试论》《说剧》《五大名剧论》等。

我国一向有所谓"诗谶"，当然近于迷信，可是，我偏遇到了，自然，不能说有了诗，才有了谶，倒霉的人就碰上倒霉的事罢了。

大前年的重阳节，我那时和蒂子住在成都，所谓"佳节倍思乡"，我真的想起那有山有水的故乡——永嘉，怀念起衰老的慈母和弟妹，在异乡的晚风中写下了这么四句：

天涯梦里又重阳，记起儿时暗自伤！
可复持螯呼弟妹，登高嬉戏牧牛羊？

因为幼年时第一次到舅父家里去玩，回来时舅父送我一头小水牛，我的弟弟和妹妹去，也照例各赠一头山羊。我家门前有一泓流水，河那边就是一座小山，我们常在那小山上放牧。如果到了吃饭的时候，妈妈便站在大门口对着前山招呼我们，我们便唱着山歌，骑着水牛，赶着山羊回家来。这欢乐的儿时粘在日历上一张一张地被撕去，自己也不觉得惋惜。

十几年来让儿时的欢情成为轻脆的幻梦，飞絮似的飘，浮萍似的荡，无声无息地飞去了，有时，却留着一丝丝的梦痕，隐约地粘心上。自己老是流浪在外边，自民国十五年起固然也有回到永嘉的时候，在家乡逗留的时日总是短短的，回去一次总未有耽过一两个月就离开，和家乡渐渐陌生起来，和慈母弟妹们聚首的时间实在太少太短，彼真永远只有怀念，这苦处，向谁诉？有时候也只有委之于命运，虽然，我还不能是一个定命论者。

前年，三弟辛名忽由家乡来信告我大妹芷芷病稍痊愈；二妹柔嘉病了近十年，时发时愈，终于战不过病魔撒手离去了人间，这是我最小的妹妹，爸爸去世时，她正在襁褓之中，长到了待字之年，却病死了，而我远在四川，没有看到她最后的一面，哀痛，泪汩汩地流满我脸……我不必过悲，因我常病，知道与其病痛多，不如死之为愈。

二妹死了，二弟在四川泸州，三弟大妹在家乡，我自己和蒂子在成都住了两年有半，终于去年的下期飘荡到贵州的贵阳来，脚跟无定，随缘流转，在我已成为一个习惯。

去年的除夕，因为喝了酒，酒后又莫名其妙地写了四句寄荣弟泸州、辛名弟永嘉云：

岁暮天寒忆弟昆，儿时欢笑了无痕。
还将母氏劬劳意，夜夜心头细细温。

也许是年纪渐渐大了——虽然才到三十五岁，慢性偻麻质斯已使我在而立之年便未老先衰——常是想念着家人。自己十岁便亡故了父亲，十一岁便走入了社会。经历过诡诈骗险恶的环境，受过不少的打击，困苦颠连度了这么些岁月，始终可亲可爱的不是十多年来所交结的朋友，是自己的家人，因为骨肉之亲超越了权势金钱的藩篱，不计成败利钝，始终是真关心、热爱，固然，朋友也有时如此，而我半生也交了这几个能生死患难与共的朋友，究竟这是凤毛麟角地难得。现在，家人，好友都离开我，在那遥远的天边，除非心里想着，睡里梦着。

去年离开成都的计划，是先到贵阳住些时，将来由桂黔，而赣，而浙，一直做到故乡，经济上如有可能，便想借永嘉的好山好水休养短期，要不然，就去浙江谋个可以糊口的职业，为故乡的文化服务些时。可是，不久，永嘉沦陷了一次又一次，弄得家人的消息杳然。直至最近接到好友的来信，才知道我家曾被敌寇劫掠，田园的稻麦都被鬼子割去了，虽然三弟迄今还没给我信，被劫掠的家是可以想象得到的。

日子在忧郁的情怀中飞过去，雨丝风片，山城堕入了深秋的气氛，寒意已似初冬，重阳节又到了，在风雨天忙着纪念第五届戏剧节，演出我编蒂子导的《敌》，消失了登高过重九的雅兴，却并未忘怀了"遍插茱萸少一人"的感慨，乏味地过了重阳佳节。翌晚不料接到自四川泸州来的电报说：

令弟荣于重阳午后五时病逝……

热泪随着电文而滚下来，我忍不住，放声呜咽了！"可复持螯呼弟妹，登高嬉戏牧牛羊？"终成诗谶，真非我始料所及！二弟遗下的妻儿，在家乡伴着老母，将来得到这个噩耗时会如何的哀痛。我真不知道如何告诉，我也只有拿一些安慰的话来劝慰老母和弟妹，把哀痛埋在心里。

现在，那一句"岁暮天寒忆弟昆"终成怀念手足情深和二弟的追忆了。家乡的老母及吾弟妹不知怎样了。现在不止田园的稻麦,连家都给日本鬼子破坏了。

　　胡不归?胡不归?

(本文原刊《中国日报·前路》贵阳版一九四二年十二月四日第六四八期,选自《董每戡集》,岳麓书社二〇一一年五月第一版)

清明节有怀祖墓

叶永蓁

叶永蓁（1908—1976），名会西，浙江乐清高岙人。黄埔军校第五期毕业。大革命失败后，脱离部队，在上海创作自传体小说《小小十年》，鲁迅为之作《小引》推荐。后重到部队，参加过台儿庄战役等，是国民党军队的炮兵指挥员。一九四九年后，随部队到台湾，曾任国民党陆军第五十四军副军长、"国防部"联合作战委员会委员、"交通部"屯信总局顾问等。散文作品曾结集为《浮生集》《御寇短评集》《绿意集》等出版。

今年四月五日,是农历三月初十,为清明节。清明节从前在大陆上很被重视。因为这天是扫墓节。所有作为人的后辈,不论家里怎么穷,也一定办了几样三牲福礼,邀着家人儿女,同到祖墓之地,向他们的祖上叩了三跪九叩的大礼。有钱的人家,同时还向那些荒野孤坟,化了一点纸钱,以给那些无所属的孤魂野鬼,做些冥间的零花用钱。我记得小时每逢这节日的来临,早在半个月或一个月之前,家人就忙着决定那天要办些什么礼菜,哪些子孙要跟着弟辈同去谒墓,然后在祖宗墓地所在,竭诚去展开谒拜之礼,归途中又听些自己的长辈,叙说那几位故世了的前辈,生前曾做些什么好事,好使子孙们起而踵武前人。这事情虽像是迹近迷信,但在我们慎终追远的方面说,实在是带点机会教育的意义,勉励后人力图上进,以恢复祖业的光荣,得以绵延不绝,能够青出于蓝……

我有位朋友程兆熊先生,在他所著的《中国治平要略》里说:"中国历代农政之实施,其总目标为土地之开发。惟此土地之开发,必联结于心灵的开发。故言井田,必联结于王道,广为和田,必联结于孝悌;言耕,必联结于读;言农,必联结于士。总之,言经济必联结于教化。如限田、均田,固所以为生产,但生产正所以为人心。政以得财,教以得心。土地之开发与心灵之开发,在中国历代农业政之实施上,正是一车两轮,向无限和永恒处不断转动着。"又在《中国历史大势》里说:"在中国古代的传说里,有盘古开天辟地之一说。在这里,如我们联想起旧约圣经里所载的,上帝七天创造了世界;和希腊神话里所载的,宙斯主宰了整个宇宙的故事,我们就知道,只有在中国,是人的两手分开天地,是人的两手创造了世界,人的两手撑持了宇宙。所谓辟地,是意味着土地的开发;所谓开天,是意识着心灵的开发。人的本身也不断在开发中。由辟地而来的是一个无限,由开天而来的是永恒。在这里我们正不必用社会史学家的眼光,去看盘古氏手持的大斧是一把石斧,而且说着,那是一个石器时代所遗留下来的记忆,或怀想。要是这样,那一把石斧,在无限和永恒里,只不过是一粒微尘。但虽如此,一叶一菩提,一花一世界,一粒微尘,也就是一个宇宙。而且,这和希腊神话里的宙斯,会遭自己的太太嘉纳后联合阿坡罗及海神埔色当革命的宇宙一比,则一个是安定的,一个是动荡的,实不可同日而语。"真是别有见解。

我从小时,大都在外,迄今四十多年,没有展拜过祖墓。现在值此清明佳节,缅怀大陆上的祖墓前杂草乱生,使我从无限的永恒里,觉得自己这一辈子,难得以应承先启后的责任,感到惭愧无已!我们到底哪年能重返大陆?大家都可展拜祖墓,大大地去痛哭一场。

(本文选自《绿意集》,台北华欣文化事业中心一九七三年十二月初版)

儿时的秋夜

陈适

陈适（1908—1969），温州乐清人。复旦大学毕业后在上海、温州等地任中学教师，业余从事散文创作和乡土文化研究，著有《人间杂记》《离骚研究》《中学生作文正误》等。

故乡虽已到深秋，但村中人家门口也还有坐着纳凉的人们，这炎暑渐减转入凉秋时节，纳凉似乎比盛暑更易领受到清意。

沉静中,我的思想蓦然地跑到十四年前的儿时去,心中犹震荡着至今不能遗忘的淡淡的悲哀。

那时候正是黄昏的光景,我不知和谁,大约是母亲和同屋子里的人们吧,坐在门口纳凉。母亲和他们谈着话,我和一个比我大两岁的从姐嬉戏着,我们沿着竹篱下偷听那草丛中的蟋蟀声,像小猫捕鼠似的贴身在一株蒺藜的背后,同时那仿佛歌咏着什么,在这一刹将要得到了胜利的愉快落在心中;草忽儿微微一动,才知道这小动物已很迅速的跳走了。

被黑暗光景充满了的门前空中无数点点飞萤穿来穿去,他们的薄羽振动仿佛习有声。

我蓦然地抬头望见那东南方遥远遥远的山上,烧着一条金龙闪闪似的火光,我们便很惊异的跑到母亲身边来。

"姆妈,那边为什么放火光?"

颤小的声音便把她们的话打断了;大家微微一惊都掉头向东南角上望去,不知为什么这一望后她们便不再继续刚才很快意的谈话了,顿如消失了欢意似的沉寂下来。

"姆妈,为什么放火光?"我还是带着惊异的问,可是母亲没有回答,只说了一句:"清,不要响!"接着把我抱住坐在膝上,我的头紧紧地贴在她的胸前,这时我心倒有些怕起来,细细听得母亲胸中也有一卜卜地颤跳着。

"七月半,真是人欠鬼的钱!""烧香纸真吓煞人啊!四边看不见一些,只听得有萧索呼呼的响……""……你看香纸烧得这么长，该是那边寺宇里作道场呢……"

沉静了一回之后，在母亲怀中偷听她们这样轻悄地说着。

今天夜里，我又看见那东南方遥远遥远的山上，烧着一条金龙闪闪似的火光了。

我独自在门前徘徊，一样占领了我的黄昏的景色中黯然想起十四年前抱着我的母亲，啊，母亲！别我去世已三年余了！从姐，也早已出阁，已经是生有孩子的少妇了。我不忍再追忆那儿时的印象，泪是怎样也止不住地涔涔地下来。

一九三三年七月十五日

(本文选自《陈适文存》，王志成编，中国民族摄影出版社二〇〇六年三月第一版)

学习乐器趁年少
——中学时期的音乐生活

缪天瑞

缪天瑞（1908—2009），温州瑞安人。著名音乐教育家、音乐学家。曾任中央音乐学院副院长、天津音乐学院院长。编著有《律学》《中国音乐词典》等。

我少时丧父，跟叔父长大。叔父是在日本学习医学回来的医生，熟悉现代文化，认为我喜欢音乐，将来可以专习音乐，以音乐为职业，如当音乐教师，也能立足于社会。所以对于我在中学时期课余学习音乐十分支持。由于我常讲起小学时钟老师教我学弹风琴事，叔父每逢暑假几乎都从学校借来风琴给我弹奏，并从日本购来一本乐谱（多为亨德尔等人的作品），叫我好好练习。我自己也购得一本《进行曲集》（商务印务馆出版）。我都照乐谱上注明的指法弹奏，觉得新鲜好听。有一次借到一架大型风琴，我把它放在有共鸣的房子里弹奏进行曲，发音特别洪亮，我祖父听见特来欣赏，认为像是唱机里发出的军乐队的声音，以后他经常来听我的弹奏。

我上中学时，叔父在瑞安县城开诊所，我住在叔父家里。每日下午有班喜唱京剧的人聚在住所唱京戏。拉京胡的叫郑剑西先生，是久住北京有名的票友（业余京剧家），他京胡拉得很好，唱戏的人都找他伴奏。

我请郑先生教我拉琴，他答应了。他教我拉京胡的基本方法。拉外弦时手拿弓要稍向外方，使弓与弦成九十度直角，拉出来的声音明亮好听。每次教时，如二簧正板老生，他先拉老生正板开头过门给我听，连拉两次叫记着，然后叫我学他的拉法拉奏。我拉了，他点点头。以后照样教学拉反二簧、西皮等开头过门。他告诉我二簧庄严，要放长弓，西皮轻快活泼，要用短弓。他还告我许多京派拉法和海派拉法的不同，叫我学他的京派。但是他没有教我各种唱腔的京胡伴奏，只叫我从听唱腔时学习。

后来郑先生把他自己拉奏的北京制造的京胡送给了我，

我走到哪里带到哪里，十分爱惜。我在上海艺术专科师范读书时，带到上海，挂在临街的门窗，被人偷走了，我难过了好几天。但是郑先生的琴声永远在我耳际响着，他传授给我技艺，我永远记着。

我在中学时期，学校提倡同学在课余学习音乐，指导我们在课余进行中西乐器合奏、民族乐器公开演奏。在这个时期，我业余学习风琴和京胡都比较顺利。

多少年以后，有一次我去访问老友钱君匋，才坐定，走进一位女郎。君匋介绍说，她是丰子恺先生的女儿，唱的一口漂亮的京剧。君匋递给我一把京胡，要我为她伴奏。我拉了一段青衣的过门，她刚开口唱，我就拉不下去了，说："我老师没有教我拉唱腔。"引得宾主哄堂大笑。

后来我进艺术专科师范学习钢琴演奏，温籍同学王宗、唐挚，在段江尘老师的指导下学习昆曲（琴挑）。从练习到正式演出，一直由王公望与我担任伴奏，王吹笛子，我拉二胡。我认为这次全剧的伴奏，对我在音乐协作方面，无论就技术或认识都有一定的缘获。

二〇〇五年五月

(本文选自《缪天瑞音乐文存》第一卷，天津音乐学院、中国艺术研究院音乐研究所编，人民音乐出版社二〇〇七年六月第一版)

雁宕山游记

苏渊雷

苏渊雷（1908—1995），原名中常，字仲翔，晚署钵翁，温州苍南人。著名学者。曾任华东师范大学教授。在文史哲等领域皆有成就，著有《易学会通》《民族文化论纲》《读史举要》《中国思想文化论稿》《佛教与中国传统文化》等。

灵峰道上

雁宕之秀，世称二灵，灵峰其一也。

出净名寺，东行三里，越响岭桥，折而北，穿鸣玉溪，有岭面人立,曰塔头,逾此即灵峰第一亭,入灵峰道上矣。

岭路始窄,豁然开朗,重峦复嶂,奔越泻底,云物诪张,蔚为巨观,前此所未尝见也。

亭南双笋峰玉立无倚,下有照胆潭,澄洌见底。左挟天冠峰,右揽连云嶂,前涌高岗,拔地而起,即曰灵峰。峰以合掌为伯,亦名合掌峰,外视如蚌,微移其口,天门半启,岌嶪高亢。从峰下侧行,历级而登。灵峰洞,或曰观音洞,或曰罗汉洞,唐咸通中高僧孜善独处其中,至宋熙宁五年,士人刘元升得之,厥洞以显。

佛阁凡九成,上下三百步,寺当两壁之间,适在合掌中,而西南诸峰,环匝其外,岭崟相属,青紫万变,遥眺俯瞩,弥习弥佳。盖在灵峰洞,而举凡兹山之所有,一邱一壑,一泉一石,皆为我之长物,他人不得而私之矣。

壁塑阿罗汉大小三百躯,色相庄严,中有漱玉、一缕、沁心诸泉。自巅下望,一线通天,白云满岫,翠旒四垂,溪泉疑雨,崖溜滴响,至此小憩,尘心俱忘。

出洞更数百步,登南碧霄洞,旧称雪洞,上为倚天峰,亦曰倚天嶂,削壁百仞,并枕青云。洞南高峰一区,中画为五,曰五老峰。自此再上,陟百步峻,西升至苦竹洞。东南为凤凰峰,壁有凤凰洞,昔有人居,今已圮矣。更上四百步,可抵长春洞,以不胜步,未果。折回灵峰寺,南登北斗洞,洞对伏虎峰,亦曰伏虎洞,群峰争赴,如众宿之拱北辰。顶有石龙，又有大蝠岩，佛宇四层，凝邃明净，祇垣精舍，游人之所栖息焉。

由此下洞，东行半里，登上岭，岭西有孔雀石，茸茸作曳尾状。岭南为千佛岩，再上登将军洞，洞中有将军岩，洞口有朝天鲤。雁山之石，无美不具，而咸肖其名，所以为多。自此折回岭下，如在天际，更就霄汉辨其高下耳。

灵岩纪游

灵峰之游既毕，客乃请观所谓灵岩。灵岩者，雁山之明堂也。

自净名寺至灵岩，厥道有二：一自龙头岩下，西南上岭，跨岭脊，过莲华洞，下即灵岩；仄径崎岖，攀跻为苦，游人之所罕至焉。余第一日由是径进，既脱险莲华洞，乃下屏霞嶂，入灵岩寺，探天聪洞，观小龙湫，挹龙鼻水，日瞑始还，游兴未已。翌日，复改道前往。

出净名寺，西行里许，经翠微嶂，至响岩门，岩上为云霞嶂，门下有响岩潭，潭东壁上，举石击之，声隆隆然，岩之所以得名也。更南行数百步，抵门里村，回望云霞嶂，顶有听诗叟，侧耳倾聆，若有所闻者。西南有二仙谈诗，隔峰相对。再前行里许，过龙王庙路亭而入灵岩谷口矣。

远见芙蓉数萼，隐约天末，晴岚凝晖，鲜翠欲滴。近则层峰竞秀，群涧争趋，一如群后涂山，玉帛毕集。既入灵岩寺，冈峦拱列，自成堂奥。左有金乌、玉兔、展旗之胜，右为天柱、独秀、双鸾、卧龙诸峰。卧龙峰一名卧龙嶂，上为重楼峰，下有小龙湫瀑；瀑在独秀、卷图二峰间，岩壑深窈，隐于嶂阴，水量稍渴，所以名在大龙湫下也。

更右曰藏珠谷，即栖贤谷，寺北石壁，广数百丈，展列如屏，曰屏霞嶂，斐然五色，掩映云霞。下为安禅谷，前为天聪洞，稍右为龙鼻洞，山沓水匝，石瘦峰奇，回巧效异，顾昐生姿。

灵岩于诸峰中，以天柱胜；壁立千仞，耸矗云际，走冈峦山俯众流，挟光景而薄列宿。于诸洞中，以龙鼻胜；岩浆壁溜，下承石盘，为龙鼻水；洞顶插龙，鳞甲森森，剥落千古，爪痕犹在，而神物已化矣。

石梁洞记

出净名寺东行里许，过谢公岭，憩落屐亭。遥望东北有回狮峰，与老僧岩相对。老僧岩一名接客僧，亦曰石佛；露顶兀立，色相庄严，袈裟结衲，俨若比丘。游客之东来入雁山者，见此为始，无不辴然大笑。旁有金钟岩，峙立朝暮。

自此下岭，北行里许，仰见飞虹卧空，云汉与齐，悬崖跨谷，溪流失势，斯为石梁。拾级蹑登，曲径幽邃；松林夹道，上拂绿云；杜鹃满地，下映红霞。娜嬛福地，不信在人间也。

既入洞门，登层穹，呀然中启；宏肆明敞，深可二十丈，广殆半之。壁光四入，宛如冰壶。瞻望洞外，天碧成规，断云缭岫，薄霭抹空。顷刻之间，变化万千，而兹山之胜，于焉穷也。

石门潭记

石门潭在雁山东外谷，大荆北二里。两岩对峙，兀若山门，幽据山胁，开阖具势。荡阴诸溪，大小十八水，皆会注此门，出蒲溪，东入于海。

中有深潭，澄碧寒冽，广可数亩，深不可测。青鳍赤尾，往来翕忽，余心乐之。与同游者数人浮竹槎，循溪行。

始入潭口水势纡徐，风荡波起，激越渐厉；游者震恐，方欲引还，而大声忽作。穿云裂石，飞沫溅裳。仰视耸壁，回清倒影，划然长啸，岩石答响。水沫腾沸，神龙震慑，神寒骨悚，不敢久居，仍舍槎而去。

土人云：潭中常见赤光上烛，潭水尽紫，盖神灵之所窟宅也。

又潭多香鱼，每值秋杪，土人网而焙之，色如黄金，清香殊味，可下酒焉。

龙湫观瀑记

宿能仁寺之翌日，山色乍霁，湿云未散，雨意犹浓。同游者数人，思观龙湫以荡志。

龙湫者，雁宕之奇观也。昔者大阿罗汉诺讵那尊者，东来卓锡于此，龙湫观瀑，坐示怛化。唐一行禅师赞曰："雁宕经行云漠漠，龙湫晏坐雨濛濛。"盖纪实也。

旁有讵那亭，今已圮矣。

龙湫之瀑非水也：烟霏长霄，复结醲雾，崖喙夭矫，下如游龙；腾骧未已，龙赫斯怒，崩雷裂石，破壁飞去。翕忽幻变，烟云空濛，跳珠喷玉，激雨散风；帘箔轻明，绮纨玲珑；匏弦乍阕，清响绕空。南郭隐几，嗒焉神穷。观止哉，观止哉，龙湫之飞瀑也！龙湫，西有珠帘水、金沙泉诸胜，浅玉鸣珠，亦有可观；惟为龙湫所抑，遂不见重于世。嗟乎！使珠帘、金沙之水，不在雁宕，而置之灵隐、天竺、莫厘、具区之间；或雁宕无龙湫之壮，则此二水，岂不卓然大观，为游人所鼓舞称道哉？惟其郁郁居此，猥为附庸，而过者亦渺乎视之；此固二水之不幸也，于观者何尤焉？——然而龙湫之名远矣！

一九二六年五月于温州

（本文选自《苏渊雷全集》文学卷，华东师范大学出版社二〇〇八年十月第一版）

青灯有味似儿时

马星野

马星野（1909—1991），浙江平阳人。新闻界名人。毕业于美国密苏里大学新闻学院，曾任《中央日报》社社长。著有《新闻学概论》《新闻事业史》《新闻的采访与编辑》《言论研究》等，起草《中国新闻记者信条》。

在我十二岁以前，还没有用过电灯。在浙江南部的海滨，我们读书用的是"菜油灯"，这种菜油灯是简单的瓷器，上面放一个小铜盆，菜油便放在上面，再放两条灯草，便可以点灯照明了。故乡是产茶的地方，茶子油也十分便宜，所以常用茶子油代替菜子油，有一股扑鼻的清香，灯草常结出灯花，那是报喜讯的。

以后菜油灯渐为煤油灯所代替，先是流行亚细亚煤油公司的灯，用的是英波縠油公司的煤油，以后美国货的美孚油灯，美孚即是煤油大王的 Standard Oil Co. 译名。煤油有臭味，又有煤油烟，玻璃的罩子常要擦清洁。煤油灯有纱条为引油之用，亮度比菜油灯为高，在乡村地带，煤油（又称洋油）是十分普遍的，菜油灯渐渐淘汰了。

我永难忘菜油或茶子油之香味。青灯伴我读书，在秋夜常有草虫之类飞过。十二岁进中学，才开始有电灯，一直到抗战开始，我到重庆住南温泉，又用起菜油灯了。四川一带出桐油，所以菜油太贵时即用桐油，桐油的毛病是常常使灯草结出太多的灯花，看书都看不清楚，也没有茶油那股清香。

当我四岁开始上学的时候，外祖父送来一条大鲤鱼，上面放好多葱，葱是聪明之意，鲤鱼是鲤跃龙门中状元做大官之意。当时虽进小学，但因多病，仍是在家中由祖父来教，教的是《四书》《左传》。

我对于《诗经》有特别爱好，虽然不太懂，但一定要背得来。我喜欢背《诗经》长的诗，如《谷风》，如《七月》，如《氓之蚩蚩》，如《六月凄凄》，到现在还没有忘记，以后，便读陶诗,杜甫、白居易、陆放翁的诗,我不到十岁,已背得很多长诗,最难忘的是杜甫《北征》《自京赴奉先述怀》,白居易的《长恨歌》与《琵琶行》。因为我对长诗特别爱好,所以元微之的《连昌宫词》、吴梅村的《圆圆曲》等,都能背得来;但使我衷心佩服、五体投地的,还是杜甫的诗。

现在"望七"之年,每逢夜中不寐,即背诵杜甫之七古、五古、七律、五律,来消磨长夜。每背诵到"朱门酒肉臭,路有冻死骨",心中一跳,感人至深,杜甫的诗不但空前,而且要绝后了。我少时读书对诗歌之爱好,胜于古文,虽然我也背得很熟《滕王阁序》《前后赤壁赋》等等。韩愈之文,还好,至于桐城派的调儿,我不大能欣赏,《文选》中各赋,又太绮丽,然其作者才华是可敬的。

我读的中学,是全郡最高学府,称为"浙江十中",浙江省中学办得很好,杭州是一中,宁波是四中,永嘉是十中,因浙江有十一府:杭、嘉、湖、宁、绍、台、金、卫、衢、温、处,每府一个省立中学,永嘉(即温州府)排到第十,这十中,是温州六县人文之集中地。做中学校长,非学问道德望重一时的,不能胜任。十中第一任校长是瑞安孙仲容(孙诒让)先生,是清代大学者。梁启超的《清代学术概论》,特别推重孙诒让先生之《墨子间诂》。第二任校长是名教育家姜琦(伯韩),第三任校长是我的伯父马筱屏先生。当我入学时伯父已解去校长了。

自我十二岁起到十六岁,在第十中学读书,图文教员有杜志文(余姚人,后为世界书局总编辑,字天縻),有朱自清(扬州人,后为清华大学中国文学系主任,字佩弦),有李翘(瑞安人,长于诗词歌赋),有谢玉岑(常州人,字觐虞,有常州才子之称,为程沧波先生连襟,钱名山先生之婿),英文教员有马公愚(后在上海大夏大学任国学教授),刘延陵(新文学家)等等。而诸师之中,朱自清先生同我尤其相知甚深。他做好文章,买来新书,必交我看。那时他是上海《小说月报》的主要作家,新文学之健将。他喜欢清美的白话文,但他国文根底很深,最爱苏曼殊、纳兰成德等作品,我亦同感。

我很喜欢读书,也很喜欢发表文章,在中学时代便是如此;中学有壁报有校刊,我常担任主编,我对新闻事业之兴趣,那时已开始了。在中学,举凡文学哲学历史地理政治社会各类的书,我都要自图书馆借出来看,那时文学方面,创造社有郭沫若、郁达夫、张资平、成仿吾等日本留学生,写出的常是颓废靡靡之小说诗歌。北京大学系统的作家包括鲁迅、周作人、朱自清、俞平伯、叶绍钧等等,其园地以上海商务印书馆郑振铎编的《小说月报》为主,我当时已感觉到创造社左倾的调儿不对,想不到这两派作家在中国文坛起了那样大的作用。

在中学已读了胡适的《中国哲学史》、梁启超的《清代学术概论》及《中国历史研究法》、梁漱溟的《东西文化及其哲学》,以及《胡适文存》等等。

我对于诗词有爱好,以后发展到戏曲上面、小说方面。在十二岁以前,已把《红楼梦》《水浒传》《三国志》《东周列国志》等读得很熟了,进一步便是读《白香词谱》《花间集》《西厢记》《牡丹亭》《长生殿》《桃花扇》以及《盛明杂剧》《缀白裘》等等。

我读了三年旧制中学,一年新制高中,四年之间觉得天下可读之书真太多了,杂而不专,好书不求甚解,是我的大毛病,至今年近古稀,一学无成,想到儿时青灯照读之情景,不觉自惭自悔无已。

(本文原刊《中华日报》一九七八年五月十八日)

论永嘉学派

夏鼐

夏鼐（1910—1985），温州市区仓桥街人，著名考古学家、社会活动家，曾先后获得中国科学院、英国学术院、德意志考古研究所、瑞典皇家文学历史考古科学院、意大利远东研究所等七国院士荣誉称号。中华人民共和国成立后，历任中国科学院考古研究所副所长、所长、名誉所长，国家文物委员会主任委员。

宋儒中永嘉学派，是另有一种动人的地方。虽然没有那班谈性谈心的玄妙,然自有令人爽快的径直处。斩断了一切牵丝扳藤的玄虚迂阔的见解,径直以为除开"实用"外别无所谓"道",这是何等精辟的言论。

永嘉学派以为"道"便在日用行事之间,并没有什么离开一切而独立存在的虚无缥缈之"道",所以薛季宣说:"上形下形,曰道曰器,舍器将安适哉!"(《答陈同甫书》)叶适也说:"物之所在,道则在焉。"(《习学记言》)与当时一班道学家不同。因为那班人以为"道"是一种离开事物而存在,得着"道"的人便是心理上保存有一种至善的状态。这样一来,乡愿也可以自称道学之士。你自己的心理状态,别人如何知道。所以只要日用行事拘谨自守,便可混得过去。可是永嘉学派的思想便不同,他们既以为"道"便在日用行事之间,舍"物"即无"道",那么你如自以为得"道"的,必须将这"道"显诸于事,立功业以益世。否则只好算乡愿而不能称得"道"之士。

永嘉学派既以为舍"物"即无"道",于是在实践方面,遂主张舍功利外,既无仁义可表现。叶适说:"正谊不谋利,明道不计功,初看极好,细看全疏阔。古人以利与人,而不自居其功。故道义光明,既无功利,则道义乃无用之虚语耳!"(《习学记言》)宋儒正统派的后裔,即以此詈水心为专言功利。然实际上水心并不错。假使一个人的人生哲学,如禅宗一派,专言出世之事;自然可以丢开"功利"二字。然而既言入世,而反排斥功利,便不免自相矛盾。并且永嘉学派所主张的功利,是"与义相和融"的功利。叶适也说:"立节而不辨义下者为利,高者为名,而世道愈远矣。"(《习学记言》)可见他对于离开义的功利也是排斥的。

为明白永嘉学派的宗旨起见,不妨再谈几句。"功利"所包括的有二种:一是"与义相和融"的功利,一是离开义的利。永嘉学派所取的便是上一种。然而为什么不专言仁义而兼言功利呢?因为像水心所说的:"既无功利,则道义乃无用之虚语。"玄虚的道义,可以离开功利,而真正的道义,决不能离开功利。而永嘉学派的特点便在此处。至于永康学派,则专言功利(包括二种意义的功利),而将道义完全弃之而不顾。以为功利成就,道义便在其中。所以陈傅良说:"功到成处,便是有德,事到济处,便是有理——此同甫之说也。如此则三代圣贤,枉作工夫。功有适成,何必有德,事有偶济,何必有理——此晦翁之说也。如此则汉祖唐宗,贤于盗贼不远。"(《止斋致同甫书》)永嘉学派便站在同甫、晦翁之间,吾人既应该下功夫以修养善心,还应该将此善心,以施于世而建立功业,始成为德行之士。德道譬如桃树,功利譬如桃实,吾们称赞桃树有益于人者,是因它能长桃实。假使一株桃树永不开化结果,你还能说它有益吗?朱子说:"还是有益,因为它是桃树啦!"叶适则摇头而道:"没有益。这样的桃树,仅有虚名而已,我们要它作甚!"我的意思以为水心的话较好一点。禅宗一派，固然可以说桃树的生长，让它生长便是了，管它能结实与否。这种学说的是非乃另一问题，至少其本身不生矛盾。若既以桃树有益于人与否而言，还依旧主张桃树可不必定要开花结果，只要是桃树便好，便觉得有些矛盾不可解了。

一个社会中具有善心的人已经稀少了；若这班人又只以洁身自好为止，不思轰轰烈烈地替社会干一番事业，这种社会便难进步了。我以为就社会的实际利益而言，永嘉学派的学说中含有不刊的真理。

一九三〇年四月二十八日写

（本文系作者就读上海光华大学附属中学高中部毕业前夕所作，未曾发表，据其自存手稿编入《夏鼐文集》，社会科学文献出版社二〇一七年六月第一版）

回忆

管雄

管雄（1910—2006），别号绕溪、微生，温州瓯海茶山人。南京大学中文教授。著有《隋唐诗歌史论》《魏晋南北朝文学史论》等。

多年没有回到故乡去了。记得一九二四年考入初中的时候，校舍是在仓桥，是浙江省立的第十中学的中学部。师范部设在道司前。到一九二七年的夏天，我考入高中的时候，师范部已经取消，仓桥的校舍专门办了初中部。

在初中和高中（一九二四——一九三〇）整整度过了六年漫长的岁月，教过我语文的老师有好多位。我刚入初中的第一年，教我语文的是魏肇基先生，他是一位留日学生，曾写过一本《英语发音学》。他原籍绍兴，讲一口绍兴腔的普通话，我们这些从温州各县来的乡下佬，很少能听懂他的话。他又把黎锦熙的《国语文法》做我们的辅助教材，那些按照纳期菲搭起架子做语法分析的方法，我们觉得很新鲜，但也非常不习惯，所以学了一年，收获不多。只是有一次，他出了个作文题目《她的家》叫我们写。这给我留下了非常深刻的印象。她的家住在县府墙外公廨路旁的一个角落里，那是一个小小的棚户，我们上街买东西或出去玩，每次都要经过她的门前。她是一个瘦弱伶仃的孤老太，整天哭丧着脸，向过路的人做出乞求的样子，但无数过路的人从她面前走过去，却熟视无睹。她只是非常痛苦地无声无息地生活着。因魏先生出了这题目，引起我的深思。知道世界上有苦与乐、穷与富、上等人与下等人的不平等现象存在，使我幼小的心灵打下了深深的印痕。

还有一位李孟楚（翘）先生，他是瑞安人，喜欢写骈文，曾著过一本《屈宋方言考》。他教我们《楚辞》，注意钩稽楚国的方言，使我们了解到写文章与口语的关系。他又教过我们北魏郦道元《水经注》描写三峡的一段文章。使我们对祖国壮丽河山无限向往。后来,抗日战争胜利出川时,我决心要坐船下长江看看三峡的雄姿,同少年时读过郦道元的文章很有关系。

我在高中时,来了一位朱芳圃先生,他是王国维的学生,是清华国学研究所毕业的,喜欢钻研古文字。他为人纯厚敦朴,望之俨然是一位学者。他最钦佩乡贤孙仲容先生的学问。后来写过一本《孙诒让年谱》与一本《文字学甲骨篇》。他经常同我们谈近代学术流派与成就,也教我们怎样去治学。

除了这几位老师外,还有许多位,都对我有不同的启发。那时还没有部定的语文课本,只是就各个教师的不同喜爱选些文章教给我们而已。记得有一年,那大概是孙中山先生逝世周年以后,省里派了周迟明(祜)先生来当我们的校长,兼教我们的国文课。他大概是一位忠实的孙中山信徒。他把孙中山的《三民主义》《建国方略》里的文章选给我们当语文课本。他说:"现在文言文已过时了,白话文还不成熟,只有中山先生的文章最标准,所以选给你们当范文。"我们有几个喜爱文学的学生,都不同意他的看法。我们当时还不知道政治与文学究竟有什么关系,也不知道把语文课与政治课混同起来究竟有什么不好。我们当时比较天真,爱说什么就说什么,甚至大胆地起来反驳,使老师 时没法下台。其实周先生还是很有学问的。我们对他还是尊敬的。他后来成为一位语法学家,在山东大学教汉语,前两年,我碰到山大的同志，才知道他已年迈退休归去。

我在初中和高中念书的这段时期，正是国内军阀混战政治极端黑暗的时期，帝国主义又利用军阀不断侵凌欺侮我们，造成年年流血，民不聊生。教育经费多数发不出来，教师经常要向政府去索薪，才能维持生活。我在中学阶段最敬仰的还是金嵘轩先生。他来当母校校长是我刚入初中的那年。我这一级是他亲手第一次招进来的学生，他当时正从日本留学归来，八字胡子，双目炯炯，一望使人肃然起敬。他律己甚严，每天要我们做早操，也常对我们训话。那时穿西装裤的人还比较少，大部分学生还是穿中装大裤脚的，他总是告诫我们不要学时髦，不要穿笔杆直裤（指西装的小裤脚），虽然他自己是东洋留学归来，却没带一点洋气，对青年确是起了模范作用的。教育经费发不出来，他就变卖自己的祖传田产，垫发教师的工资，使弦歌不绝。我们对他这种公而忘私、毁家办学的精神，是永志不忘的。他确是我上中学时期的几位校长里一位道德最高尚的人物。我还没有碰到第二位像他这样言行一致的前辈先生。可惜他惨遭"四人帮"的迫害致死，已永远离我们而去。一九四六年抗战胜利后，我从重庆复员到南京，那年秋天曾去过温州一次，刚好正值他第二次出长温中，他得知我回来，一定要我去教几节课，那时中央大学还在复员，推迟开学。我趁空应约到温中教了一个多月的课，总算报答了老师对我的培育之情。

温中是我少年时期攻读的地方，中山精舍、怀籀亭边，时时勾引起我无穷的遐想。听说现在又迁移到九山河畔，在社会主义建设的四化建设中，我想一定会有更发人深省，更引人注目的事情不断发生，愿母校万寿无疆。

（本文原刊《温州一中八十周年校庆专辑》，温州一中八十周年校庆筹备委员会一九八二年八月编印）

望乡之情

赵超构

赵超构(1910—1992),笔名林放,温州文成人。著名新闻记者、专栏作家。担任过《新民晚报》总编。著有《延安一月》《未晚谈》等。

几十年来,每逢人家问我是哪里人,我说,是温州人。温州当然是我的故乡。但是,我却不是温州市的市民。我原是文成山区出身。只是在青少年时期在温州读书,先后五年。

读了三个学校,都是住宿校舍里,跟温州"城里人"的生活接触不多。当时"城里人"很瞧不起土里土气的"山头人",我这个"山头人"常受同学的讪笑,但是打起架来,柔弱的城里大少爷却打不过"山头人",终于彼此不相往来。就这样,我就孤独无伴地在温州读了五年书。直到今天,我还记不起有什么中学时期的老同学可供回忆的。

但是,温州仍然是我所眷恋的鱼米之乡。那秀丽多姿的水光山色,经常惹人怀念。在我的生命史上,留下不可磨灭的痕迹。

就说读书。读书的习惯,读书的乐趣,还是在温州养成的。十四岁之前,我在山区读的是私塾,背诵《四书》《左传》,枯燥乏味,毫无乐趣。又因为私塾出身,没有学过数学,对中学里的数理化功课,学得很糟。我读的第一个学校是教会办的艺文中学;第二个学校是瓯海公学;最后高中是在现在温州一中的前身、浙江省立第十中学读书的。在学习中,除了国文,其他功课都只是免于留级的水平,很对不起老师们的教诲。但是正因为对正经的功课感到乏味,青少年时的精力又比较旺盛,就养成了乱读闲书的习惯。当时也没有辨别的眼光,凡是流行的书就读。说起来,温州确实是个比较开通的地方,"五四"以后的新文化的脉搏,在温州这个地方仿佛在跳动。当时的课外读物,左、中、右都有。中学老师中,也有好几位是很开通的,如朱自清、夏瞿禅、刘延陵这些名家，老校长金嵘轩是位老好人，专讲"道德救国"的。当时也没有什么"权威""领导"在那里规定只许看什么书，不许看什么书。当时读书是没有禁区的。比如说，《胡适文存》和那半部《中国哲学史大纲》，就是当时中学里的流行书；还有冰心女士的《寄小读者》，那是一本对我的一生都有影响的读物。鲁迅的《彷徨》，郭沫若的《女神》，都是在温州读的。当时学校教的国文教科书是梁启超的《常识文范》，我很喜欢，同时陈独秀和瞿秋白的政论文章，也是我所爱好的。萧楚女的文章对青年人更其亲切。在府前街，记得有间商务印书馆，那里可以买到文学研究会那批名家的创作和翻译的文学书，也可以买到各流派的社会教科书，如李汉俊翻译的考茨基著的《唯物史观伦理学》，李季翻译的《社会主义思潮》这一类的书。最值得留恋的是，就在第十中学校门对面，有一间够不上称为书店的小书铺，主要是零售报刊杂志。既卖《醒狮》，也卖《响导》。有些书是别处不卖的，如创造社的出版物。这家小书铺的主人是个瘦削的中年人，他跟我很讲交情。有时我手头不便的时候，他总是说："拿去看吧，改日再说。"不知这位先生的命运如何？我有时还惦念他。

　　以上说了这么多，无非说明，从青少年时养成的习惯，真是非同小可，是可以影响一辈子的。我的乱读书、读杂书、跑书店的习惯和乐趣，还是在温州养成的。从一九二六年我进瓯海公学开始，我就把零用钱节省下来订阅几份报刊，那是商务印书馆的《学生杂志》《小说月报》和《东方杂志》。另外，还订阅一份《时事新报》。

在温州五年的读书生活，如今回忆，是没有什么可懊悔的。书读得有点乱，没有在学校里打好治学的基础，这是我一生的遗憾。但免于死读书，香花毒草都接触过，多少有点免疫力，经常地思考探索，不至于轻信一家之言。这对于我后来走上新闻工作的道路未始没有帮助。另外，我在一九二四年进教会办的艺文中学的时候，立下志愿只想学好英文，将来好在洋行或盐务局或海关这些机关找到一个"铁饭碗"。当时这些机关都是在洋大人的控制下的，所以要学好英文才行。也正是由于乱读书，接触到一些新文化，接触到一些第一次大革命前夜的风风雨雨，唤醒了我的爱国心，因而在"五卅"惨案发生后，立即跟许多同学脱离教会学校，并且上街游行，抵制日货，从此彻底丢掉在洋大人鼻息下找"铁饭碗"的可耻的念头，这也是一件好事。我记得，在孙中山先生逝世的第一年，我读到《三民主义》，这是我读的第一本政治书。读到书中所说某些国家亡国的惨状，我简直像忧虑天塌下来似的忧虑我们祖国的命运，好些天睡不着觉，我至今还认为，《三民主义》对于我是起了很大的政治启蒙作用的。它使我震动，也促我觉醒。这是一本宣传爱国主义的好书，尽管是属于旧民主主义的论著，在历史上是不应被遗忘的。

如上所述，我于一九二四年到温州，一九二八年在第十中学高中部二年级被迫退学后就离开温州。离开温州正是白色恐怖的时候。回顾故乡，黑云弥漫，当时也就谈不上有什么留恋。抗战胜利后回家探亲，匆匆一过，也没有在市内停留。直到一九五八年初，在杭州荣幸地得到毛主席的接见，他老人家知道我是温州人，就吩咐说：解放多年了，应该到故乡去看看。自己的故乡，情况熟悉，对比起来特别亲切。因此，我便于当年五月间回温州地区参观学习，花了近两个月，走马看花跑了温州、瑞安、丽水、青田、龙泉各地，到处得到故乡父老的亲切接待。对比解放前后，温州这个鱼米之乡的确是更秀丽了。办了那么多的工厂，开辟了那么多的公路，如今竟可以通车到我出生的山坳坳里面去，这都是过去见所未见的。为此，我事后写了一篇几万字的《我自故乡来》的报道文章，在上海报纸上连载，算是对毛主席的汇报，也是对故乡父老的汇报。可惜，一九五八年后，至今又已二十多年了，虽然多次动念，再回故乡看一看，迄未如愿。我想，总会有机会完成这个愿望的。这里，借《浙南日报》这次征文之便，捎个信息，先向故乡的父老们问好，祝大家在党的领导下，把故乡建设得更美，为四化做更多的贡献。

一九八一年六月七日

（本文选自《赵超构文集》第五卷，文汇出版社一九九九年八月第一版）

省抗战宣传队山门之行

王思本

王思本（1911—2011），原名弘汉，温州龙湾永强人。民革温州市委会创建人之一，曾任温州政协副主席。是积极策划、促成和平解放温州的重要人士之一。

卢沟桥事变爆发后，杭州青年立即纷纷投入抗日救亡洪流，中国青年励志会也组织了抗日救亡宣传队，宣传队队员基本上是西湖艺专、杭州师范二校的学生以及机关团体青年组成。后该队改组为浙江省抗日救亡第三宣传大队。一九三七年冬这大队到了温州，就来找我，因我原在杭州任青年励志会文化事业部部长，同该队有渊源，当即安排了他们的住宿，并与本地抗日自卫委员会与战进青年服务团等联系，随即开展温州抗日救亡宣传工作，并进行了社会访问。

我从杭州回温后不久，得悉吴毓也在温。吴毓是我初中时低一年级的要好同学之一，抗战前夕共产党闽浙边区浙南特委的干部；抗战初，浙南地区国共谈判协定签订后，吴毓即担任浙南特委驻温州城区的代表。他知道我回温州，为了统一战线工作，托老同学王景南、黄任来找我，我与他就在温州九柏园头一座平房里会面（该屋后即是新四军温州办事处）互诉别后情况。他向我介绍国内形势与国共合作及共产党抗日救国情况，我听了很佩服。此后又有几次接触。

一九三八年初，浙南特委在平阳北港山门创办抗日救亡干部学校，粟裕将军任校长。温州各县很多爱国青年参加学习。省抗日救亡宣传第三大队来温后，很想去参观这个新型的抗日救亡学校。我即向吴毓要求到这个学校去演出，借此也想了解抗日的游击战术，吴毓即表示欢迎。

一九三八年初春时节（三月十八日），我带了宣传大队前往山门。途经瑞安、平阳县城和平阳的灵溪、水头等地都进行演出。进灵溪镇后，一路上山峦重叠，峰回路转，真是个天然游击区。一路所见都是醒目的抗日标语，充满了浓厚的抗日气氛。我们一行到了该校，副校长兼教务长何畏（黄先河）同志，已在门口欢迎我们。一进校门，礼堂上挂着斧头镰刀党旗，两边还有马克思、恩格斯、列宁画像。初入眼帘，一切都感到新奇，精神为之一振。大家稍事安顿后，何畏同志与我们边走边谈，介绍根据地及干部学校情况。我们出了校门，只见对面山岗上长长一队人影正在北上抗日。正是今天清晨出发。我凝望着远去的抗日健儿，深悔自己迟到一天，失去亲自会见粟裕将军与抗日健儿的机会。当天晚上宣传队就在该校礼堂演出，开始由何畏同志致热情洋溢的欢迎词，继由我代表宣传队讲话。在歌唱《义勇军进行曲》时，台下观众一起合唱起来，情绪慷慨激昂，印象非常深刻。我从何畏同志对宣传队和我个人谈话中，更多地了解到刘英同志在这里建立游击根据地的艰苦战斗事迹和抗战半年来浙南地区的抗日救亡工作。第二天我们依依不舍地离开学校，何畏同志等向我们殷殷道别，各说："后会有期。"

宣传队的平阳山门之行令我感动，收获很大。我曾计划写一篇文章，以示纪念，但这个打算一直埋在我心里四十七年。

（本文原刊一九八五年九月九日《温州日报》，选自《百岁人生》，王小同主编，团结出版社二〇一〇年一月第一版）

王十朋笔下的家山

吴鹭山

吴鹭山(1911—1986),名艮,又名皍,字天五,晚号鹭叟、皍老等。浙江温州乐清人。曾执教于浙江省立温州第十中学、永嘉县立中学、浙江师范学院、浙江教师进修学院等,"文革"后蛰居温州及乐清。著有《周易学》《读陶丛札》《光风楼随笔》《光风楼诗词》《雁荡诗话》等。

王梅溪(十朋)前后凡七次游雁宕,题咏的诗甚多,具见《梅溪王先生文集》，游迹时间，皆历历可考。最早一次在高宗绍兴十六年（公元一一四六年）春，时梅溪三十五岁，因赴临安补太学，便道过雁山。最后一次，是在绍兴二十九年（公元一一五九年）冬，即试进士及第后之第三年，自绍兴府签判调秘书省校书郎，于归途中过雁山。时梅溪四十八岁。从此以后，他的足迹就没有再到雁宕了。梅溪风节文章，倾动一世，诗亦功力甚深，不以雕琢为工，表里洞达，如其为人。所写雁宕纪游诸篇，皆即景抒情，不落俗套。如题灵峰寺三首之一云：

家在梅溪水竹间，穿云蜡屐可曾闲？
雁山新入春游眼，却笑平生未见山。

由于他是第一次游雁山，所以有末两句。"却笑平生未见山"，写出对雁宕无限赞叹，意在言外。又如《天柱峰》云：

女娲石烂若为修，四海咸怀杞国忧。
谁识山中真柱石，擎天功业胜伊周。

"伊周"指伊尹、周公。这里隐约地以天柱比拟作者自己。梅溪生当宋室南渡之际，忧国忧民，颇以事业自许，但伏处草茅，有才不展，故因天柱峰深致其感慨。十年以后，梅溪举进士第一，对策万言，名震天下，亦可以算得是不负平生了。又如题天聪洞云：

重华疑到此山中，凿石疏岩达四聪。
端为草芽忧世士，不教无路献孤忠。

天聪洞，即天窗洞。"重华"指虞舜，虞舜是三代以前的贤君，能达四聪以听纳忠言。这里因天聪洞而联想及之。所谓"忧世士"，亦即是作者自指。孝宗隆兴元年（公元一一六三年），梅溪任侍御史时，上疏劾史浩八罪，大义凛然，正实践了所谓"献孤忠"的抱负。其它如题大龙湫的：

龙大那容在此湫，银河得得为飞流。
好乘风雨昂头角，直到天池最上头。
十年重到大龙湫，千尺新流胜旧流。
会见四方霖雨足，老龙还向此藏头。

这两首，皆隐以龙自喻，具见作者中第前后的心情，不能只当作纪游诗来看。

王梅溪有《过石门渡》五言古诗一首，为他的雁宕篇什中，最见功力者。诗是这样写的：

归途阻秋潦，溪涨不可涉。迁从石门渡，未见心已怯。
壮哉龙伯宫，幽据雁山胁。岩如峙城壁，南北本相接。
众流欲朝宗，天为开发窾。泓澄潭百尺，氿甈舟一叶。
吾生何自轻，内顾无所挟。所赖二友生，千里同负笈。
忠信倘可仗，免作飞鸟帖。来归从剡溪，山水颇涉猎。
石啮天台舟，浪拍临海楫。可曾如此境，令我魂震慴。
连年作行客，川途但取捷。不因风雨暴，谁瞰远步屧？
兹渡虽云恶，观览意亦惬。漫赋石门第，添入剡游箧。

这"石门渡"指石门潭过渡处，在雁山东外谷。两巨岩对立如门，雁宕十八滩的水，皆汇集此门而出。潭下为蒲溪；东流入海。旧志谓"雁宕舟游，只此一区"，亦即指石门潭和蒲溪而言。梅溪于绍兴二十三年（公元一一五三年）八月，自临安归，到白岩，适遇大风雨，溪水骤涨，因泛舟过石门潭，蒲溪而行。（见《白岩诗序》）故有"迁从石门渡"之句。"二友生"指同行者谢图南和童文卿。（见《宿石佛洞诗序》）这二人大概亦是赴临安太学的同乡。故云"千里同负笈"。梅溪此次归来经过剡中，剡中即嵊县，故有"来归从剡溪"及"添入剡游箧"之句。梅溪诗不喜使用典故，是其特色。此诗唯"忠信倘可仗"句，翻用唐介的"平生仗忠信，今日任风波"语意。（唐介诗云："圣宋非狂楚，清淮异汨罗。平生仗忠信，今日任风波。"颇为时传诵。）但亦不能算是用典。全诗自首至尾，一气呵成。写石门形状及过渡时的忽惊忽喜心情，尤能转折自如，而了无懈笔，即置之放翁、诚斋集中，亦无逊色。

雁山灵岩屏霞嶂的右侧，有卓笔峰拔地而起，下圆上锐，故名曰卓笔。从来题咏的诗很多，但却少佳作。大部是描摹它的形状，而没有深意。譬如画家仅以写生为工，总不是高手。梅溪《宿灵岩赠长老敏行》诗，末尾所提到的几句："孙公赋天台，胜地尚遗佚。我欲续金声，愿借山中笔。""孙公"即晋代孙绰。绰字兴公，曾作《天台山赋》。"山中笔"即指卓笔峰。此四句，意谓孙绰仅写了《天台山赋》而没有替雁宕作赋，使这样的胜地竟被遗漏，得不到表彰。现在要让我乞借卓笔峰来写雁宕山赋了，我亦可以使我所写的赋能掷地而作金声。这是对敏行长老说的话。因为卓笔峰在灵岩，而敏行为灵岩寺主，所以说"愿借山中笔"，这里只把卓笔峰轻轻带了一句，却胜千言万语，耐人寻味。如此状物，方称得是"超超玄著"。后来清袁子才（枚）亦有卓笔峰诗云："孤峰卓立久离尘，四面风云自有神。绝地通天一枝笔，试看依傍是何人？"这三四两句，亦暗示着作者的自命不凡。但总嫌叫嚣，不够蕴藉。

王梅溪于绍兴二十七年（公元一一五七年）登第后赴官，曾便道游雁宕，写一诗赠灵岩僧人辉老。诗云：

雁宕冠天下，灵岩尤绝奇。

烟霞列屏障（烟霞嶂），日月明旌旗（展旗峰）。

岩前有卓笔（卓笔峰），可以书雄词。

天聪况非遥（天聪洞），洞然听无疑。

愿起灵湫龙，霖雨行可为。

愿用真柱石（天柱峰），永支廊庙危。

愿煽造化炉（煽鞴炉），四海归淳熙。

愿招鸾凤友（双鸾峰），朝廷相羽仪。

何人梦石室（石室属灵峰），妄诞夸一时。

那能了世缘，未免贪嗔痴。

名山误见污，公议安可欺？

愿借灵湫水，一洗了堂碑。

诗以寄老禅，狂言勿吾嗤！

诗题是："游灵岩辉老索诗至灵峰寄数语。"此诗前十六句写灵岩景物（各景物下作者皆自作小注），亦藉以表露作者登第后，将为国效劳的心情。"何人梦石室"以下八句当另有所指。据《东瓯遗事》记载："秦桧尚梦至一洞，群僧环坐。后经雁山罗汉洞（即今观音洞），诡云我前梦抵此石室，群僧环坐，曰尚忆此否？吾瞿然悟身为诺讵罗。僧谓吾世缘未了姑去。今睹此始知所梦。因筑了堂，为诗以纪，有'欲了世缘那了得'句。《东瓯金石志》谓秦桧常对主战派言："诸公皆分大名以去，某但欲了天下事耳。"并筑了堂以诗为记。所说与《东瓯遗事》稍有不同。）后王梅溪以诗讥之云。"此是雁宕山一公案，《东瓯遗事》所说当可信。梁章钜《雁荡诗话》亦曾录有此段文字。按南宋初期，秦桧当权，力主与金人议和，矫诏杀岳飞，凡主战一派尽被排斥。梅溪对秦桧的奸诈欺世，心切痛恨，故此时因灵岩僧人辉老索诗而借题发挥，正表示其嫉恶如仇气概。（据县志记载，灵峰洞左壁罗汉塑像高处，有秦桧题记。）"妄诞夸一时"，"公议安可欺"，其愤激之情亦可想见。后梅溪在《上孝宗札子》（见《梅溪文集》卷三《自劾札子》）中自谓："闻秦桧用事，辱国议和，常思食其肉以快天地神人之愤！"至今读之，凛凛有生气，亦正可与灵岩赠辉老诗所说相参证。

(本文选自《雁荡诗话》，浙江省温州市雁荡山风景旅游管理局一九九二年印，题目为编者所加)

鳌江地方

王栻

王栻（1912—1983），原名载栻，字抱冲，温州平阳人。著名历史学家，是维新运动史和严复研究的权威人士。编有《严复集》，著有《慈禧太后传》《严复传》等。

据说有个老和尚，一天带小沙弥进城去，前面来了一位花枝招展的女娘儿，小沙弥问道："师父，那是什么？"老和尚道："那是吃人的老虎。"小沙弥道："师父，这吃人的老虎倒可爱。"

在深山修道易，在红尘修道难，小沙弥在深山里刚练成一点小道，一到红尘里来，便给这位女娘儿弄得飘飘然了。

在学校做人易，出学校做人难，学校纵有许多不满人意处，毕竟还是个讲学问讲品节的地方。只要你不常常出校门，总没有什么引诱你使你堕落的地方，先生虽然有烟瘾酒癖，可是他们决不会在我们眼前胡干。而且还常常规劝我们不该有甚嗜好。先生虽然不爱国，他们却常常鼓动我们做个爱国男儿。先生虽然不理学业，可是总劝我们读书要用功。学校从没有长进精奋的气象，总也不是一个罪恶之窟。

可是出了学校后，一到社会便难了。社会里正埋伏着无限的诱惑在等待我们。一不小心，便上当了，我们在学校里的青年，常常笑社会里的人们没有人格，懒惰不长进，苟且偷安，满身染着不良嗜好。我们且慢说，让我们在社会里住了几年，结果又如何？我们能不能担保自己像莲花一样，长于淤泥而不染，清逸一如往旧。

在我，我觉得鳌江是一个最迷人的地方。

虾蟹不论钱，我们可以随时上酒楼。

烟榻家家有，我们何妨躺下来，吞云吐雾，悠然地过他半天？

越东女子本好看，我们何不青春作赋，装一个多情的翩翩佳公子，唱着歌儿踏春去？

朋友既多，路道又熟，"人生行乐耳，须当贵何时？"

所以我对于鳌江一班青年，一出校门入身社会便堕落者，无间辞，三年而犹不改旧日风骨者，吾叹为不及，若仍能精进不懈者，则便许他半个圣贤，奉为我师了。

（本文原刊《市街》第四、五期，一九三六年四月五日出版）

难忘的岁月

<small>汪远涵</small>

汪远涵（1912—2006），笔名越闲，温州鹿城区人。著名报人。曾任职于《时事新报》《东南日报》等报刊。著有《现代国际知识》《世界各国侧影》等。

很早以前有人说过，童年和青少年时期是一个人的黄金时代。当握笔写此文的当儿，我深深地陷入了沉思，脑海中流泻出甜蜜的追忆。

六十三年前，也就是"五四"运动爆发之年，我从私塾转入了浙江第十师范附属小学，当时被称为模范小学。一年级的级任导师是李琼芳先生。他的温和的态度，亲切的谈话，和以前我们的塾师周榴仙先生适成对照。(周先生是周予同教授的父亲，他的学问很好，不过对小学生的态度很严肃，难得看见他的笑容。)记得第二年李老师改教另一班的时候，我们班级中许多同学还拥到他正在上课的教室里一定要把他拉回来。有的同学抓住他的手，有的扯着他的长衫前后幅，有的在他的身后推着。当时这一幕天真有趣的情景犹历历在目，一位真正得到学生尊敬爱戴的老师，他所收入的精神上的报酬确是难以物质计算的。

附小里后来担任过我们级任导师的还有游止水、金贯真等老师，游老师终身尽瘁教育事业，金老师是温州党的最早的党员之一，在一九二七年大革命失败后被捕壮烈牺牲，是一位永远值得我们学习和景仰的老师。

附小的校长也就是十师的校长，当校长姜琦（伯韩）先生赴美留学之前，还曾在操场上向我们全体同学致辞而别。姜先生由美返国后担任了上海暨南大学校长。

附小毕业后，我先后在省立第十中学初中和高中就学。在中学六年，有幸又得到多位学有专长谆谆教诲的老师的熏育。如马孟容、陈叔平、马公愚、王季思、朱芳圃、黎仲明、户斐然、张苏（更生）等老师的音容笑貌都给我留下了难以泯灭的印象。

凭着至今留下来的印象，我认为有几件值得谈一谈。

一九二六年我们的第十中学第一次招收女生。这是大革命开始的一年，革命风暴已袭及温州。正像巴金在《家》中所写的二十年代如成都那样的大城市，有些高门大族还逼着女孩子裹足，他们怎能让自己羞答答的千金跟年青的男学生坐在一起上课呢？在封建势力还没有在历史舞台上被打退的时候，十中学校当局做下这个决定是需要一些勇气的，首先必须顶住社会上旧势力的攻击，甚至教师中也还有保守思想的人，也得说服他们。当时校长周迟明先生率先让自己的女儿报考高中，接着陈叔平先生也把妹妹和女儿送到学校里，而且本地有的教师还到亲友家中动员他们的姑娘入学。第一炮打响了，这一年我们的学校就出现了不曾有过的二十来个穿旗袍剪短发的学生了。使早已兴办的温州女师、温州女中（都是初中）的毕业生可以升学有路了。

目下我们中学有一种风气，好像学习只是为了升大学，因此探讨的范围狭小，思路不广，竞相猜题，心不外务。可是我们那时做学生的虽然并非没有这种情况，但决不若此之严重。换言之，在高中时期，学校的学术气氛较浓，那时文和理是分科的，各有一些专业性的课程。像我们读文科的，有文学概论、中国文学史、英汉对译、应用文等课；选科还有文字学、第二外国语（日语或法语，教师都是留学生）、法律大意、会计学等，我们可各就自己的兴趣选读几门。因为涉及的范围较广，对增加知识不无稗益。我们那时候曾成立了一个"学术励进会"，同学们可以自由参加，还出版了《励进》学刊，聘请了几位热心的老师为顾问，他们还帮助我们筹划出版费用，现今在台湾的先后担任台大校长和台湾科技委员会主任的徐贤修教授，当时便是"学术励进会"的骨干分子。为了培养同学的口头表达能力以及进行时事学习，当时学校规定每星期一"纪念周"的时事报告都由同学轮流担任。课外还有演讲会，每一二周举行一次，演讲者也是同学。

教师对学生的期望不下于父母，因此一位教学认真的老师总是不惜辛劳以自己的汗甚至以血作为灌溉的雨露，培养幼苗的成长。过去温州教育界几乎无不知道附小的老美术教师王晓梅先生，他后来长时间担任过附小主任和三希小学校长。在三希小学他发现了一棵好苗子，尽力帮助这个小学生发展他的独特的艺术才能，他就是中国现在著名的国画家刘旦宅同志。这儿仅举一例，其实八十年来我们的母校连附小在内培养成长的人才为国家作出贡献的人不知凡几。

"师者，所以传道受业解惑也。"母校有过不少尽了这种责任的老师，我在附小毕业班，金贯真老师给我们介绍《红楼梦》，特意讲了刘姥姥游大观园的故事，把一个农村出来的老婆婆眼中所接触到的花团锦簇世界的生活和她一家人所过的艰难日子作对比，金老师是颇有深意的，从而启示我阅读了这一部伟大的作品。高中二年级时，正值大革命失败后，蒋介石磨刀霍霍，对共产党人和进步人士进行血腥的屠戮，温州的城门上几乎天天挂着血淋淋的人头，党的重要干部张苏自北方到温州担任我们的国文教师（张老师是察哈尔人，解放初期任察哈尔省主席，后来担任全国人大常委会副秘书长，最高检察院副检察长，中央候补委员），他给我们出的作文题目就有《枭首示众》，他不说什么，要我们谈谈自己的看法。他还选讲了李大钊同志的文章。这两位老师传给我们的都是当代的"圣人"之"通"，至今仍难忘却。

抗日战争初期和解放后不久，我先后曾在母校任教，可是庸碌无似，愧对师们；我早已入晚年，但仍当加倍努力，庶不至有终生之怍。

（本文原刊《温州一中八十周年校庆专辑》，温州一中八十周年校庆筹备委员会一九八二年八月编印）

西楼梦寻

缪天华

缪天华（1914—1998），笔名木孤、心余，温州瑞安人。缪天瑞之弟。散文作家。曾任复兴书局特约编纂、国立台湾师范大学兼任教授。著有《寒花坠露》《雨窗下的书》《桑树下》《湍流偶拾》等。

去年夏天溽暑中，偶然作了一首小诗云：

西楼今在否？目极海云隅。

水树萦塍岸，村桥接野芜。

凉风消夏燠，圆月伴人孤。

却念墙阴挂，秋来花满株。

诗写成后，未曾拿出来给人家看。然而西楼的朦胧缥缈的情景，时时萦绕左右，或出现于梦寐之中。我以前曾经写了一篇短文，题为"小楼"，可是那个楼是后面季家的临河小楼，非吾家的西楼，我居住在西楼的日子比较长，因此联想到的情事也就更深了。

西楼有三间，坐西朝东，三面有窗。右边的一间放着一座"文昌帝君"的神龛，旁边堆着凌乱尘封的杂物，神龛后面是通到楼下的楼梯。我平常占用的是当中和左边靠南的两间，当中的一间铺着床，南边的放着一张小方桌，作为习字的地方。在这个小天地中，我有苦，有乐，有悲，有喜，曾经度过了不少的岁月。

向东的一排是纸窗，有精致的窗槛，每到冬天，要精新的窗纸，先得把一扇扇的窗拿下来，洗干净旧的破窗纸，然后糊上洁白细薄的连史纸。在朝阳照射之下，真曾令人感觉到明窗净几的幽趣。西南两面都是玻璃窗，可以眺望。尤其是西窗外，纵目看去，一片广阔的原野，点缀着小桥流水丛树，景物闲美，那一带是经常散步遐思的地方。

一条石子小路蜿蜒向西而去，周围是遍植着绿油油的禾稻的平畴，风吹过去，起伏着滚滚的稻浪。左边远方有一麻小山，叫做龙山；龙山的对面是万松山，都靠近城郊。更远处西北一带，是蔚然深秀的群山，每年清明，我们都要到那边的山上扫墓。翻过那些山，便是大罗山，那是我从来未曾登过的高山。

多少的清晨或傍晚，我在那条洁净的石子路上漫步，大自然的静穆的景物，给了我的烦闷的心不少的慰藉、爱抚。还有那小河上的石桥，桥边的小小神庙，是我在中途坐下来憩息的所在。郊野的一角里，有一个埋葬夭折婴孩的荒塚，那上面杂草丛生，阴森可怕。我每次散步到那里，就自然停住了脚步，从来不敢爬上去探视一下。

故乡温州的天气多雨，一下雨就是一连几天不停。碰到这种天气，只好留在楼上欣赏雨景。田里的稻禾被雨水冲得更光洁青绿了，显得蓬勃有生气，远山被云气所遮，露出空濛淡青的峰顶，像一幅水墨画。小路上这时候看不见一个人影，偶然田塍间有一只白鹭，在雨中伫立着，抬起它的头，现出毫不在乎的神气，忽然又向水田里啄食着什么，过了一会儿，一下子振翼飞去了。檐溜下的雨水，发出滴答的声息，加浓了雨天的情调。楼下的柱树，叶了被雨淋着，发出淅沥的音节；从窗口望去，可以看见青绿色的树梢，在风中摇晃。这些时光，你如果诵读陶渊明"停雨露霭，时雨濛濛"诗，思念朋友的情怀定会油然而生，因为在这荒僻的乡村，除了朴野的农夫之外，你简直找不到半个可以谈心的朋友。

我在西楼，大部分的时间都是在寂寞中度过的。寂寞能使人沉思，也会使年轻脆弱的心愁悒。这两间楼上，只搁着几件寒伧简陋的家具，又没有经常打扫，给人的感觉只有空洞荒凉。

最早的时候，我跟大哥一同住在楼上。那是在新年，因为要躲避拜年的客人，我们把西楼当作避难的桃源。在那个时候，新年逢着长辈，都得跪下来拜年，这是我们最嫌恶的事。大哥还写了一张"废除拜年"的红纸条，贴在门上。"你们真会弄到六亲不认，亲友都断绝了啊！"母亲为了贴红纸条，很生气地责骂我们。"怕他们什么！"大哥冷冷地回答。大哥喜欢布置房间，糊纸窗，写对联，整理书桌，擦窗玻璃，忙个不停。我站在旁边，听候他的指挥。等到布置完毕，寒假也差不多过完了。后来大哥到上海求学去，西楼显得比以前更荒废凌乱了。

最值得回味的是逸庵来西楼寓宿的那短短几天，我们抵掌而谈，海阔天空，从文学、书法、游山、吃喝，谈到女人、金钱、赌博、时局，一直到半夜，毫不觉得疲倦。他擅长书法，字体丰浓圆润，他那翁同龢体的行书，颇得一般人的赞赏，已经有点名气了。伯父送了纸来请他写字，他在楼上挥毫，我在旁边观看，真是羡慕不置。记得西楼的窗扉上，还贴着他写的欧阳修的"归自谣"一词。

西楼有客人来住,不过是偶然的事。独宿楼上,虽然有点害怕,但是可以细细地体会乡村夜晚的特别的韵味。如果在黑夜,向西窗外面望,你看不见什么灯火,只是一片漆黑。在秋夏的季节,你可以看见流萤在夜空中稻田上飞过,放射出一闪一闪的柔和神奇的幽光。乡村里入夜以后,人声听不到了,喧杂的噪音更不会有,可是也不能说是绝对的寂静:草叶间的虫声,水田里的蛙声,高树梢的风声,远近村中偶然相应的犬吠声,还有,深夜特有的说不出什么的轻微的声息,……这些是地籁,还是天籁?……管它什么,你试倾听,你的耳朵定在应接不暇,这大自然和谐的节奏。

有的夜里,月光从窗口照进来,在地板上映出方方的银白色。这时候西楼变成了美妙的世界。窗外,远山只是淡淡的一抹,淡灰色的,隐隐约约,在天际连绵起伏。田野、树叶、河流、石桥、石子路、屋舍,都静悄悄地浸在银白的清光里,显得像冰雪一样的洁净无瑕。白天里看得到的那些路旁污秽讨厌的牛粪、茅厕……——遁形匿迹,朦胧的月色笼罩了一切,美化了大地上的丑陋。南边那一带水涡似的村舍屋瓦上,仿佛蒙了一层薄薄的白霜。整个的西楼,好像在汪洋空明的水上浮着,使人有不知身在何处的感觉。

一到寒风凄紧的冬夜,我不想独自睡在楼上,就搬到楼下里边的一间睡。那个房间很小,后面隔一层板壁就是楼梯。夜晚没人可以谈天,斜着身子靠在温暖的被窝里,随便翻阅着一本什么书,倒是满舒服的,可是这样往往就会睡着了。一个深夜里,我已经这样地睡着了,忽然被一种缓慢而有节奏的咚——咚的声音惊醒,它从神龛那里发出来,逐渐向楼梯顶端过来,一级一级地下来,最后到了我的卧房门口,呀——地一声,门被推开了。"是什么东西啊?鬼?神?小偷?"我的心怦怦怦地急跳着,背上觉得一阵冰冷,头已经蒙在棉被里,再也无处可躲藏了。……正当生死关头,却一声喵——叫着,惊魂立刻安定下来了。原来是那只昼伏夜出的白猫,它走楼梯绝似人的脚步声,令我虚惊一场。自从这次以后,那间放着神龛的楼上那种阴森森的神秘性却减轻了许多。

楼下那间斗室,窗户既高又小,又被外面的屋檐遮住,就是在中午,光线也不充足,所以白天里,我总是在楼上。早上读英文,我喜欢读那本厚厚的 The Sketch Book《见闻录》,虽然不见得全读懂,却读得津津有味。午前写字,因为受了康有为的《广艺舟双楫》的影响,我专心临摹小欧的《道因碑》;后来又嫌欧字太瘦硬露骨了,就改临虞世南的《孔子庙堂碑》。下午,则随意诵读一些诗文。那种生活,倒是颇轻闲而稍带空虚的。

逢着春秋佳日,楼头的景色是极美妙的,尤其是在春天菜花盛开的时节,田野里完全变了样子。我把西窗打开,一阵微香随着和风送进来，令人陶醉。这种菜俗叫做油菜，本草名芸薹，叶浓绿色，开黄色细密的花，籽紫色，可以榨油。叶茎嫩时可食，用以炒年糕，我们最喜欢吃。在和煦的阳光下，除了绿树，如带的河流，灰白相间的屋舍外，遍野宛似洒了一层黄金，灿烂夺目。某一天，近中午的时光，我正在窗口凝望，忽然看见石桥那边有几个倩影移动，渐渐地走近了，才看出来是一个穿红的跟两个穿花的衣服的少女。

"你在楼头呆望着什么啊，还不快下去替我们开门？"那个穿红衣的向我招手，笑着喊道。

"我一时认不出来……"不听我的答话，她们就转弯向快步走了。她们是从城里来的三个表姐，正要到我家探望外婆。顿时，我感觉到大地上的一切，美满无缺，万物欣欣向荣，无边的春色，蓬勃的春意，弥漫了西楼，充塞了天地。……

往事如春梦。是梦？……是真？……到后来几乎都分辨不清了。

（本文选自《湍流偶拾》，台湾东大图书公司一九八五年六月初版）

乡情忆旧

连珍

连珍(1914—2010),温州乐清人。早年参加革命,曾任新四军流动宣传队队长、中共温州中心县委青年部长。后就读于中山大学,毕业后任教于浙江大学龙泉分校、广东省立法商学院、中山大学,中山大学图书馆馆长、广东省图书馆学会会长。

我是喝乐清虹桥白龙山的山水长大的,永远忘不了少年时代在故乡度过的岁月。

我七岁在村子里开始上学,念高小到了镇上。"五卅"革命高潮中,我曾排在虹桥小学的游行队伍里,走上小镇街头,在那座耶稣教堂的门前,高呼"打倒日本帝国主义!"北伐军逼近浙江时,我曾随着虹桥街头的人流,争看激昂的农民群众押着戴高帽的土豪张华卿游街,大喊"打倒土豪劣绅!"看罢游街,我跑到那间新开的小书店,买了几本孙中山的著作。

大革命失败后的第二年,我考入温州省立第十中学初中,这才受到了"五四"新文化的洗礼。在国文课上读到了各派代表人物的文章,学做白话文,样样使我感到新鲜。入学不久,我先后跟着义愤填膺的同学跑到朔门轮船码头和府前街叶萃英鞋店封查日货。从仓桥到府前街必经的那条叫做公廨的小巷,转弯处有一口井,附近人家都到这里挑水,道路长年湿漉漉的。小巷两旁常有孤苦无告者坐着或跪着求乞,一到严冬,早上屡见冻尸。一九三〇年初春雪后,我见到路旁有一个冻死的老人,衣衫单薄,身边有一个空空的葫芦瓢。这景象触动了我,回到学校,我以《雪的颜色》为题,写了一篇短文,试投上海中华书局的《英语周刊》,不久居然登了出来。同年秋天,一个夕阳将落的下午,我和几个同学在校门口看见一个"罪犯"坐在一辆黄包车上,被一群国民党军警押着游街示众。他双手反绑着,背上插着一个牌子,上面写着"共×张子玉"几个大字。当车子在我们校门口慢慢拉过的时候，那"罪犯"忽然转过头来，严肃而亲切地望着我们，高呼"共产党万岁！"刹那间，我忍不住眼泪，悄悄地跑到春草池塘边那间课室里去，仿佛耳边一声枪响，那个视死如归、从容就义的年轻而高大的形象，在我幼稚的心灵中升华了。当晚，我偷偷地写了一篇题为《枪声》的杂感，结尾有这么四句：

早上一滴血，洒遍天地红；
傍晚一声枪，惊醒人间梦。

就在那一年里，我开始接受党的思想影响，偷偷打听永嘉山里胡公冕、雷高升的消息，并注意报纸新闻缝隙里关于江西苏区"朱毛"的报道。这时，我和同班胡焜（胡开明）、林国斑、叶直友结认了瓯海中学的学生吴毓、陈阜、梅康、温青瑜等。在约莫半年之中，星期日我们常常到青瑜或直友在校外租住的房子里聚会，或议论时事，或漫谈读书心得，有小声的倾吐，也有激烈的争论，感时忧国，意气风发。后来吴毓去了上海，每次回温，都给我们带来种种消息，送给我们一些进步书刊。这种类似读书会的结交，对我们几个人的一生影响颇大。八人之中，除叶直友和温青瑜初中毕业后不知去向外，其余六人后来都参加了革命，先后入了党。也就在那一年里，我的课外阅读的兴趣从文艺扩大到政治，还订阅了邹韬奋主编的《生活周刊》。记得先是国珽给介绍的高希圣、郭真合著的《社会科学大纲》，厚厚的一本，我没看完就还了他。接着，他又给我一本封面伪装的《共产党宣言》。这一本，我用心地偷读了两三遍，打开了我心灵的窗子。也就在那年清明时节，我请假回家，解除了我在小学念书时凭父母之命、媒妁之言订的婚约，此事在当时虹桥的上层社会引起了不小的反应。到了初中三，我当选学生会主席，胡焜任学术股长。我们有心想踏着蔡雄的脚印，在校内外开展一些进步的学生活动，但在国民党反动派的严密控制下，连组织读书会、编壁报、出学生会刊之类的事情也遭到禁止，而只能对国民党永嘉县党部的反动宣传进行消极抵制，把他们印发的反共宣传品扔入了字纸篓，此外，就无所作为了。但是我们还是受到注意。英文教师兼初中部训育主任方持衡先生曾几次把我叫去，恳切地提醒我多加留意，说校内有人密告我和胡焜、国珽三人常在礼堂后边秘密开会。其实这是诬告。而胡焜、国珽他们曾经几次偷偷到校外张贴反蒋标语倒是真的。

一九三一年夏初中毕业，我和胡焜、国珽相约一同投考本校高中，并一起在温州城里租了一间小房住下来温习功课。临近考试前的一个晚上，初中部主任刘晓初先生忽然差了一位校工来叫我去，私下告诉我，当天上午学校当局开了一个会,决定今年高中招生不收我和胡焜、国珽,因为我们三人有"赤色分子嫌疑"。刘先生要我们赶快离开温州到上海去。说罢,他从箱子里捧出已经包好了的五十元大洋,装入一个小小的布袋里,交给我们作路费和其他用度,还叫那位校工送我回寓。我接过这个沉甸甸的布袋,含着感激的眼泪,向刘先生深深地鞠了一躬,告辞出来。第二天夜里,我们三人结伴搭上利益轮,离开亲爱的故乡,踏上新的人生旅途。

时光骎骎,五十二年过去了。回顾自己的一生,学剑学书,两无成就,不胜感愧。而少年旧事萦绕心头,历久常新。感谢《浙南日报》约我写稿,因草此短文,缅怀往昔,顺向久别的乡亲们致以亲切问候。

(本文原刊《浙南日报》一九八三年十二月三日)

温州,我的故乡!

吴景荣

吴景荣(1915—1994),温州平阳人。清华大学毕业,曾参与创办平阳临时中学,后任教于陕西城固西北师范学院(今北京师大)、四川教育学院、四川白沙女子师范学院、重庆中央大学等。再赴英国利物浦大学深造,回国后历任北京外国语学校教授、中国人民大学外交系教授、外交学院外语教研室主任、北京外国语学院英语系主任、外交学院终身教授等。主编有《汉英辞典》《当代英文散文选读》等,参加过《毛泽东选集》第四卷英译工作。

一九三九年我离开温州，五十年代初期回去一次，当时因事只逗留几天，以后就没有适当机会回去看望故乡的父老和少年时的同学。这不能不算是一件憾事。在北京的家里，我一般讲温州话；有时同外孙和外孙女讲带温州腔的普通话，逗得他们大笑不止。真是乡音未改。

记得我上十中时（即现在温一中），我还只有十一岁，金嵘轩先生是我们的校长。金老和蔼可亲的音容，给我留下深刻的印象。我当时想：努力学习，将来把自己学来的知识传授给学生，当一个名副其实的教师该是多么有意义啊！数十年的教学生涯，虽然谈不到什么成就，却是我的夙愿，也就是温十中时代我幼小心灵所向往的。

十中的校歌我会唱；五马街、道司前、中山公园、江心寺，以及温州城里的每一条街道都留下我年青时代的足迹。我去过国内许多地方，有些地方确实也是风景美丽、气候宜人，但同温州比，那就完全不同了，这里有个感情问题。杜甫曾写过："露从今夜白，月是故乡明。"故乡的月亮怎么会比别的地方更为明亮呢？这是诗人的想象，也是诗人的情感，也就是诗人对故乡的无限怀念。古往今来，怀念故乡，是人之常情。

我在十中和温高一共读了五年（最后一年温高并入杭高）。可以这样说,中学时代为我以后的学习打下扎实的基础。高中毕业后，我进了清华大学。一九三七年七月，我还留在清华园准备写研究院毕业论文时，卢沟桥事件发生了。我就同一些温州同学南归。我是平阳人，就同清华、燕京、浙大、南开的校友计划创办平阳临时中学。创办的目的是宣传抗战救国的道理，当然也教一些文化科学知识。这个学校设在鳌江。我虽为创办人之一，却留城区同另外一些同学组织抗日救亡宣传活动。我们的旗帜是鲜明的，虽然当时其中绝大部分不是党员。我们办学讲抗日救亡的道理，这样就引起国民党一些人的怀疑。他们把我们看作眼中钉，最后勒令我们的学校停办，把我们列入黑名单。我们既不能办学校，不能宣传抗战，那末为什么留在家里呢？所以我们奔向后方，幻想读书救国，后来又出国留学。解放前夕，国民党政府迁到广州，那时我正同一批在国外留学的学者赶到香港，转道塘沽重访阔别多年的北京，亲眼看到新中国的诞生，那是令人何等兴奋啊！

三十多年过去了。抚育我长大成人的故乡，以及谆谆教导过我的老师，和跟我多年的同窗好友，我是永远不会忘记的。"雁山云影，瓯海潮淙"还经常在我的耳畔响着。今昔沧桑，六百多万故乡人民正迈着走向四化的步伐！温州，我的故乡，我遥遥地为您祝福。

(本文原刊《温州日报》一九八四年七月二十二日)

瓯海在呼唤

赵瑞蕻

赵瑞蕻(1915—1999),温州市区人,著名作家、诗人、翻译家。抗战时期,入西南联大外文系,师从钱钟书、吴宓、沈从文、闻一多诸先生。解放后一直在南京大学任教。是《红与黑》第一个中文译者。著有《鲁迅〈摩罗诗力说〉注释·今译·解说》《梅雨潭的新绿》《离乱弦歌忆旧游—从西南联大到金色的晚秋》等。

这篇回忆录该从哪儿开始写呢?到哪儿去寻觅消逝了的

五十年的时光呢？

一九四四年暑假中，在郁热多雨的季节，我在离开重庆城大约二十里，嘉陵江畔寂寞的山村柏溪（前中央大学分校所在地），写一篇斯丹达尔《红与黑》的译者序。在序言的第四节中，我写下了这么一段话：

> 我第一次晓得斯丹达尔和《红与黑》这名著是在我的故乡温州，一个美丽的山水之乡。那时候，我有一个相知的老师，他很喜欢这部小说，时常跟我谈论它。……晴和的礼拜天下午，我们常带了点吃的一起到江边散步，或者坐舢板渡江，上孤屿江心寺玩。有时坐在沙滩边上休息，欣赏瓯江上的晚照，烟霞中的归舟……我们有时聊天中便转到《红与黑》的故事上头了。我的老师常这么说："哎，一个年纪轻轻的人，叫做玉连，很漂亮，可是心里挺厉害，——心里厉害，谁知道呢？……唉，'红'指的是什么？'黑'的呢？……"

写这篇序言到现在已过去了三十八年，而一九三五年夏天我从温州中学高中部毕业到今天已四十七年了。在人生的旅程上，这些岁月是辽远的。但是，直到如今，在我心上还淹留着我在温中上学时那些生动难忘的印象，那些曾经使我那么激动的时光的踪迹。我永远不会忘记许多可敬的老师所给予我的亲切的教导，他们的关心和鼓励。他们是正直、善良、爱祖国的，一生献身给教育事业的老一辈的知识分子。我到如今仍然深深地感谢他们。

上面引文中所提到的那位老师，就是一九三二年高中一年级时教我们英文的夏翼天先生。他只教一年就离开了。抗战时，大约一九四三年，在重庆，我曾与他见面欢聚一两次，他那时在中央信托局任职，生活是相当潦倒。后来到英国留学，信息隔绝了。不知他现在哪里，但愿他仍健在！

接着教我们英文的我记得是叶云帆先生和陈楚淮先生。在这几位好老师热心认真的教导下，从《高中英文选》三册课本，再加上课外读物如英国斯维夫特的《海外轩渠录》（*Guliver's Travels*）和美国霍桑的《古史钩奇录》（*A Wonder Book*）等书学习中，我们打下了较好的英语基础。对于我来说，已为我以后专学西欧语言和文学打开了最初奇异的门窗。一九三三年冬，我主编温中校刊《明天》创刊号时，就发表了英国狄更斯的《星的梦》和法国蒙德斯的《失去了的星星》（原作是 *Les Etoiles Perdus*，我是根据英文本译的）这两个短篇故事的翻译，这便是我最早的翻译试笔了。看来有点儿神秘似的，我那时所选择的两篇东西都充满着浪漫情调。当时我十七岁，不自觉地——也许可说是性之所近吧？——挑了这两篇来试译。后来大学毕业后我就认真地开始研究西方浪漫主义文学了，直到现在。这也可说是一种缘分吧。

我们上高中一年级时，还有吴文祺先生（吴先生后任复旦大学中文系教授）教历史课，陈逸人先生（陈先生后任温州师范学院教授）教语文课，这真是十分幸运的事。这两位老师无论在思想启发方面或在中国语言、文史的学习方面，都给了我们丰富生动的东西，既引导我们勤奋刻苦学习，又推动我们前进。我们从吴先生那里初步接受了马克思主义的观点，初次知道什么是历史唯物论、经济基础和上层建筑等等，他用进步思想开始武装了我们年轻人的头脑。后来，一九三三年春，主要在他的启蒙下，我们一些同学才发起组织了"野火读书会"，点燃了三十年代初期温州部分青年心灵中最初的革命火种。一九三七年夏，"卢沟桥事变"发生，当中国人民抗日救亡的烽火燃烧起来时，"永嘉青年战时服务团"的诞生及其以后的蓬勃发展，是跟吴先生当初的指引分不开的。

一九三三年初，我与几个校外朋友办了一个刊物叫《前路》，吴先生为创刊号写了第一篇文章。《前路》只出了两期，因遭受国民党县党部的威逼而停刊了。十分可惜，这两本东西现在找不到了。

陈逸人先生除在课堂严肃认真地教学外，还启发、鼓励我们在课外攻读古书，把古汉语和古典文学的基础打好。我们跟他读了《史记》中的《列传》部分。我自己在家用朱笔点读了《诗经》和《楚辞》；陈先生甚至叫我读了《经学历史》这本看起来非常枯燥的书。我与我的同班女同学项淑贞还定期到他家中一起研读桐城派的文章。一九三四年春,温中"中国文学研究会"成立,有十几个会员,出版了《中国文学》大型刊物两期,陈先生任主编。在当时条件下能办起这样的刊物是极不简单的事。陈先生运用进步的观点,以"伊任"的笔名,在这刊物上发表了《中国古代的图腾崇拜》等文。从社会学,民俗学的角度来研究中国古代文化,在当时是颇为稀罕的,曾引起了学术界的重视。我自己先后写了《建设科学的中国文学史刍议》和《江西诗派与永嘉四灵》两篇长文,也是试以初步的马列主义观点来进行论述的。这些必须归功于吴文祺先生和陈逸人先生的教导,以及部分同学们的共同努力。

在这里,我还应该感谢我的老师王季思先生,他是一九二九年我们初中一年级时的语文教师。王先生给我留下十分生动深刻的印象,直到现在我还记得他当时教课的情景:红红的脸色,老是微笑着,富有风趣,穿着一件天青色的大褂,喜欢用手势来帮助表达他的讲解。我到现在还记得王先生介绍老舍的《赵子曰》和《老张的哲学》这两部小说的样儿。他引起了我学习现代文学的兴趣;十六岁时,我开始写新诗。在温中所有的老师中,王先生是现在仍与我保持联系的通信的一位。一九七九年冬,我到广州参加全国外国文学工作规划会议时,我特地捧着一束鲜花到中山大学康乐园里去拜见王先生。前年在北京举行全国第四次文代会时,我们师生两人都是代表,很激动,感到非常欣慰。

我还应该感谢教数学的陈叔平先生和教地理的陈铎民先生和其他几位老师。两位陈先生的精神,为人作风和工作态度都使我很感动,留下了不灭的美好的印象。一九二八年夏,我在模范小学毕业,以优秀的学习成绩,免予考试,被保送入温中初中部上学后,陈叔平先生是鞭策和鼓励我的第一位老师。

我忘不了一九三五年春天和夏天;忘不了我在故乡所度过的童年、青少年的岁月。那是一个哀鸿遍野、民不聊生的时代,中华民族正处于危急存亡之秋,"如磐夜气压重楼"的时代。我亲见温州城里府前桥、道司前和公廨一带许多衣不蔽体的可怜的江北逃荒人,听见他们的哭叫声;我也知道有不少善良美丽的少女的青春断送在封建婚姻的枷锁下;也听见过松台山脚下,国民党反动派屠杀革命者和劳动人民的枪声;而同时,离开我的老家很近的周宅祠巷竖立着天主教堂红色的高尖顶,我常常看见那些被称为"白帽姑娘"的女修士们坐船在我们的小河上来来往往……

春草池边的杨柳枝叶遮盖不住墙外的哭泣声;怀籀亭边的篱垣更阻挡不了从瓯海上,从雁荡山外涌来的时代洪流……

这里是我年轻时的歌唱:

布谷鸟又在树梢低低地唱了,
我用一九三四年的心情去谛听吧。
这不是一支忧郁的紫色的调子,
苦难的田园交响乐在演奏吗?
人到哪儿去了?颓墙,灰色的村道,
荒芜的园中长满青春的草。
篱笆下还盛开着血红的蔷薇,
布谷鸟的啼声绕着我的心儿飞。
农村破产了,布谷鸟都该杀绝!
如今是资本主义都市的爵士音乐了。

这里是我当时另一首诗,表达了我对黑暗现实的控诉和对光明的诉求:

如今是什么时令了?——
我听见春草池中一阵阵群蛙乱叫,
仿佛丧钟敲响在黄昏的迷惘中,
南国蠕动着的赤练蛇口里的血红。
仿佛一缕黑烟飞出魔鬼的瓶口,
猫头鹰在幽深的林梢哀吼;
时光流逝,使人心惊——

到哪里去寻找生活的欢欣?

"五月螽斯动股,六月莎鸡振羽",

远远的,一声声低低的痛哭,

天是这么灰黄,冷雾凄迷;

地球缠着尸布,在战栗……

如今是什么时令了?——

我听见春草池中一阵阵群蛙乱叫;

盼望着光明的心,如盼望投生,

何时从荒坟间开出红杜鹃一丛丛?

  我在激愤中写了一些像这样的诗。但有时我也很忧郁,苦闷,还经历过一场初恋的悲剧;我也写过《秋天里的秋天》这样的诗。一九三七年九月底,我从温州到长沙,入西南联大前身国立长沙临时大学,继续读书。而当时我的同学们,许多亲密的伙伴,"野火"会员继续在家乡从事抗日救亡活动。他们之中有的后来直接参加了游击战,成为中共党员(如项淑贞、胡景瑊同志等);有的不幸牺牲,为中国伟大的革命献出了宝贵的生命。大部分同志(包括许多老师)后来都经历着各种不同复杂的社会人生、爱国主义民主斗争的严峻考验。

  在这里,我怀着激动的心情,向那些在抗日战争和解放战争中,为祖国为人民流尽最后一滴血的校友,年轻战友们,致以崇高的敬礼!在这里,我也以同样的心情,向母校许多好老师，许多好同学——他们在解放前后，都为我国的革命事业，在文教和其他战线上，作出了可喜的贡献；不少人到现在还留在故乡，在母校工作，继续努力，坚持前进——，表达我深挚的怀念和敬意！

解放后，我亲爱的母校已培养出了更多更好的人才，正在培养成百成千的建设祖国社会主义，为四个现代化而奋斗的年轻人。对现在母校的老师们，我欢呼；对在校的同学们，我热烈地期待着。他们之中必定会涌现出一大批文科和理工科卓越的人才！

我希望今天的同学们更勤奋地学习。除了体格健壮，学好政治，坚持思想进步，学好数理化、史地等课外，我特别感到必须刻苦地把中文和外国语学好！一定要学好啊！这是基础的基础。正如造一座高楼，首先要把地基打坚固。我认为思想、中文和外语这三样是建设精神大楼中的钢骨水泥。另外，我以为自觉地认真学习，培养自学的精神和能力，独立思考，解放思想，善于探索，勇于创新，无论在什么时代，什么地方，什么学校，都是很重要的。当然其中首先要解决一个努力方向和道路的问题。关于这点，想来同学们是会明白的，这里就不噜苏了。

东海在呼唤着，瓯江在呼唤着。在母校八十周年校庆快要来临之前，我已清晰地听到了瓯海的潮声；看到了江上海鸥在晴空中飞翔；红红绿绿的渔船，扬起白帆，正在欢快地迎风向前行驶……我就要站起来，乘车坐船，让海风吹拂我的满头白发，回到我可爱的故乡，赶上金色的秋天，和母校全体师生，许许多多老校友，新时代年轻的校友们在一起，欢度我们的节日！

一九八二年一月五日

（本文选自《离乱弦歌忆旧游——从西南联大到金色的晚秋》，文汇出版社二〇〇〇年五月第一版）

百里坊遗留下的古老的记忆

马骅

马骅（1916—2011），笔名莫洛，温州市区人。著名诗人、作家。著有《叛乱的法西斯》《渡运河》《风雨三月》《生命树》《梦的摇篮》《大爱者的祝福》等。

历史是记忆的沉淀。

百里坊是一条古老的街，千百年来，它的历史已经少有人记得。它的沧桑仅留下一些斑斑驳驳的记忆——一些古老的褪色的记忆……

记忆没有消失，但留下的已经很少很少。有的被作古的人带到地下去了，这是被埋掉了的记忆；有的在一些耄耋老人的脑子一角留着，但也已被人世间太多的喜剧或悲剧挤掉或盖掉，记忆的方寸之地，越来越窄小，像被渗入干土中的一滴水，似有若无了。

有个老人，他家世代生活在百里坊。传世三百多年，与百里坊结下不解之缘。相互之间，这老人，对百里坊有爱；这百里坊，对老人有情。这情爱是一种不可思议的东西，近百年来，经骄阳的烤晒，经霜雪的封冻，经西风北风的吹刮，经滂沱暴雨的浇淋，百里坊留下的情和爱，在记忆里显得越来越淡，甚至丧失了无法辨认的颜色……

没有栏杆的板桥，一个刚学会走路的孩子，站在桥上。他见到一个军人跨上桥，就紧张了。孩子一边叫唤着、一边颤巍巍跨下桥："有警察，跨勿落……有警察，跨勿落……"桥边的大人们，都禁不住笑了。

一个老人，挂着拐杖，用手摸着胡须，呵呵地笑着，走向孩子身边。老人心里明白，八十多年前，这孩子就是他。母亲曾经多次说起这个故事，母亲认为自己的孩子可爱、聪明，又有胆量……老人仍然呵呵笑着，跨步向前。孩子的身影与老人的身影渐渐交叠在一起，大小两个身影合印成一个，身影由浓变淡，最后淡得完全失去了痕迹……

老人拄着拐杖走着。百里坊口那花炮店的万花筒焰火，雨伞店老大的油纸伞，灯光店的那对大灯笼，都曾出过风头。只有那一对老年夫妇厮守着的古老的篦箕店，店面越来越狭窄，光线越来越阴暗，随着老年夫妇的失去，篦箕店再也不被人记起了。

老木匠也老了，他丢下两只无用的大小墨斗，不知往何处去，连影子也没有留下。

青石的小虹桥，不知什么时候早就不见了，只有看管水井的水井佛，躲在角落里。因为家家都用自来水，水井仿佛只能下岗待业。幸亏她早不在水井边守着，"文革"时的红卫兵才没有把她揪出来砸个粉碎，逃过了一劫。

举人坦充满人性的传说，几百年流传下来，现在再也无人知晓。说是那一片荒坦上，横七竖八的暂厝棺材中，有一具新棺木，死者是个孕妇。每当晚间，棺材里就出来一个母亲手牵着婴儿，步履无声，像阴风吹过。鬼魂母子俩，来到八字桥头南货店，买几个铜钱的奶糕，然后又阴风似的，回到荒坦的棺材边，不见了。

这情形天天如此。那南货店的钱柜里，令人奇怪地竟每天都有纸钱灰……

啊，这是感人肺腑的母爱！死了的母亲，她的鬼魂还每晚携自己的孩子买奶糕喂他……传闻说，后来有人发现这棺材里有婴儿啼哭的声音。于是棺材打开了，里面有一个男婴。

那个女性死者,双目微闭,面如桃花,嘴角留着无声的笑影。男孩被人抚养成人。十多年后,考试中了举人。——从此,这片荒坦便被人叫作"举人坦",后来盖起了很多房子。百里坊的老人都记得这个传说故事,年轻人却一无所知。

桥头谷宅店的大红袍和乌麦麦,那滋味几十年来还留在老人的齿缝间。谷宅店是百里坊有名的酒面店儿。老谷养有一个漂亮的女儿,养尊处优,娇生惯养,简直把她看作是皇宫里的公主。

女大当嫁,几年来为女儿出嫁准备了又准备,器皿家生,铺陈衣箱,铜器锡器,应有尽有。出嫁办喜事那天,百里坊半条街排成长龙阵,八抬的大花轿五彩缤纷。附近的人们拥来看热闹的简直人山人海……但好事过了头会变坏事,谷宅店嫁女儿嫁穷了,四处传扬开去。果然,谷宅店从此一蹶不振,原本红红火火的谷宅店从此在百里坊销声匿迹了。

百里坊的"烂粒"元是知名人物,虽是个无业流氓,可人人都敬他三分。夏天近晚,他约个三朋四友,双腿盘花坐在石桥上喝老酒汗。石桥当作护栏的石板,因多年磨来擦去,已光溜溜滑得发亮。"烂粒"元在坊间为人讲案,因公平合理,为人们所钦敬。"烂粒"元名声所以远播遐迩,是为四顺堂尼姑庵他挺身保护尼姑的事——尼姑庵里有个年轻漂亮的尼姑,几个小流氓闯进来闹事,定要小尼姑陪着请客喝酒,老尼姑双膝下跪求饶都不行。"烂粒"元闻风而来,对小流氓捆了几巴掌，小流氓立即灰溜溜逃走了，因而保住了尼姑庵的净洁。这事传扬开去，不仅百里坊街的人举起大拇指夸赞，连远近街巷里都传开"烂粒"元的名字。

世事沧桑，尼姑庵后来改成了小学。据说年轻貌美的小尼姑也已经成为抱孙子的老奶奶了。那个"烂粒"元呢？有人说镇反时他被镇压了……

马银潢的大葫芦，几百年来在百里坊上声名卓著。大葫芦的眼药曾远销南洋，后来东洋的老笃眼药占了市场，马银潢独家的宫廷秘方也无用了。风云巨变，淹没一切，连淡淡的记忆都被冲走了，百里坊还剩几个老人能记起马银潢的来历呢？

阿德和阿德娘——母子俩的道情唱得远近闻名。那腔，那调，那韵，那拖音……流入听者的心间，那么迷人。阿德手抱道情长鼓筒，小竹节打着拍子。阿德大声唱道："……哩啊哩……啊哩啦……"阿德娘高声和着："……嗳哩啦……哩呀妙登番……"母子在一唱一和，把故事清清楚楚唱出来，使听者沉迷在引人入胜的情节中。

夏天的路廊有远处送来的凉风，暑气在道情声中逐渐消去。阿德拉长声音唱着道情，阿德娘轻扇着油纸扇，唱声时高时低地和着。住在百里坊的人是有福的，虽然贫穷，却能尽情享受道情的演唱。

路廊边的陋巷里，住着一对老年人，在车阿兴的隔壁。

谁也不知道老人叫什么名字，大家都叫他陈师爷。陈师爷面色苍白，没一点血色，看不见皱纹。他长年穿一件长衫，百里坊街的老人知道他过去会帮人打官司、写呈文。后来写呈文没生意，只偶然代人写信、写契据，板门上贴着纸张发黄的"代笔"二字。陈师妈年纪比陈师爷大，稀疏的白发在脑后梳成一个只有螺蛳壳那么大的髻子。人极和气。只有很老的老人知道，这一对老年人，一个是丈母娘，一个是女婿。老人无子无女，无亲无戚。他们无声无息地生活在百里坊陋巷里，谁还在记忆里留下他们的影子呢？

谁不知道石埠殿的救火水龙呢？谁不知道石埠殿七日七夜唱陈十四娘娘的大词呢？

哪里有火警，石埠殿水龙立刻赶去，一路敲响锣鼓："冬冬冬！锵锵锵！"一到火灾地方，立即浇灭了大火。谁不夸张救火健儿的勇敢呢！自从有了消防队和洋水龙，石埠殿水龙就隐名埋姓了。陈十四娘娘的大词也不再唱了。老人去寻找石埠殿，连殿的影子也找不见，只看到一处屋檐下挂块木牌，上面有几个字："国际交谊舞协会……"老人走过来又走过去，早被拆去的石埠殿原址，已经没有在记忆里留下痕迹。

老人拄着拐杖，举步维艰，从这边走向那边，百里坊遗留下的记忆，有淡的，有浓的，极清晰的，有斑斑驳驳的，走马灯似的在眼前转动。

一群孩子，笑着叫着跳着，绕着大榕树兜圈子。孩子们

的童音很可爱,他们齐声念着:

旋迷金刚,

旋到百里坊,

百里坊人叫他吃天光,

阿尼配?

——烂糖鸡屙杂糖霜……

孩子们唱着童谣,从大榕树边绕到小弄里去了。

老人仍拄着拐杖,摸着胡子,似乎自己就在这群孩子之中,因为他还记得这个童谣,便轻声在嘴里念着……

他回忆中的古老的记忆,已看不清是真是假,全是一片模糊……

(本文原刊《温州晚报》二〇〇五年四月一日,选自《莫洛集》,岳麓书社二〇一二年十二月第一版)

保卫温州

胡景瑊

胡景瑊(1917—1987),温州鹿城区人。曾作为浙南游击纵队代表团首席代表,与国民党温州专员兼保安司令叶芳代表进行谈判,达成和平解放温州协议。担任过温州市人民政府第一任市长,杭州市委常委、文教部长、宣传部长兼《杭州日报》总编辑和市委副书记,温州地委副书记兼温州市委书记等职。著有《胡景瑊文集》。

我们中国和日本强盗打了一年仗,在这一年中间,许多地方都给日本强盗糟得一塌糊涂。温州总还算好，好几次日本飞来丢炸弹，也不过是丢在南门外飞机场的空地上；好几次谣传瓯江口外日本舰的日本兵要登陆，城里老百姓慌得叫"皇天"，纷纷向乡下搬。一直到现在，却不见一个日本兵爬上岸来，才知中了骗，搬到乡下的人也陆续回城来。大家都说温州太平，日本兵一定不会来的。

有不少人说自己肚才通，见识高。有的说："温州不是军事要地，日本不会来抢的。"有的说："温州山多地险，日本机械化部队到温州就不容易打仗，并且温州又驻扎了蛮多的兵，日本不敢来打了。"有的说："日本现在在中国各地已分布了一百多万兵，还觉得兵力不够分配，当然没有力量再来打温州了。"

这些话自然也有几分道理，不过从这些话就断定日本强盗不会来温州吵闹，这未免是太"好高"了。纵使日本强盗不来打温州，温州人就自管自的太太平平过日子，也未免太罪过了。

我们仔细想一想，温州并不见得像那些说"好高"话的人所想的那样太平，因为：

第一，温州地方是海边，通海的瓯江也不曾封锁。同时日本自去年占去了玉环的黄大岙以后，就在那边开起飞机场，并且还时常派兵舰攻打玉环的坎门和乐清海边。现在日本又占了福建的厦门，又要打广东的汕尾，谁能担保日本不会同样的来打温州呢？

第二，我们和日本打了一年，我们越打越强，日本越打越弱，日本打得生气起来，一定会在中国东吵一下，西闹一场，一面要杀我们老百姓出出气，一面要分散和牵制我们的兵力。你想在温州这个海口，就保险日本不会来吵闹吗？

第三，日本目前一心一意只想打下武汉，打武汉一定要打通了平汉铁路，或者打通了长江的封锁线。现在我们在平汉铁路和长江沿岸都布置了大兵，准备把日本兵打他个屁滚尿流，好保牢大武汉。日本在这两方面打得不顺手，算不定会转一个念头，来打通浙赣铁路，攻入江西。如果浙赣铁路一旦吃紧起来，温州也就难保平静了。

所以我们不要只看见目前温州还太平，就一点救国的事也不做，只想快快活活过一世，其实前方的兵士在这样的大热天，都拼命和日本打仗。前方的老百姓，给日本杀的杀了，强奸的强奸了。屋也烧了，田也被占了，家私都被抢去了。有的流落做难民，有的组织游击队和日本拼命。在我们温州，大家如果连这点也不想一想，只想贪吃懒做，你想这还有良心吗？还不罪过吗？况且温州还不是一个安全的后方哩！

这样，我们就可以晓得温州并不见得怎样太平，同时在这个打仗的年头，温州老百姓也应该和别的地方一样，起来救国打日本啊！

假使日本真来打温州，我们怎么办呢？

有人说:"逃到乡下去好了。"其实你逃到乡下去,日本兵就没有脚追到乡下吵闹吗?要是说这句话的人是老人家、妇人客、小孩子,他们打不动,跑不快,事先搬到乡下去,道理还说得过去,要是年纪轻轻的人也这样讲,那真难为情!做人要有个人胚在,像老鼠那样的东跑西逃,实在太不懂得做人的道理了。

有人说:"听天由命吧!"但是天是空的,你想天有办法吗?假使天真的有办法,日本飞机也不会随随便便在天上飞来飞去了。你想我们住在温州已经有几千几百代了,我们的屋在温州。家私也在温州,人也在温州,我们不保卫温州,怎样对得起祖公爷,怎么对得起下代儿孙呢?所以"听天由命"是不应该的。

有人说:"要是日本兵到温州,就和他拼个你死我活。"说这样话的人才有种,才是不折不扣的温州好汉,但是与日本强盗拼命不像"鬼擂跤"那样便当,我们应该想个好计策来准备保卫温州。

第一,每个温州老百姓都应该抱定"打日本,保温州"的决心,古话说得好:"众人齐,泰山移。"大家做事没有决心,一定会变成"大猫头老鼠尾"的。

第二,有钱的财主应该多多拿出钱来救国,现在不拿出钱来,将来温州保不牢,就都会被日本强盗抢去了的。

第三,有力的壮丁不要乱跑乱逃,应该赶快自动组织义勇队，救护队，消防队，运输队等，准备帮助军队打仗。

第四，老百姓应该照各行各业，把同行同业，隔壁邻舍，亲戚朋友都赶快组织在大团体里，人多力量大，有组织的人力量更大。商人入商会，工人入工会，农民入农会，学生入学生抗日联合会，妇女入妇女会，教员入教育界救亡协会，写文章的人入文化界战时工作团。大家都切切实实的一条心努力救国。现在温州有七十三万人口，只要五万人这样的干起来，力量就不少了。尤其青年都应该参加战时青年服务团，这个团体已经有四五千团员，九个分团，是温州最大的救国团体，把这个团体弄得更好，老百姓就不怕日本强盗来欺侮了。

第五，老人家、妇人客、小孩子等不会做事的，要先搬到安全的地方去，免得临时哭哭啼啼，慌得不成样子。

第六，要加紧严防汉奸活动，汉奸认贼做阿爸，做日本强盗的内应，我们保温州，汉奸却卖温州，不把汉奸一网打尽，也许会棋错一着，全盘都输了的。

第七，已经组织起来的老百姓兵像常备兵、社训队、维护团等要加紧训练，救护队、消防队等也要时时刻刻的训练。训练要切用，学学皮毛不算希奇。

以上这些老百姓起来保卫温州的计策要赶急一齐做，尤其是救亡团体要更努力的做下去。此外，我们还希望军政当局也立刻作保卫温州的准备：

第一，战时必需品如子弹、食粮、食盐等要囤积。

第二，军队和老百姓要打成一片，使军民共同救国。

第三，改善保甲制度，铲除贪污的乡保长，更选清廉的人来充任。

第四，公务员不要只坐在办公室里办公文，要多指导老百姓救国，要解除老百姓的痛苦，要改善老百姓生活。使政府和老百姓打成一片。

第五，严厉惩办汉奸、奸商，使敌人失了内应。

第六，完成战时军事上的配备。尤其是封锁瓯江。

保卫温州的计策是有的，但是这要全温州党政军民上下一条心努力把它做到。如果我们都准备好了，不但日本强盗不敢来欺侮我们，就是来了，也打他个落花流水，好使日本知道我们的厉害，好使日本知道老虎头上是拍不得苍蝇的。打倒了日本强盗，温州才是一个真正的"太平城"，现在的太平都是"假太平"啊！

(本文原刊一九三八年七月二十日出版的《老百姓》第十期，署名张亦如。选自《胡景瑊文集》，中共党史出版社二〇〇三年一月第一版)

乡思

琦君

琦君（1917—2006），本名潘希真，温州瓯海区人。著名散文作家，作品多描写故乡的人与事，在海内外有较大影响。主要著作有《永是有情人》《水是故乡甜》《万水千山师友情》《三更有梦书当枕》《桂花雨》《细雨灯花落》《读书与生活》《母亲的金手表》等。

来到台湾，此心如无根的浮萍，没有了着落，对家乡的苦念，也就与日俱增了。

　　昨夜梦魂又飞归故里，躺在双亲的墓园中，拥吻著绿茵覆盖的芬芳泥土，望着悠悠出岫的白云，多年抑郁的情怀得以暂感舒松，可是短梦醒来，泪水又湿透枕边，沦落的家园啊！它依旧是海天一角，水阔山遥。

　　故乡是离永嘉县城三十里的小村庄，不是名胜，没有古迹，只有合抱的青山，潺湲的溪水，与那一望无际的绿野平畴。我爱那一份平凡与寂静，更怀念在那儿度过的十四年儿时生活。

　　……

　　春天，溪水绿了，我与哥哥赤着双脚坐在清可见底的溪边，把脚伸在水里，让小鱼儿悠游地吻着我们的脚趾尖，更不时吐点口沫逗引它。父亲提了钓竿来找我们了，竹桥边已一字儿排了三张小竹凳，那是老长工阿荣伯伯给摆的，洋铁罐装满了钓饵。浮沉子落下去，鱼儿上来了。父亲乐得连连把烟筒敲着灰，我却把钓起来的鱼儿偷偷放回到溪水里。是因为妈与老师都信佛，每天叫我也念一卷《心经》与《大悲咒》，童稚的心灵也懂得慈悲为怀，就不忍心看活泼泼的鱼儿被放上餐桌。阿荣伯伯提了满盒子的米粉炒蛋丝，妈也在后面一摇一摆的出来了。哥哥瞅着父亲全神贯注在钓竿上，把他的一份也一扫而光了，母亲与父亲相视而笑。薄暮时分，大家提着空水桶回家，可是带回来的是一家的欢乐。

父亲爱自己开汽艇，常常带起我们从后河解缆，一直驶向城里。不宽不窄的河水，被掀得白浪翻腾，看一只只乌篷船在浪头上飘然滑去，船夫们都好奇地笑开了嘴与父亲打招呼。"十八湾"是这条河上的最美的地方，每一个水湾的前面都好像被矮矮的青山拥抱住了，望去没有出路。可是船头一转，双桨又拨出个水湾儿来。两岸的垂杨松柏，夹着杜鹃与山茶，在迷濛的春雾里，仿佛把船儿摇到了天上。

从河埠头到家门口，中间是迂回的田畴阡陌，嗅着菜花香，闲步在亭亭的麦浪里，满眼是一片青黄相间的天然绒毯。太阳从屋脊升起来，从山凹里落下去。五彩的云霞与地面纺织起锦段的世界。我与哥哥在半山腰里挖蕃薯吃，又与放牛的牧童在平坦的石头上掷五子（乡下儿童的一种游戏）。哪个输了就罚挖蕃薯，直待砍柴归去的农夫看见了痛骂一顿，才藏了满口袋的蕃薯回家了。

屋子左面是一片茂密的桃树林，桃花结子的时候，父亲着了短装，亲手捉虫剪枝。哥哥和我把纸袋小心翼翼地套上逐渐肥大了的桃子。调冰雪藕的盛夏，母亲取下纸袋，鲜红清香的水蜜桃照眼欲醉。母亲拣了最大的供在佛堂里，哥哥和我就虔诚地在佛前膜拜，为的是那一盘硕大无朋的水蜜桃。

果园是母亲的宝藏，院子里扶疏的花木尤其是父亲的爱宠。寒梅在雪里报来了春讯，素心兰在暖阁里也吐出了新蕊，垂杨自含翠而飞棉，紫薇飘香，牡丹、山茶更点缀了满院春光。我与哥哥却独爱冰晶玉洁的白兰花。初夏天清晨,哥哥爬上高过粉墙的玉兰树,篮子挂在树梢头,采下的花儿分赠给全村的"十三女儿",袭人的香气里带来了一份友情的温馨。

桂子飘香的深秋是母亲忙碌的季节,也是哥哥和我最快乐的日子,满园的桂花要待我俩摇落下来,仔细地拣去枝叶,筛去花托,一簟簟摆在秋阳里晒干。那正是秋收的时候了,母亲忙着蒸糕做饼,撒上了金黄色的桂花,装在提篮里给收租谷的叔叔和长工做点心。母亲不让我们这两个"小捣蛋"在旁边"帮忙",她不许在蒸糕的时候把脚括在灶孔边,说糕会蒸不熟的。又不许在开笼的时候先吃一块。在旁边动辄得咎,就跟着叔叔们偷偷爬上称租谷的大船。在黑黝黝的舱位里,只管呼呼睡去,直至热腾腾的桂花糕香味冲进鼻子,我们才揉揉眼睛,一跃而起,取两块最大的藏在怀里,跳上岸来。晨光稀微中,看船篷上挂著红灯笼,淡淡的光辉,映着深蓝色的水波,欸乃一声船儿渐向波心摇晃而去。

我最爱秋收时的那一份忙碌,黄腾腾的稻子割起来了,打稻子,挑稻草,摇风车,送点心。望着筐中粒粒辛苦的米谷,农夫农妇们满是皱纹的脸上泛起了欣慰的微笑。哥哥和我也在腰间扎起小篓子去田里,把散落在泥土里的谷子捡起来,装满了一篓又一篓,满身是泥浆,满心是欢喜,我们同样分享大人们丰收的快乐。

儿时的情景历历似书,可是转瞬间逝去了多少个年头。

自从双亲与哥哥去世以后,凄怆的心情竟使我很少还乡。想那美丽的十八湾,已不复有滚滚清流,平畴绿野恐亦是满眼荒芜,屋后桃花早已无人为主,夕阳晚霞映照的是遍地腥烟。故乡啊!我怎忍想到你,又怎能不想你。且让我暂时再在梦里追寻你,藉以重温儿时温馨的生活吧!

(本文选自《琴心》,台北尔雅出版社一九八〇年版)

醉轻浮世事 老怀故乡人
——给地团乡亲的信

南怀瑾

南怀瑾（1918—2012），温州乐清人。学者、诗人。金温铁路的催生者。四处讲学，传播中国文化，享有盛名。生前著作多以演讲整理为主，有《论语别裁》《孟子旁通》《原本大学微言》《易经杂说》等。

乾奶、邦仁、朝松、定榴：

诸位老兄如晤。你们一九九〇年一月二十八日信由小兄国熙带来收阅。古人说:"醉轻浮世事,老怀故乡人。"确是名言,弟自小少离家,萍飘外路,对故乡童年旧友,名字与相貌,一切均在依稀恍惚中,完全连不起来,敬请原谅。五六十年的岁月,不算太短,这应当不能见怪的。在四位中,只有乾奶兄记得很真,但我的记忆中的乾奶,喝酒、打拳豪气万倍,确是海上健儿风范,因为在我印象中,没有一个老字。其实我也老了,不是你们说的一跳过盐坦的顽皮小孩了。况且现在也没有盐坦可跳了,你们说对吧?你们要修一个老年宫,我很赞成,但不如修一个"老幼安乐宫"多好呢!老年人替中年人照顾教导儿童,儿童学会侍奉老年人,这才是中国传统文化的好榜样,也更合理,你们说对不对?再说,你们要修养老宫,却来找我这个飘零在外的老小孩,未免太苛求了。我如见到乾奶,应该罚他喝两杯,打他三拳,可以吗?一笑!应当哈哈大笑。

我也很想念故乡,尤其是地团桥头。我也常常想:假如地团桥头南杏春的旧屋收回,再能扩充到后面左邻右舍,让左邻右舍们自有新屋住,我当将桥头修建一座纪念我父母的图书馆,为地团叶增光。楼下留出布置,供给大家朝晖夕阴,风云之夜,闲谈讲古。同时也是一个儿童游乐地,那有多好呢。但我这个只是梦想,事实上,做不到的。况且我也老了,我也同你们一样,靠四方糊口,没有时间回到故乡,所谓"村人都姓叶,咸水漫煎茶"的地团了。可叹!可叹!这两句诗，见于《乐清县志》上，你们可查查看。

你们诸位老兄要建宫，真是口气不小。地点在哪里？多少大？预算经费多少？已经筹募了多少钱，我一概不知，叫我怎么办？再说，多少年建好？你们不要忘记，我们都是老人了。"前人种树后人凉。"从来领头的人，都没有福气享福纳凉的，你们说怎么办啊？

专此

祝大家安康并问诸老弟兄姊妹们好

南弟怀瑾拜

一九九〇年二月十八日

（本文选自《南怀瑾故园书》，赵乐强主编，中华书局二〇一三年九月第一版，题目为编者所加）

我爱南戏

唐湜

唐湜(1920—2005),温州市区人。著名诗人、"九叶诗派"之一,文学评论家。代表作有《骚动的城》《飞扬的歌》《海陵王》《意度集》等。

我从小就对民族戏曲有着深深的喜爱。

我的家在一个近郊的村子里,村南、村北就有三个海神庙,不远的邻村也有三四个,节日时常有草台班演出,甚至两个庙有两个班"斗台",我小时就常迷上这些草台戏,一看看到夜深。有时也跟大人坐小船去"水心殿",坐在船上看戏。稍大进城上中学了，城里三月三有"拦街福"，满城人都在街头巷尾闹闹嚷嚷，看几个戏班，文戏、武戏、"花戏"一齐演出，我也常去挨挨挤挤，舍不得走开。暑期放假，常跟母亲去舅舅家，二舅父王季思是昆曲名家吴瞿安先生的学生，一回家常带来许多书与唱片，我就在他那儿读了不少元人杂剧与明清传奇，听了杨小楼的《刀会》《夜奔》与忘了谁唱的《牡丹亭》《长生殿》，也学着哼哼几句《训子》《弹词》。

可上大学时学的是外国文学，迷上了欧洲浪漫派的诗，忘掉了自己家乡的戏。解放前就只在上海看了一次戏，是友人陈敬容请我看的梅兰芳的《洛神》。解放后先在故乡教书，又迷上了地方戏，常花一毛钱买一根竹签坐在长凳上看一个晚上。不久遇见友人许思言，常拉我去看京戏，并一起到后台访问上海来的"角儿"。后来到了北京，就更常去看中国戏校学生刘秀荣们演的折子戏。五四年初《戏剧报》创刊时，患难之交的挚友李㧑拉我到中国剧协，原要我到他的《剧本》月刊，葛一虹、屠岸同志因《戏剧报》缺人，要我去《戏剧报》。这一来，看戏与写戏曲评论就成了我的份内工作，因而先后观摩了五四年秋的华东戏曲会演，五五年秋的梅兰芳、周信芳舞台生活五十周年纪念演出，一直到五八年错划为"右派"才停止了这工作。

从五四年初到《戏剧报》起，一边学习，一边陆续写了一些戏曲评论。五四年夏天，中国戏曲研究院的一些同志访问了萧长华老人，写出了一些表演艺术经验谈的记录，我作为《戏剧报》记者，后来也参加了访问工作，并写出了《萧长华谈京剧表演艺术》一书的定稿，企图以史坦尼斯拉夫斯基的理论来解释京剧的表演艺术。恰好《解放军文艺》约我写一篇关于《群英会》的文章，我就写出了《京剧舞台上的赤壁之战》。五六年上海文艺出版社的金铭同志来京，接受了我的一本戏曲评论集《戏曲散论》，并约我写一本《论三国戏》，前一书刚刚排好，后一书也交了稿，五七年的风暴就淹没了我与我的书。六一年秋我由北大荒回乡路过上海，出版社的同志给了我前一书的校样与后一书的原稿。第二年我把后一书的开头一章，以笔名秋梵与《卢胜奎论》的题名寄给上海《文汇报》，感谢当时自己也在困难中的黄裳同志，竟明知我还戴着荆棘的桂冠，大胆为我发了这篇近万字的文章。到后来"史无前例"的十年，《论三国戏》十五万字遭了火焚之厄，就只剩下了这一篇。现在把五七年在《人民日报》发表过的《看侯永奎的〈刀会〉》，改题为《悲壮的尾声》与这两篇放在一起。

很荣幸，我的故乡温州竟是中国最早形成的成熟戏曲——南戏的故乡；回乡后，六二年我曾被安排到永嘉昆剧团作临时编剧，对南戏问题作了一些思考，并以华东会演时收集的一些福建南戏剧目与音乐资料和平时得到的一些材料写出了十五万字的《南戏探索》；这本稿子不幸也在十年的悲剧火焰中毁灭了。七九年起，我又凭记忆照原先的内容提纲，重新收集资料，从头再写，八〇年我写出了这书里三万多字的《南戏探索》，编入了当时温州南戏研究小组编的《南戏探讨集》，提出了一些不成熟的看法，对初期南戏的思想倾向与社会效果，对南戏时代的大致轮廓与昆曲的诞生及其经济基础试作了一些分析；后来又陆续写出了《南戏散笔》五章作为补充。八二年我代表浙江省去邻省福建参加了一次"庶民戏历史讨论会"，震惊于会中演出的接近早期南戏的两个大戏与展出的一些佚失已久的南戏剧本，回来就写了几篇文章，去年又写出了近万字的《山窝里的活化石林》，也对这些早期南戏剧目的思想倾向与原始面貌试作了一些探讨与分析。

这几年来我退休在家，把主要力量放在新诗习作与新诗评论上，可对民族戏曲还是有感情的，曾代温州南戏研究小组编了《南戏探讨集》两集。去年上海戏剧学院召集"历史剧讨论会"，自己也匆匆赶去参加，虽只赶上一个尾巴，也写出了一篇《〈桃花扇〉与历史主义》寄给他们。现在，这工作应该作个结束了，因此，编成这个寒伧的集子，呈献于高明的读者之前，希望能得到严正的批评与指教。

一九八四年五月二十三日

(本文选自《民族戏曲散论》，上海古籍出版社一九八七年五月第一版，系该书《前记》，题目为编者所加)

只缘温州是故乡

樊祖鼎

樊祖鼎(1920—2003),温州市区人。著名外语教育专家、翻译家。曾留学法国,入巴黎大学法学院博士班攻读国际公法。一九五一年起在兰州大学任教,至于一九九一年退休,被誉为兰大外语"一代宗师"。

温州——这美丽的地方,始终是令人难忘的。

离开故乡三十多年了,我不曾在它怀抱里多呆上几天。

虽然也曾回来过几次,但都是来去匆匆,浮光掠影。然而,对故乡的久久怀念,就是在将来,也永不淡忘。

人已六十开外。我这次下了决心,排除干扰,在壬戌春节前夕,和老伴一道,来了,住下来,过春节,度元宵,会亲戚,访朋友,游名胜,看热闹。一个月,两个月过去了,竟看个不够。

我重新领受到温州晴天的温柔,微雨的湿润,阴霾日子的凄清和雷雨顷刻的严厉。我们享受了家乡的鱼鲜海味,其品类之多,味道之美,是我们这些久居内地山城的人所赞叹不已的。

温州人人情淳厚,待人诚恳周到。春节前后固不用说,即在平时也是客来敬茶,摆上茶点糖果,然后以很快的速度端来有汤的点心。食后,又端上一盆热水洗脸。这种盛情,其它地方不是常见。

温州人办事认真,对朋友尽力,态度谦和。我牙齿不好,这次利用在温空暇,请一位叫邵平的医师补牙。在一间卫生防治院的小楼上,我度过了一个又一个上午,看见了那里繁忙而动人的景象。看牙病的人多得出乎意料,邵平医师却个个照顾周到。他言语诙谐,修牙补牙技术被群众认为是第一流的。但摆在我面前的设备却是属于"牙医历史博物馆"的。我不仅受到他的精心治疗,而且还学到了以为人民服务为乐的革命精神。

温州山青水秀,风帆如画,瓯江水浩浩荡荡,潮涨潮落,龟蛇锁江。市内,点缀着几座小小的山岗——松台、积谷、华盖、海坛、翠微、巽山,近郊还有雪山,都是那么好听的名字。

我这次在故乡两个月,有意踏遍那大街小巷,石桥、河岸。我喜欢看市边的湖塘,河上的小船,山边的竹树,涧边的细草。

温州方言用词古雅,表意生动,准确且带有幽默感,而音调又抑扬爽朗。听老老少少对话,对于离乡多年而乡音未改的我来说,是一种享受。

那么,温州什么缺点也没有吗?有。街道拥挤,河道堵塞,污水不泄;社会秩序欠佳,摊贩乱设,多不胜数;出言不逊,动辄詈人,言语污秽,殃及青少年……这些总算是温州的大缺点吧。

温州是一个古老的、具有独特历史条件的城市,同时又是一个新兴的城市。它真是一个用英语来表达叫做Boomingcity。Booming的意思,包含着兴旺、繁荣,朝气蓬勃,充满生命力,但也包含一些前进中的缺点和纰漏。温州的城市建设应该向兄弟城市学习,学习他们的分区布局。我期望着故乡变得更好,成为具有江南特色的、现代化的、美丽而繁荣的城市。

古人说:"未老莫还乡,还乡须断肠。"难道老了一定要还乡,而还乡就一定有那么多的嗟叹和感慨吗?

有人说我对温州只说好，不大说缺点。我想，这也许就是我对故乡温州的偏心吧。温州啊！我的心偏向着你，我要为你做一切我所能做和应当做的事。我向你奉上最美好的希望和祝愿。

再会吧，温州！

(本文原刊《浙南日报》一九八二年六月六日，原题为《再会吧，温州！——逢人尽说温州好，只缘温州是故乡》)

月是故乡明

杨涵

杨涵(1920—2014),温州市区人,著名版画家。《赔碗》《修运河水闸》《淮海战役》等木刻作品奠定了在中国新兴版画五〇年进程中的重要地位,曾获"中国新兴版画杰出贡献奖"。

温州是我的故乡。我出生于一九二〇年冬。家以铁铺为生,早丧母。日本人的炸弹,激起了我的民族仇恨,促使我投入抗日斗争；并和夏子颐、陈沙兵、葛克俭等从事木刻活动，转辗于温、处及赣、闽之间。在敌人两次沦陷浙南时，父丧弟死，家破人亡，于一九四一年去苏北新四军。先后在新四军苏中军区、华中军区及第三野战军政治部宣传部门做美术工作。虽不能说"身在异乡为异客"，因为我把苏北作为抗日家乡，但亦确实"每逢佳节倍思乡"，因为无亲可思，唯有思念出生我的故乡。

一、忆童年

我是在打铁炉畔度过童年的。是生不逢时或生恰逢时？军阀内战、大革命失败，连年兵荒马乱，头顶上压着乌云。每当海圣宫码头潮船一到，大群痞兵拥押着西溪农民，经过我家铁匠铺门口。一次温州七城门挂着人头"示众"，我去麻行僧街永清门看过之后，夜里就做着噩梦。据说被杀的人，都是"青面獠牙""杀人放火"的共产党。一次，看到一位被押的共产党，身穿长衫，年轻英俊，从容不迫，昂首漫步。使我产生怀疑，既不是"青面獠牙"，更不见得"杀人放火"。我的师兄马金榜老家在山区，偷偷地对我说，红军、共产党是为老百姓的利益，在西、楠溪闹革命，都是好人。这在我童年的心灵里对红军和共产党发生了好感，播下了后来参加革命的种子。

五十多年过去了。每当我生病的时候，想到自己的童年，更增怀念乡土之情。七六年在病中写了一首《忆童年》：

学步颠摇伴炭灰，沉云压顶鲜颜开。
惶惶岁月依炉畔，汲汲晨昏避水隈。
灯下描红神贯注，城头恐白梦惊回。
痞兵常拥山村客，昂首从容叹俊才。

二、忆老师

我的母亲去世那年，正值"九一八"事变。人们议论纷纷，担心做亡国奴。我又在生病。童年的不幸，形成忧郁的心情。病愈后，去读私塾，遇到了终生难忘的余笑峰老先生。他刚健秀丽的书法，使我得益不浅。他鼓励我学刻印章，启发我临摹国画。我生性爱自由，对于《古文观止》中不对胃口的文章就跳过不读；他也很民主，就教我所爱读的文章。如果意识到背诵错了某一句，自动伸出掌，他微笑地用戒尺轻轻敲一下。他还教我作对子，解释温州的许多名对，例如江心寺的那副对联。提起江心寺，就想起我的祖母。在沉沉的冬夜，听到江心寺的钟声，祖母就自言自语地说："江心撞钟，将近天光。"江心离我家很近，经常和同窗好友去游玩盘桓。如果说我童年时已萌芽了愤世思想，那末古文中许多文章，又影响我产生了避世思想。当我在家打铁的时候，不仅要经常烧点纸钱——因为"纸钱灰落地鬼才走"，这是送给敲榨勒索者名言,——而且卢沟桥的炮声一响,日本人的炸弹落到了温州城,于是激起了我的民族仇恨。人们又纷纷议论,有坚决抗战到底的,有信心不足的,也有少数人愿做亡国奴。打倒汉奸的口号,抗日的歌声,街头上的"放下你的鞭子",报刊上的漫画木刻,这一切都吸引着我。抗日的前途究竟如何?我想起了县城隍的那副对联:"雪借风威,白占田园无几日;云乘雨势,黑瞒天地不多时。"后又读了毛泽东同志的《论持久战》,又从理论上坚定了抗日必胜的信心。投入了抗日洪流,参加了革命。

三、悼沙兵

四〇年初认识了沙兵。他为人正直,待人诚恳,家境贫寒,从小勤练丹青。我曾受夏子颐影响自学木刻,但未坚持,而沙兵则鼓励我继续学下去,陪同我去报名参加木刻函授班。从此我和沙兵、克俭、张大辉、张长弓等经常交流作品。同年十月间党组织要我把木函班同学组织起来,创办一个木刻刊物,作为阵地。党的指示正好适合大家的要求,很快就组织了木函班温州区同学会,推选沙兵、克俭负责,并以同学会名义出版《木刻通讯》。通过党内关系解决纸张和印刷问题。三十二开本的《木刻通讯》创刊号于十二月间就问世了。当时正处于皖南事变前夜,环境更为恶劣,党组织要我离开温州,《木刻通讯》的党内工作由郑铸同志负责。后来出到第六期才被迫停刊。四二年冬我去苏北前回到温州，常和沙兵见面。现实生活驱使他的正义感更接近党的观点。临行前，我把自己的木刻作品交给他保存。时隔八年，于五〇年在杭州重逢，他把我的木刻作品，全部交还给我。后来才知道，他在浙南游击纵队夜行军时跌入水坑，置生命于度外，双手高擎画夹，不使画幅着水，使人感动。五六年秋于北京见过他一面之后，竟成永别。二十多年的"右派"错案，十年浩劫中的被摧残，使他患了严重疾病。前年春他在病中喜闻平反，渴望重提画笔时，又患感冒，引起病变，医治无效，与世长辞。噩耗传来，使我通宵难寝，挥泪写下了《悼沙兵》：

江心古刹钟声沉，彻夜兽蹄梦里惊。
愤把柔毫换铁笔，誓将热血壮丹心。
深沟险岭却欢畅，绿水青山何惨暗？
雪后东风闻送暖，笑容转眼泪沾巾。

四、吊幼灵

四一年初，党组织要我去丽水，经子颐介绍到郑野夫办的浙江省木刻用品供给合作社（简称木合社）工作。当时大后方木刻工作者所需木刻刀全靠该社供应。由于我打过铁，对此内行，野夫表示欢迎。不久日寇轰炸丽水，工场成为坵墟，人员皆散。野夫要我重起炉灶。我回温请示党组织，同意带一批受到党影响的（包括师兄金榜和弟弟永桃）铁工出来，恢复木合工场。此时克俭也来工作。但日寇的不断空袭，迫使木合社搬到上饶，而四二年夏日寇进攻浙赣线，又在混乱中撤到崇安赤石。木合社职工做小生意度日。到八月间野夫宣布解散木合社。我的弟弟在兵荒马乱中被拖得筋疲力尽、患病不起，无力医治。至中秋前夕，病情加剧，抬到赤石街医院，抢救无效，于皓月当空的中秋之夜死去了。金榜、克俭陪着我在一烛孤灯之下守着遗体。天亮时才葬到赤石街对岸赤石暴动的小山坡上。金榜叹了一口气：你的一家都完了（三八年死了祖母，四一年死了父亲，确是家破人亡了）。当时国民党反动派一败涂地，武夷山一带每天枪声不绝，深感此地不能久留，故乡也难以立足，一线希望寄托于党的抗日根据地，决心回乡依靠党组织。到了苏北之后，把自己的一切精力都用到宣传抗战的木刻创作上，极力摆脱内心的哀伤。解放后三十年过去了，长期忙于工作，无暇去吊幼灵。去年十月间，与南斯拉夫评论出版社合作，为拍摄《中国山水》，继南北雁荡之后到了武夷山。闽山崇水，依然如故，赤石渡口，未改当年。但对岸新建了赤石暴动烈士墓，我弟弟所葬之处，已成为墓前的公路。过渡走到烈士墓眼前，低头默哀，眼前又浮现当年情景，一阵心酸，从内心发出：

尝尽神农百草丹，一线希望寄延安。

武夷山下留悲愤,赤石渡头载苦酸。

且慰孤魂邻烈士,但愁遗骨伴孤犴。

闽山未改当年绿,崇水犹临秋月寒。

五、乡土情

在艰苦的岁月中,在行军的夜晚,在敌情不紧张的时候,战友们边走边聊天,听到许多同志谈了自己家乡的特色,我也津津有味地说起温州的风物。我说:温州冬天不冷、夏天不热,不愧于称"温"之州。秀丽的瓯江,经丽水、青田,畅流而下,直拍金沙岭头。江心双塔,面对温州,海坦华盖,九山环城,城号白鹿,尾在松台。城南水乡,罗带蜿蜒,北连瓯水,南接飞云。瓯江北岸,永嘉山底,脉属括苍,蔚然秀美。楠溪的枫风山色,西溪的碧莲水影,已足以令人心旷神怡,更何况南北雁荡,久负盛名。天钟神秀,孕育着历史悠久的浙南文化,名人学士,历代辈出,金石书画,根植民间。庙宇匾额对联,不乏高手,商店招牌字体,亦有名家。我经过苏北、山东不少城镇,从未见过如温州之美者,真有点"月是故乡明"之感。虽然温州人民还处黑暗的苦难之中,但我们一师师长粟裕同志率领部分部队东进之后,留下的浙南部队后来由龙跃同志率领仍在坚持斗争……

一九四九年五月,我在苏州得到温州和平解放,浙南游击纵队进城和南下的三野二十一军胜利会师的好消息,真是高兴极了。多少年来,我总是把苏北和浙南联系在一起,如在我的一些律诗中,用了"浙南星火""苏北燎原""东进雄师""南留劲旅"等词句。我的大半辈子都在华东地区工作,而对偏僻的浙南,却埋藏着无限的乡土之情。最后以一首《望月》来结束本文。

家破犹存乡土情,常怀塔影伴涛声。
扬威苏北思陈毅,失策皖南叹项英。
热血洒流闽赣浙,鲜花盛放陕甘宁。
瓯潮起落心潮涌,欲步江心望月明。

(本文原刊《浙南日报》一九八一年四月十九日)

温州与温州人
——我的故乡与同乡

马大任

马大任（1920—2021），温州城区人，马公愚之子。中央大学毕业，曾任"飞虎队"队长陈纳德的译电员，后留学美国，毕业后担任过哥伦比亚大学布道研究所图书馆中文图书馆馆长、荷兰莱顿大学汉学研究院图书馆馆长、欧洲汉学图书馆协会会长等职。发起"赠书中国计划"，国内数十所高校图书馆受惠。著有《美国图书馆的东亚藏书》《美国华人经济现况》《西欧的中文藏书》《我的自传》等。

离开故乡已经有四十五年了，这四十五年来我走了很多地方。从东南到西北,从东北到西南,从中国到美国,又从美国到欧洲。但是我始终没有机会回到我的故乡——温州。

当我离开温州的时候,我只是一个十几岁的中学生,那时候的温州只有一个高中,两个初中。任何人要想得到高等教育,一定要离开故乡,这种有限的教育机会对温州的青年人,尤其是家境清寒的青年,是一个严重的挑战。温州的青年们勇敢地接受这挑战,一代一代的青年人离开温暖的家乡,到寒冷的北方,到杂乱的上海,到遥远的海外,孤单地、困苦地奋斗与学习。终于,在教育界、文化界、政界、工商界,以及其他各界出现了许多杰出的温州人。他们的成功带给温州很多的光荣,使每个温州人都觉得作为一个温州人是很幸运,也是很值得骄傲的。

四十五年前,当我离开温州的时候,对温州只有一个简单与天真的印象。只知道那是一座古老的城,城东有海坦山与华盖山,城西有松台山和翠微山,城北濒临美丽的瓯江,江上有个狭长的小岛,叫做江心屿……

四十五年在外地碰见不少温州的同乡与亲友,同乡的情谊使我对温州有更深一层的了解与想念。记得在大学念书的时候,我们只有十几个温州人。但是在这十几个人当中就包括三位系主任、一位总务长、两位讲师、三位助教。从这个数字就可以看到温州人努力的程度与高强的学习能力。这些同学与师长们,在我准备投考与在校学习的时候,给了我很多帮助与指导。我永远记得他们，感激他们。除了几位已经去世的，他们多半还在国内继续工作，我遥祝他们快乐、健康！

四十五年来，每当我碰见家乡来的人总是要细问温州的情形，每次看见报刊上有关温州的文章一定从头至尾仔细阅读。关于温州的书也找到了好几本。越读越觉得温州的可爱，越对家乡发生更浓厚的感情。

在海外的生活经验中，温州的可爱不是仅仅在阅读的书刊中感觉到的。比阅读要更直接、更实际得多的是与同乡的接触。没有离开过温州的人也许不会对同乡的感情有很深的体会，离开家乡越远、越久，这感情就越深刻，越有意义。正同"他乡遇故知"一样，"他乡遇同乡"也是人生一大乐事。我刚刚到荷兰的时候，绝对没有想到在这遥远的小国居然有那么多小同乡，更没想到我的小同乡在荷兰全国的华侨中不仅占很大的比例，而且一直是负领导的责任。旅荷华侨总会绝大多数的会员是讲温州话的青田人与温州人，会长、秘书长、绝大多数的副会长与其他的职工也都是温州与青田人。从成千的中国餐馆与杂货店及上万的旅荷华侨中，我们可以看到温州人的创业精神与能力。他们的艰苦奋斗替中国在海外建立许许多多的据点。这些据点，正同世界上其他国家的华侨企业一样，是中国侨汇的主要来源，是许多自费留学生与侨生的经济基础，也是中国国际关系上重要的一环。

对于这些海外同乡的奋斗，我只有敬佩。但是尤其使我感到的是他们深厚的同乡的感情。记得我刚到荷兰莱顿城的时候，自己一个人每天出去"打游击"（就是因为自己不会烧饭，又不想在一个饭馆包饭，所以常常找不同的饭馆吃饭）。有一天，在一个饭馆里正要点菜的时候，我问饭馆的老板："你是什么地方人？"他说是温州人。我说我也是温州人。他不相信，因为他是一位老华侨，城里所有的温州人他都认识。温州有什么人来他事先多半知道。他没有听说过有我这样的一个人要来莱顿。后来我用地道的温州话向他说明了我的来历，他才恍然大悟，从我手中把菜单一把抢去，一面说："你不能点菜，这些菜不是给你吃的。现在你不要吃，等我把这些客人打发走了之后，我到厨房里亲自烧几个道道地地的家乡菜，我们两个人坐下来一边吃一边好好谈一谈温州的事情。"有心的温州人就是这样地把家乡的温暖带到世界上的每个角落，使我这个"他乡孤客"在这遥远的荷兰也能亲身感受到家乡的温暖。

从家乡来人的谈话中，从亲友的来信中，我知道最近三十年来温州有了长足的进步，已经从一个高中的城市变成一个拥有好几个大专学校的文教大邑，不仅学校的数目大增，而且图书馆、电影院、剧院、体育场，以及其他文化、教育机构都增加不少。人民的文化生活提高了，最穷的学生也可以有机会接受高等教育。

在物质建设方面，马路加宽了，城里有了公共汽车，城外的码头也增建了好几个，连江心屿都比以前大多了。

这些进步是千千万万在家乡的人努力的结果。我要向建设温州的人致敬。

家乡进步的情形是最使海外温州人高兴的消息。反过来说，家乡的坏消息也是最使海外人伤心的。当我从《人民日报》上得知温州是受"四人帮"的损害最严重的城市，我心里真不知道多难过。

好在一个地方的发展不是少数人短期内能完全破坏的。尤其是像温州这样一个有优良的传统、光荣的历史与高度文化的地方，决不会因为"四人帮"的破坏而衰落。相反，这次破坏正是对温州人的一个新的挑战。面对这个挑战温州人将会用更大的努力来克服一切困难，重建一个更新、更美、更现代化的温州。

我对温州有这信心，我相信总有一天我会看到一个全新的温州，如果我或我的子孙能看到这个"新温州"在瓯江的南岸出现，再等四十五年也是值得的，也是应该的。

久别的家乡，我歌颂你的美丽、温暖与光荣。

我祝你前途无疆！

于荷兰莱顿城

（本文原刊《浙南日报》一九八二年十二月九日）

温州水城

游修龄

游修龄（1920— ），温州鹿城区人。著名农史专家。曾任浙江农业大学教授、图书馆馆长等职。著有《中国稻作史》《农史研究文集》《中国稻作文化史》等。

二十世纪三十年代，我还是小学生的时候，温州城里街巷和河道相匹配的面貌，基本上还保留着，但是到二十世纪后半叶，加快了填河改路，这座历经一千七百年的水城，终于消失,一去不复返,只留在记忆里了。

说起水城,不能不追溯水城的设计者东晋郭璞(二七六—三二四)。郭璞是个奇人,诗赋名冠当时,又是古籍经典的考证注释权威,更是中国古代的堪舆(风水)大师。郭璞原籍山西闻喜,东晋时因避战乱南下。据嘉靖《温州府志》记载,温州在晋明帝太宁元年(三二三)决定修建郡城时,恰巧郭璞客寓温州,故请他"为卜郡城"。

温州郡的城建,按风水原理,应建在瓯江北岸,坐北朝南,像现今的杭州一样。郭璞经过实地勘察,对南北两岸的土壤取样比较,发现同等容器的土壤,北岸的水轻,是流水冲刷沉积下来的江涂泥;南岸的土重,是山区冲刷沉积的沙砾土,基础厚实,承载力强,所以决定建城在南岸。

郭璞当时登上南岸的"西郭山"(今郭公山),"见数峰错立,状如北斗,华盖山锁斗口,谓父老曰:若城绕山外,当骤富盛,但不免兵戈水火;城于山,则寇不入斗,可长保安逸。因城于山,号斗城"。所谓斗城,是指城周的华盖、松台、海坛、西郭四山象征北斗的"斗魁"(北斗的四颗斗星称魁),积谷、翠微、仁王三山像"斗构"(斗柄三星称构)。另外的黄土、灵官二山则是辅弼。他又设计在城内开凿二十八口水井(现在还存有几口),象征天上的二十八星宿,以解决城内人民的用水。郭璞还考虑到如果发生战争,城池被包围,断了饮水,更在城内开五个水潭,是五水配于五行,遇潦不溢,各潭与河通,最后注入瓯江。

距离郭璞卜城七百多年后,北宋的方腊聚众起义,势不可当,起义军三个月内接连攻陷今建德、歙县、杭州、金华、衢县、丽水六县市,但起义军挟其声威,围困温州四十余日,始终不能破城,只得撤军。到明朝嘉靖年间,倭寇屡屡侵犯我沿海江苏、浙江、福建、广东各地,攻陷城池无数,嘉靖三十四年(一五五五)攻入杭州,烧毁雷峰塔。而温州自嘉靖三十一年至四十二年的十一年中,共六次遭受倭寇侵犯,但都未被攻入城内。其中原因,除了守城军民顽强抵抗,郭璞斗城的设计具有科学的预见性,显然功不可没。

在郭璞的城建基础上,经过不断经营完善,到北宋时的永嘉(即今温州),已经繁华非常,被称作小杭州。北宋温州承议郎杨蟠《咏永嘉诗》云:"一片繁华海上头,从来唤作小杭州。水如棋局分街陌,山似屏帏绕画楼。是处有花近我笑,何时无月逐人游。西湖赏宴争标日,多少珠帘不下钩!"(温州城西的九山湖,又名西湖。)

诗中的"水如棋局分街陌"是对水城结构的极好白描。"山似屏帏"指连接温州城墙的上述小山。"绕画楼"指当时民间建筑物的富丽奢华。最后两句"西湖赏宴争标日,多少珠帘不下钩"是描写大家闺秀都倾城而出争看龙舟竞赛的热闹景象。

温州水城的水源来自西南山区流泻下来的瞿溪、雄溪、郭溪三条溪水，汇集于城南外会昌湖，引会昌湖的水进城，沿街、沿巷流通，再从正北、西北、东北三面通入瓯江。这三处都设有水闸，水多时放水入江，水少时闭闸，保持城内河道水面稳定。南面湖水入城时，通过城门下面的水门，水门可以关闭或开放，这就保证了城区内的街与河、巷与小河并行，水陆交织成网的水城布局。在我少年时，这种一街一河、一巷一小河的布局，虽然已不完整，但基本上的格局依然未变。店铺都在街的一侧，临河的一侧是居民家的后门，有石级作为乘船上下的码头，又可以临河洗涤衣物。同样，居民区的巷，前门是小路，后门临小河。这种设计较之陆路交通对车辆的依赖，当然是水路的运载量大大超过陆路。

翻检《温州府志》粗略统计一下，城内共有大街十四条，巷一百四十条，牌坊一百二十四座，桥四十一座。城里的地名都用街、巷、桥、坊取名，一听就知道它们的"身份"，如五马街、百里坊、四顾桥、校场巷等。桥多了，夏天晚上，坐在桥墩上乘凉，凉风从桥下水面吹过来，特别凉快。

城里数以万计的居民，每天生活所产生的粪便、废物、草木灰等垃圾，正好是农民种田所最需要的有机肥料。所以，那时候城里各户人家都有相应的农民定时来收集人粪尿、草木灰等垃圾，从水路运往乡间。那时没有自来水和煤气，各家所需的饮食用水和柴草燃料等，也是有专门的水船、柴船等从乡间送到各家门口的船埠头，有专门的挑水夫、柴夫，挨家挨户及时送到各家的水缸和灶头。用现今的话说，水城是很环保、合乎生态原理的设计。自从使用了抽水马桶，人粪尿全被冲走，成为环境的大污染源，又切断了城乡的有机肥物质循环，是一举两失。

温州这座斗城周长约十八里，这十八里围起来的城区面积是固定的，但是人口的增长是不受限制的，人口多了要造房子住，房址不够，唯一的办法是侵占临河的空地和河面。慢慢地在河岸这一侧造起简便的房子，房子不能向马路扩充，便向后边的河面蚕食。被侵占的河道，越来越狭，本来三个桥洞的大桥，两侧的小桥洞被堵塞了，只剩中间大桥洞，于是引起来往船只的"堵船"，水路交通的优越性大大降低。沿巷的小河道遭侵占后，变浅、淤塞，不能通小船，逐渐变污水沟、垃圾场。到了我读初中时，温州这座水城河道的堵塞已成定局。建国以来人口的持续增长，促使城镇改路全面实施，所谓"水如棋局分街陌"的布局，已一去不复返，对于今天的温州人来说，是难以想象的历史格局。但是温州水城的情景却深深印在我的记忆里，历史如在眼前。

(本文原刊《温州读书报》二〇一〇年第十期，选自《瓯歌——〈温州读书报〉文选》，上海远东出版社二〇一一年九月第一版)

人在天台雁荡间

郑经生

郑经生（1921—1989），字更生，温州平阳人。曾任《武肃报》《青年日报》《浙江月刊》等报刊编辑、记者，一九四九年后移居台湾。著有《梦魂花绕浙江潮》《漂泊东南天地间》《富春江上》《海上吟》《慧姑》《奔》等散文、诗歌、小说作品集。

我生长于南雁荡山，十五岁以前，不曾离开山区一步，抗战中，虽然外出奔走四方，但间一二年，必回故乡一次，因此对这儿的风景，无论是一树一石，我都非常熟悉，而且也觉得特别怀念。抗战后期，我供职天台《浙东日报》及浙东行署，报社在天台县城，行署设在天台街头镇，战时交通阻梗，由我的家乡出发，到天台县，虽有若干海道可搭轮船，但陆路就非穿着草鞋步行不可，从临海县到天台县就有近百里的旅途，翻山越岭，没有舟车等交通工具，要走一整天始能到达，但沿途风景秀丽，山色迷人，廿余年后动笔来写"人在天台雁荡间"真不胜神往之至。

在浙江，雁荡山有两处，其一在乐清县属，名为北雁荡山，其一在平阳县属，名为南雁荡山，同为风景区，北雁范围较南雁大，但南雁荡山岩石峥嵘古怪，鬼斧神工，实亦不下于北雁。宋朝的时候，理学家陈经正、经邦兄弟在这儿讲学，设有会邱书院（后改会文书院，朱熹为题额），自后人才辈出。

从平阳水头镇，出发到南雁荡山，只十华里，步行一小时可到，由吴山过渡到雁荡山脚，迎面是石屏峰壁立千仞，天生成一扇绝大的大门，游客从大门进去，只见老树枯藤绕着这座伟大的天然大门户，怪石嵯峨，像邪魔鬼怪，像仙姑道士，罗列道旁或头顶的山峰上，从石屏峰上再行千百步，便到云关，云关的得名是因为山很高，云雾不时从洞口流通，云关的奇特是在山腰中半忽然巍峨安置着一座崖洞，人回旋洞口，曲径通幽，愈上崖洞愈宽敞。走出洞门之后，再上去就是仙姑洞，宋时有朱姓处女在此洞谷修炼得名，洞分三层，重楼复户，香火甚盛，有道士数十人，洞内最深处另有小洞，相传深不见底，可通大海，曾有游客十余人结伴买勇操火把入内，愈进愈深，火把熄灭，遂迷途不能出，仅一人带一猎犬进，赖狗向导出险，以后遂无人敢再探险，道士遂泥封此洞。洞口供许仙，由洞口侧门上山，可至连环洞，此洞娇小玲珑，且奇绝，有洞十余口若蜂窠，随意入一洞，左右旋转，仍经原洞口出，从仙姑洞下山穿过一条小溪，即为贞士洞，洞深数十丈，上写会文图书馆，楼房平屋各一种，建筑在华里峰之下，由此再上二里许为观音洞，洞在峭岩上，位置很险峻，化身崖在观音洞左边，仰望最高岩壁上，另有一洞极深邃，身飞不到云气时集洞口，幻作各种形态，寺僧乃故神其貌，吸引游客膜拜，但观音洞香火比较冷落，没有仙姑洞那般热闹。雁荡瀑布在小施山，距离会文图书馆五里余，春水涨时，水流湍激，势如万马奔驰，千丈悬崖直下，蔚为奇观，满山尽是五色杜鹃花，美丽极了。雁山一带溪流盛产香鱼，味香脆绝伦，其色如五彩垂虹，鲜艳夺目，香鱼性急躁，出水面即死，绝不能饲养，雁山香鱼有上下潭之分，上潭之鱼，虽死其目不瞑，下潭之鱼却反是，上潭之鱼价较下潭之鱼高，惟非久居此者不易辨别，每届秋凉下潭鱼争游上潭，滩高水浅，鱼涌身上滩之际，最易为渔人张网捕获，但香鱼仍连绵不断力争上游。

天台山风景，以赤城、华顶、寒岩、明岩为著。

将至天台县城二十里，遥望一山，山土赤色，状如雉堞山顶圆壁特起，望之如城，有玉京洞、金钱池、洗肠井诸胜。华顶在天台山最高峰，由天台县城前往，须穷一日半之力始能到达，华顶山山势奇伟，石梁瀑布，奔雪飞云，蔚为奇观，春时登山巅，草霜凝吉，气候奇寒，全山恍如玻璃制成，琪花玉树，四面回映，置身其中，不啻在极乐王国，神仙世界，由上方广至石梁，珠廉断桥最胜，梁在昙花亭外，梁阔约一尺五寸，长三丈，架两山坳间，飞瀑徒亭左来，至桥乃合流下坠，雷轰河陨，百丈不止，下瞰深潭，毛骨俱悚，历来每多苦行僧人，在此舍身投梁下，胆大者可在梁上来回往返。国清寺在山之麓，为我国最大丛林之一，相传唐时一行圣僧抵山门前，水为西回，而丰干、寒山、拾得在此流传故事尤多，寺内有梅树一株，传为隋时所种，历千余年虽已枯槁但尚活，有大锅者饭可饱餐五百人左右，足见此锅之大，但废置仅供人玩赏，寒明二岩距国清寺五十里，系寒山、拾得二僧人隐身地，明岩两山回曲，即所谓八寸关，入关，四周峭壁如城，洞深数丈，可容数百人信，洞外左右有两岩，皆在半壁，右有石笋突耸，上齐石壁，相差只一线，青松紫芯，蓊葱于上，恰与左岩相对，可谓奇绝，出八寸关，再上一岩，初登时，仅如一线之宽，抵其上明敞亦可容数百人，岩中一井，曰仙人井。浅而不竭，岩外有奇石，高数丈，上岐立如两僧，俗传即寒山、拾得化身。由明岩至寒岩约六七里，石壁直上如劈，其上洞穴甚多，人多不能攀登，惟岩半一洞，阔约百步，平展明朗，循岩右行，从石隙仰登，岩坳有两石对耸，下分上连为鹊桥，亦一奇也，寒岩一带山间峭壁巉崖，盛产海棠紫荆花，玉兰芳草处处不绝，人游其间，香风处处，乐而忘倦。

　　自来游天台山者，以游国清寺、上华顶石梁，已达游山欲望，寒、明二岩，地处僻远，游人到者较稀，笔者战时因服务该县，得畅游诸胜景，至今思之，恍同隔世。

（本文选自《梦魂夜绕浙江潮》，台北世界书局一九七四年一月版）

七十还乡

黄宗江

黄宗江（1921—2010），温州瑞安人。著名剧作家、影剧评论家。著有《大团圆》《卖艺人家》《长歌集》《剧人集》。

我祖籍温州，父乡瑞安，母乡永嘉，我生长北京，浪迹四方，一辈子就是没到过原籍。今年金秋季节，庚午重阳登高之际，得应邀还乡，并携他乡老伴，这在自己也真是百年难遇的事了。我六十九周岁生日刚过，或虚或实，均可称七十矣。虽无"少小离家老大回"的诗境，但寻根的绮思则是常常无端出现的。在旧箧中寻得已故家表兄冒叔子多年前寄赠的一首《忆温州》，诗云："梅雨潭边翠作堆，仙岩洞口白龙飞。神光染出惊鸿影，游子何日得走归？"诗人自注："温州话回家叫'走归'，它是我母乡，童年游钓之处，思之不已。俗话说喝了温州飞来泉水总会回来的，信乎？录转江弟一粲。"这"走归"二字，我童年在北京时就常听大人们说起，大跃进时曾返乡体验劳动的胞妹宗英曾以之为题，写过文章，可见"走归"之诱人。我走南闯北，闯到过西方巴黎，那里的华侨，温州人独多，时操俚语。我也会谝这样三句："我是温州人""温州话讲弗来""NO 走归过"。这 NO 不是英法语，而是温州话的音译，略同于"没有"，近英语矣。就凭这三句，我吃请巴黎一月，日无虚席。偶过一家匾悬"永嘉馄饨馆"，念其以母乡为名，便荡了进去。老板听罢了我那三句乡言，正色说他远在巴黎都回去过了，我怎么近在国内都没有走归。他声色转厉，几加质问："你格佞滋哪？"直译京白便是"你这家伙怎么啦？"如必须作答，客主观原因总是有的：儿时为祖母奔丧，我已上学，乃只轮上带围嘴的宗英、还穿开裆裤的宗洛；及长，逃日寇之难，我已在孤岛演剧糊口，乃只轮到宗滩返乡教学奉母，宗汉尾随。直到"文化大革命"，我成了一种"反革命"，要把我遣返还乡，温州不收，说是此人与温州无关。亏得不收。虽据有经验的人说，贫下中农及工人阶级对各类分子多极宽厚，但总不能表示欢迎吧，故还是没有此种阅历为好；乃得今日，虽未衣锦，总还是正经八摆的布衣还乡，深得各方厚爱也。温州市图书馆正在举行"温州当代百家著作展览"，我也忝列一家，少不得现身说法一番。

抵祖居瑞安，次日就布置我夫妇游仙岩并谒祖坟，如此安排，于私于公，也是可以理解的。我父亲黄曾铭，清末少年时留日，一生只从事了电话业工程师这一种职务。一九三四年，他四十八岁，我十三岁时，他便弃养于青岛，依旧俗运灵返乡安葬，如此我和父亲已然阔别半个世纪以上了。他的坟在巴水虎山对面荒岭一高处。我的老伴虽当过八路军，但如今步履维艰，不复当年行军沂蒙，挽扶攀登而上，连说："见一次公爹可真不容易！"由我叔伯家的子侄陪同，鞠躬行礼如仪。我不禁想到父亲在三十年代初，在家曾破口大骂当局，说是要参加共产党，虽亦戏言，尚属由衷。他一生高度宽厚，还是值得后人敬重的。我们又攀山至仙岩主峰白云寺山，我祖父及曾祖坟茔所在，蔓草丛生，碑碣断碎。在山野劳作的老农好心地走过来，帮我们砍了杂草，得见故大夫茔诸字样。史称我先人三黄或五黄先生，以叔曾祖体芳名声最大，曾弹劾李鸿章，遭贬于"老佛爷"。伯祖绍箕，通康党。我祖父绍第，兴女学，禁缠足……他们均属晚清清流，是当时的改革一派。他们多有翰林、主考、御史等职称，以诤诤谏臣自居。黄宗英素喜口出不逊，曾说过："我们黄家就是有给皇上提意见的传统。"时空相隔，说实话我已毫无骨肉荣辱之感，但总还觉得每个时代与阶层有其好人，总是好人为多吧。举目不远处，有一座辉煌新坟，色彩偏俗，我不免走过去看看，老农也过来了，以镰刀指指点点，说碑上的名字是老子和儿子，是儿媳的后夫代立的，我不禁为此人的仗义而起敬。再问究竟，老农说老子和儿子都是枪毙的，这儿媳后夫仍在，是做生意的。问做的什么生意？答："美金，走私，通通做的。"老农的话当非信口，这一切不禁拨动了我也有一根阶级分析的心弦。不说这些已经埋葬的事了。总之，家乡给我的一大印象，农民漂亮的新房子特多，但白垩垩的新坟也特多，这不能不使人想到有钱多花在活人身上多好，哪怕是不为他人只为自己。当然，这些也不是劝而能阻的。

说些活人的事吧，活而又活的活人！温州可以说是个活得要飞腾的、新兴的古老的城市，旧街上满是七上八下的高层建筑，南来北往，东奔西窜的是各式各样的车——自行车、三轮车、摩托车并一种叫做"菲亚特"的波兰造的小型汽车，各种车辆及行人你来我往在间隙中穿越，车速不低，车祸不多，车技尤属惊人。全市只一条宽窄略如北京王府井之半的马路，不准行车，专供步行，是当年山水诗人谢灵运在这里官居太守乘，乃称五马街。遥想当年，灵运风采，这五马并驱之路当算是最神气的了。抚今追昔，能不赞叹？今日之扩展,岂止五马之势?

五马街两侧多为服装、皮鞋及百货业。近年来假劣货也影响了温州市场的声誉,但毕竟是害群之马,人人喊打,领导上尤不允许它存在于不论能容几匹马的马路上。总是质量还是上升的,市场还是鼎盛的。朋友曾想为我安排和一些出色的发大财的个体户如种兰花的、制宝剑的,座谈一番,惜行色匆匆,未及拜望。至于饮食业的兴旺,自不待言,在电视里看过温州夜市的都能为之流涎。我旅居两周,没吃过一块肉,均江蟹、海蟹、蜻蜂(生活在江水入海处之蟹)以及其他种种海鲜族类。

在家乡,我也少不得见到一些各级首长官员,很想为他们说些好话,倒不是吃了一家一席饭就嘴短,却是出于一种直感,多为年轻的励精图治之士,不像"官倒"之流。这你怎能知道?我还是一定程度地相信内形于外的精神状态,当然此中也会有一定的假劣货色。他们绝大多数正值不惑之年,有相当的学历,更重要的是学识。他们或于年轻时,正逢"文革",受到上山下乡,乃至流放囚禁的锻炼,或调自本省他乡如杭嘉湖甬,在基层自下而上,在地头或楼头也滚了多少年了。那一种力图做出点成绩,力求文化高层次的气息扑面而来,这些是从言谈举止中可以感到的。目前实行三年轮换地区,易地为官的制度,以防日久生弊,看来这是一种好政策。但也有利有弊,三年为期,但图眼前成绩,就可能疏于百年大计了。有识之士不图虚夸当亦能承前启后为千秋大业谋，远胜塑像矗立在瓯江桥头的谢公灵运。

不论商场，官场，雁荡山水间，我这过客都是匆匆走马，甚至是驰马观花的。偶尔下马，多与我本行有关。如在我母乡永嘉，参加了县委书记主持为挽救最古老的永嘉昆剧濒于死亡而召开的座谈会，我只能允诺返京后奔走串连为之呼吁。又访我父乡瑞安柏树村谒南戏先贤高则诚墓，已不见片石留存，成了砖窑，幸其旁有一小学校，取名"高明小学"聊为纪念高氏。其房顶梁木尚存高公岳父陈则翁投资助建的印记。小学旁，原拟建高则诚纪念馆，只支了个框架，又停工待款。一文盲热心乡农提到原则高度说："高则诚是世界名人，共产党不纪念他是伤风水的！"

我温州学风、文风、诗风均亟盛，天宝往事难尽诉。我此次返乡，却有幸与当前健在、已入古稀的几位当代诗人促膝谈心，他们是唐湜、洛雨、洪禹平诸君子。他们几乎都有些共同点，投身革命较早，历经坎坷，戴过各类不属于他们的帽子，幸于劫后晚岁，政策落实，得安返故里息老，不求闻达，甘于寂寞，笔耕不辍，写他们各自的《暮年情歌》（莫洛诗篇）。他们更有一大特点，在他们的诗文中多乡音郁醉人。我讲过我只懂得几个温州字眼，仅说温州人称二顿饭早中晚为吃"天光""日昼"与"黄昏"，便可见多么既俗且雅，既是农民的又是诗人的语言。

即使离乡的作家如乡兄林斤澜笔下亦多俚语,乃别具风格。我在温州市图书馆和文学青年们谈写作时,在"越有民族性才越有国际性"这一真谛上,又加了一句"越有乡土性才越有民族性"。联想所及,前辈如老舍、沙汀、沈从文……同辈汪曾祺、陆文夫……莫不得力于乡土乡音。又悟到我这人在写作上无大作为,失去了乡土当也是原因之一。没办法,我常说"文章是人家的好,老婆是自己的好"。当然人家的也不错。

我过去常自豪于自己的"第二故乡"甚多,但因此而失去了第一故乡,也是憾而无悔的事了。我一生从未返乡,总有一种永恒的乡愁,对北京、天津、重庆、成都、青岛、泉州……乃至异国他乡,朝鲜、越南,那里的一草一木对我都是可亲可怀的,我在那里打过美国敌人;而在我结交了美国朋友的地方如圣地雅谷(是我对 San Diego 的雅译)那里的一人一事对我也都是可亲可怀的。《浙江日报》多年前就邀我写一篇关于自己的故乡的文字,我只好答应写一篇《我没到过的故乡》,终未交卷,如今改题,一了文债如斯,情债却难一了百了,就此祝福我各地的乡亲们,我当再努力"走归"也。

(本文选自《千年瑞安》,中国文史出版社二〇〇九年十一月第一版)

感念三位启蒙恩师

黄鸿森

黄鸿森（1921—2020），温州瑞安人，辞书编纂家，翻译家。中国大百科全书出版社编审、全国术语标准化技术委员会辞书编纂委员会委员，曾获中国辞书事业终身成就奖。著有《白科全书编纂求索》《报海拾误录》《报刊辞错例说》《文章病案》等，参与编纂《中国大百科全书》《中国历史》《澳门百科全书》等。

我已经是九秩之年，当过记者、翻译、编辑和报刊专栏撰稿人，滥竽文化界也已超过一个甲子。其间，常常遇到下述情况。

因为我当过职业翻译，也做过业余翻译，译校过十几种书稿，列名《中国翻译家辞典》，有人问我，在哪所高等院校学的外语？我如实奉告，我的外语是自学的。

在一九五〇至一九六〇年代，我参加苏联科学院主编、卷帙浩繁的《世界通史》翻译工作，译过古埃及史和古希腊史，并且是这部著作中译本的定稿人之一。有人问我，在哪里学的历史？我坦言，未曾。我只是对历史有浓厚的兴趣，读点史书而已。我的桑榆岁月主要从事编纂《中国大百科全书》和其他百科全书，出版了《百科全书编纂求索》和《回顾和前瞻——百科全书编纂思考》两本研究百科全书编纂的书。有人问我，从哪里学得百科全书编辑知识的？

其实，在一九七八年姜椿芳先生提出编纂中国第一部现代大型综合性百科全书的建议，而得到中央批准之前，中国没有编过这种出版物。那时，只有姜椿芳先生对百科全书作过多年系统的研究，大家都是边学边编。我有幸参加了《中国大百科全书》首卷《天文学》的编辑工作。当时也只有部分编辑接触过百科全书。我占了一点便宜，就是早在一九五〇至一九六〇年代参加《苏联百科辞典》（它是《苏联大百科全书》的浓缩本）的翻译工作，利用《苏联大百科全书》编写过文章，也翻译过《苏联大百科全书》几百个条目，从而对百科全书的规范、体例、文风和检索方式等有了初步的了解。在编纂《中国大百科全书》时经常思考有关问题，注意借鉴外国百科全书，用心总结积累经验，也就逐渐知道一点编纂的门道。

前年，也就是二〇〇八年，中国辞书学会颁发"辞书事业终身成就奖"，全国九人，我也厕身其列。我是温州人，由此引起《温州都市报》的注意，派记者金辉、陈莉莉两位为专栏《温州学人对话录》来北京采访。他们询及我的学历时，我实话实说，我只是在故乡浙江瑞安西南小学毕业。虽然在华东新闻学院学过四个多月，那不能算是学历。金辉说，我是他采访过的温州学人中学历最低的。

当今，义务教育是九年，小学教育根本不在话下，可是对我来说，这唯一的学历却是弥足珍贵。小学认得三千左右的汉字就是我自学的基础，如果没有这个基础，自学就会更加困难了。因此，我衷心感念使我受到良好启蒙教育的三位恩师：鲍震庚先生，刘法道先生，俞大文先生。

瑞安西南小学

我在故乡浙江瑞安念过两所小学：瑞安县区立东南小学，瑞安县区西南小学。在东南小学读了一年，虚岁六岁（周岁四岁多）入学，人太小，没有留下多少记忆。

一九二七年秋季开学时，就转到西南小学读二年级。我还记得《国语》第三册第一课的课文：

开学日，见先生。先生问我曰："暑假中你作何事？"我答曰："或温课，或游戏，或在院中乘凉。"

后来知道，一九一九年五四运动中提倡白话文，一九二〇年一月，当时北京政府教育部即通令国民学校（初等小学）全用国语教学，高等小学国语与国文参合教学。从上述小学第三册《国语》课文可以看出，虽然还留有"曰"或"何事"这些文言痕迹，但从两千多年的文言教学一下子转为语体教学，应该说是开明之举。西南小学是一所完全小学，有初级小学（四年）和高级小学（二年）。校址在瑞安城内所坦街忠义庙（奉祀关羽和岳飞），学生近三百人，每个年级一个班，教师十余人（包括兼职），校长是鲍震庚先生（字曙西）。

我进西南小学读书正是北伐胜利的那一年。学校礼堂是庙宇的正殿，神像早已搬走，布置得焕然一新。正中挂孙中山先生遗像，左右挂对联："革命尚未成功，同志仍须努力"，横批："天下为公"，都是中山先生手迹印刷的。遗像下方为《总理遗嘱》："余致力国民革命，凡四十年……"两侧挂八大伟人像：黄兴（克强）、蔡锷、徐锡麟、邹容、秋瑾、廖仲凯、朱执信、陈英士。礼堂前方挂横标书"忠孝仁爱信义和平"，抱柱联书实行三民主义，遵守五权宪法"，均为蓝布白字，字可一尺见方。书体遒劲，反映当时的时代气息。

鲍震庚先生

那时候,有几百名学生的学校,机构精简得不能再精简。校长只鲍震庚先生一人,其他都是教师,没有一个职员。教务主任、训育主任、事物主任都是教师兼任。校工一人负责看守门户、打扫卫生、供应茶水,上下课按时打钟。遇到教师因病因事请假,校长还要代课。记得某次鲍校长来代我们班"国语"课,有学生问:鸟兽有没有语言?鲍校长答复:鸟有鸟语,兽有兽语。鸟兽都会说话,只是普通人听不懂。后来知道,鲍先生的话并非空穴来风,相传孔子门人公冶长能通鸟语。

鲍先生对任何学生总是和颜悦色,轻声细语,循循善诱,处处表现出他的诲人不倦的精神。我在校求学五年,从未见过他对谁发过脾气。全校师生对他都很尊重。

我读二年级下学期,我哥鸿涛读四年级下学期时,父亲去世,家中一贫如洗。鲍先生可怜我们,每学期免收学费,还赠送课本,培养我们直到高小毕业。那时,初小每学期学费银元一元,高小每学期学费银元二元。高一时每学期用八本书:国语、算术、公民、历史、地理、自然、卫生、园艺。加起来,也是一个可观的数字。

祖母告诉过我,鲍震庚先生和我父亲是要好的朋友。瑞安中学赠送给我新星出版社二○○六年出版的《瑞安中学百十华诞文存》上中下三册,其中载有《一八九六至二〇〇六年瑞安中学学生名录》,我才知道先父黄保定公是瑞安中学一九一五年(旧制)毕业的,鲍震庚先生早一届,是一九一四年毕业的。可知他们曾经同校三年。当时实行"壬子癸丑学制",初等小学四年级,高等小学三年级,中学(不分初高中)四年,毕业后可入大学、专科学校。一九二二年起实行"壬戌学制",初级小学仍为四年,高级小学改为二年;中学分为两级,初级中学三年,高级中学三年。小学和中学实行六三三学制一直保持到今天,快九十年了,只是现在小学是六年一贯制,不分初小高小了。实行"壬戌学制"后就把原先不分初高中的中学毕业生称为"旧制中学毕业生"。

瑞安文化较为发达,大儒孙诒让先生创立瑞安中学。直到一九三〇年代初,与瑞安毗连的平阳县(当时辖境包括现今的苍南县)、泰顺县都未设中学(文成则是一九四六年由瑞安、青田、泰顺三县析置的)。

在民国初年,瑞安中学毕业生人数很少。先父保定公那一届(一九一五年,即民国四年)毕业的只有二十三人。旧制中学毕业的就是县里很有学问的人了。跟先父同届毕业的周蓬(予同)是经学史家,复旦大学名教授;郑闳达(剑西),戏曲作家,胡琴圣手,曾为梅兰芳演出伴奏;张明东,大律师,温州律师公会会长。可谓才俊迭出。

鲍震庚先生主持的西南小学办得很有成绩,学风朴实,师资优秀，教学质量可以跟全县唯一的县立小学——中心小学颉颃。尽管区立西南小学在经费上、校舍上、设施上比起县立中心小学都逊一筹，但各种校际比赛，如演说比赛、书法比赛等活动常常是这两所学校互争雄长。

我是一九三二年夏天高小毕业的。在本校得甲等第二名。第一名是李毓镛。他是瑞安著名学者、时任中山大学教授李翘（孟楚）之子，学业门门优秀。他从小就识得许多草木虫鱼之名，家里有花园。含羞草、蒲公英、文竹、尺蠖等名称就是他教我识别的。听说他后来攻读生物。抗战时期，他在《中学生》杂志发表漫画，技法、题字都酷肖丰子恺先生，署名次恺。他是我至今仍然佩服的同窗。

我们毕业的那一年，据说县长孙熙鼎是科甲出身，所以在县里举办全县高小毕业生会考，仍以文庙为试场，我当然要参加。考试课目有国语、算术、历史、地理、自然等课。考试实行弥封（糊名）制。考卷右下角由考试组织者预先写好考生姓名，折进去封住，盖上主考官孙县长的名章。考生编号，一个考生一个号，卷面贴上有号码和姓名的浮签，按号发给考生。考生答卷后撕去浮签交卷。这样判卷者在卷面上就看不到考生的姓名，以保证判卷的公正性。考试判卷完毕，拆开弥封，计算考生的成绩，然后排列名次，发榜公示。这是科举时代童试考生员（秀才）应用的方法，我有幸亲历，印象很深。

会考结果在文庙前（学前）张榜，西南小学学生李毓镛得甲等第一名，我得甲等第四名，第二、三名则为中心小学学生。西南小学拔得头筹，表明鲍震庚校长办学成绩不凡。

我看了榜回家，祖母告诉我，刚才报房送来捷报，大意是贵府弟子黄某某参加瑞安县高小毕业生会考高中甲等第四名。捷报是用一层黄纸一层白纸裱成的，上下端各有径粗半寸的木棒，上端有绳，也就挂在堂屋。按例要给送捷报的人赏钱，祖母身无分文，就向邻居借了七八十个铜元打发他们。送报人嫌赏钱少，看看我家家徒四壁，也只好走了。

那时有同学告诉我小道消息，我的会考成绩应该是甲等第二名，这样县立中心小学就太没面子了，所以把我降为第四名。我的想法是，家里穷，上不了中学，名次再高也没有用，让他去。

鲍校长和学校的老师们知道自己学校有两个毕业生在全县会考中考出高名次，十分高兴，于是大家捐钱准备奖品，奖给李毓镛一座银盾，是向银楼定制的，上面刻字；奖给我一套茶具，为一只茶壶，四个茶杯。连发学生奖品都要由教师醵资，可见当时学校经费之拮据。

鲍震庚先生悉心培养我，年复一年地免除我的学费、书本费，让我从三年级读到六年级高小毕业，得以粗通文墨，使我以后谋生、自学都有了方便。师恩恩重如山。可是我生性木讷，少不更事，没有向他道过谢。离开西南小学后，旅食四方，只是一九四八年回乡探亲时去拜访过他，他那时任瑞安马西桥小学（我不记得正式校名）校长。现在借这个写文章的机会，道一声迟到的感谢！

我的外甥女黄蓓蕾是瑞安城区退休小学教师。据她说，所坦街的小学，现名虹桥路小学，论办学成绩在全市居第二位。

刘法道先生

刘法道先生，字文叔，是西南小学的算术教师，也是全县最负盛名的算术教师。他在西南小学承担全校的算术教学任务。只有珠算课，是聘请瑞安裕成钱庄店东季鹏先生来兼课。季先生也是瑞安中学旧制毕业生。

刘法道先生那时年约五十左右，已经谢顶，平素一袭蓝布长衫，衣着朴素而仪态庄重。他说自己十几岁就当教师，学生中有比他年纪大的。据《瑞安中学百十华诞文存》所载，他是瑞安中学的前身"学计馆"的学生。"学计馆"是孙诒让先生最早创办的新式学堂，成立于一八九六年，以培养数学人才为宗旨，不仅是温州，也是整个浙江省最早创立的学堂，声名远播，各地群相效法。刘先生无疑是最早接受新学的人物之一。

刘先生教学有自己的特色。例如一、二年级的算术课完全不用课本，只教学生心算，加减乘除都要学会心算，九九乘法表必须背得滚瓜烂熟。稍高年级还要背"斤求两"口诀:"六二五,一二五,一八七五,二五……九三七五",因为当时社会上采用的是一斤＝十六两的衡器,"斤求两"口诀就是把十六进位化为十进位。"六二五"就是"一两＝零点零六二五斤","一二五"就是"二两＝零点一二五斤",……"九三七五"就是"十五两＝零点九三七五斤"。这个口诀对论斤出售的货物（例如一条鱼）出现重量不足一斤或超过一斤而有零头时计算价格颇为方便。

刘先生认为心算熟练了,日常生活中应用甚广。需要用笔计算时,善于心算也能加快笔算速度。刘先生用这种方法培养出来的学生的算学成绩相当好,在校际比赛常常夺得锦标归。

三年级开始,照课本学笔算。刘先生先讲解课文内容,然后在黑板上出题目要学生做练习。当时每个学生都带有"水牌"。所谓水牌就是一块木板,约大三十二开书本大小,约一厘米厚,两面漆成白色。学生用毛笔在水牌上演算习题,写出答案,然后将水牌反扣在课桌上,以免邻座抄袭（用水牌是为了节省买纸费用）。大家做完了,刘先生就一排一排检查习题做得是否正确。学校设备简朴,不是一人有一张课桌、一把坐椅,而是四人合用一张长条课桌、一条长板凳。他走到一排学生出口的地方,说"你排给我看",这排学生就把水牌翻过来,让刘先生看做好的习题。他便指出谁对谁错。全班看完了,他就回到讲台,讲共同的问题,提出注意事项,然后布置作业，要求回家写在练习簿上。那时没有现在这种划有横格的练习本，用的是手工生产的竹制的淡黄色纸（俗称花笺纸）订成的簿子。算题用毛笔书写，但刘先生严格要求等号必须用铅笔按着"米突尺"（刻有公制量度的学生用尺）来划。

刘先生兼训育主任，管学生纪律很严。当时的启蒙教育由私塾转到小学为时尚短，体罚还是沿用的。学生淘气出格，或者有违校纪，要罚站，打手心等。不过，刘先生很少使用。他很有威严。学生淘气过分了，经他批评几句，就不敢再这样了。因此，西南小学校纪很好。

那时没有小学生就近上学的说法。瑞安县城不大，不过两三万人口。西南小学在县里名声好，学生来自全城各地。放学时，学生按住址和回家线路分成七队（叫做"部"）。每队学生小的在前，大的在后，指定一个高班学生做队长负责管理，站在最后。全部聚集在礼堂分行站立，礼堂南面一侧是敞开的，没有门窗。每天上下午两次放学，刘先生每次必到，看哪个队站得好，没有喧哗，就敲钟让哪个队先走。敲钟一下，让第一队先走；敲钟五下，让第五队先走。学生列队唱着《放学歌》出校，整整齐齐走在街上，显示出校风严正，没有像戏院散场那样，一拥而出的乱哄哄现象。那时瑞安街上没有汽车，自行车也很希罕，黄包车见到整队行进的学生也会主动让路。学生这样回家，家长也很放心。民俗淳厚，未闻有学生走失之事。

我在西南小学读书，各门功课以算术最好，常得满分，加上人小胆小（高小毕业还只十周岁多些），守纪律，很得刘先生器重。有一次做四则难题"鸡兔同笼"，题目是："一个笼子里关着鸡和兔，有头三十六个，脚一百只。求鸡多少只，兔多少只？"我算出的答案是兔子十四只，鸡二十二只。刘先生说，答案是对的，可惜没写出算式。又问我是怎样算出来的？我说，先假定三十六个头有一半是兔子，即十八只兔子，兔子有四只脚，十八×四＝七十二（只脚），其余十八（只鸡）×二＝三十六（只脚）。七十二（兔的脚）＋三十六（鸡的脚）＝一百零八（只脚）。脚多出八条，证明兔子没有这么多。我就把兔子数一只一只减下来，减到十四只，兔子脚为五十六只，鸡二十二只，有脚四十四只，两者相加，头数和脚数就符合题目了。刘先生表扬了我，又说这样算法"生受险"（太费事）。他就把算式列出来,写在黑板上告诉全班同学。

至于国语，我成绩平平，作文通常只能在七十分上下徘徊。多年以后，我跟一位老朋友谈起自学，他说我从小算学比语文好，为什么不自学数学？我说，青年时代打日本，兵荒马乱，哪里找自学课本，又从何处释疑解惑？而报章杂志总是有的，就成了我的课本。有认识三千汉字基础，读多了，总能感悟出一些东西。

刘先生在算学课上多次说过，做习题，要会做，还要细心，方法对了，不细心，答案还是错的。"细心做习题，就会养成细心做事的习惯。"这句话，至今还记得。后来，我当翻译，当编辑，时怀临深履薄之心，遇事以谨。不能忘记，这是刘先生给我最早的影响。

俞大文先生

我在瑞安西南小学读五年书，教我国语的有多位老师，只记得俞大文先生一位。大约是我读高二时，他来教我们的，早几年他就来校任教了。

学校里礼堂墙壁上挂着一张本校历届毕业生一览表，用端正的小楷写的，出于总务主任兼美术教师林树炎先生的手笔，他的书法在社会上也颇有名气。表上先写毕业年份，再按毕业考试成绩登录学生姓名，俞大文先生比我们大约早十届，以第一名毕业。听说俞先生曾在设于温州的浙江省立第十中学高中部读书。十中的门槛很高，高中尤其难考，上千人报名只取几十名，可见俞先生学问不错。

俞先生教国语颇有特色。以作文而言，低年级有造句，先生出个词或短语，让学生编句子。三、四年级就有作文了，一向是先生出题目，让学生做义章。俞先生除了命题作文外，还用了别的方式。印象很深的一课是演讲记录。他演讲，有学生记录，整理成文后抄在作文本上。他演讲用口语，速度很慢，让学生跟得上。题目是《勤力》，这是当地方言，《现代汉语词典》未收此词，意思是"勤"。他演讲的第一句话是："勤力就是不懒惰的解说。"这句话使我学会了作文的一招，那就是可以从解释题目开头。后来读逻辑学知道，下定义的规则中有一条是"定义项，除非必要，不应包括负概念"，不过作文不是要求给题目下严格的定义，只是对题目解释一下，应用负概念（不懒惰）是不妨的。记录他人的话语成为文字是日常生活中用途很广的语言应用形式，我后来当记者就大派用场，俞先生这堂课我是牢记在心的。国语老师的主要任务是教学生识字，向学生解释字义词义，教学生作文。那时我们用的商务印书馆出版的教科书，高小课本中白话文收有朱自清的《背影》，周作人的《小河》；翻译文章有法国都德的《最后一课》；文言文有辛亥革命烈士林觉民的《与妻书》；古典诗歌有《木兰诗》，杜甫的《石壕吏》，白居易的《卖炭翁》《新丰折臂翁》等。

俞先生讲解古典诗歌很有亮点，除了用通用白话解释以外，有时还用方言词，让我们这些还只会方言的学生更好地理解。例如讲到《石壕吏》中的"存者且偷生,死者长已矣"两句诗，我记得他是这样解释的："存者且偷生"意思是"活着的只能得过且过地活着"，什么是"得过且过地活着"呢？和瑞安话"měng健"的意思接近；"死者长已矣"，意思是"死了的也就永远完了"，用瑞安话说就是"死了的也就歇吧"。

后来我每读这首杜诗就忆起俞师把"长已矣"释作家乡方言"也就歇吧",真是高明。

词学大师夏承焘教授说过,用瑞安话朗诵古诗文最为好听。俞先生教我们古典诗词课时,解释完诗词句子以后总是让我们学生跟着他一句一句地有节奏地高声朗诵。他声音宏亮,抑扬顿挫,富有韵味。他还要求同学背熟全文。于是,校园内常闻琅琅书声。至今,我偶然也读些古典诗文消遣,有时用普通话,有时用乡音瑞安话,总觉得还是乡音顺口,读着读着,俞先生教我读诗的情景就会浮现出来。

俞先生解说课文时常常讲出深层(对小学生而言)的意义。教周作人的《小河》一课,他讲到河水冲破一道道河堰时问学生:河水表示什么呢?比喻什么呢?没有人回答。他便说:"河水比喻思想,比喻思潮,它要冲决一切阻力前进。"那时,我不懂什么是"思想""思潮",胆小不敢问。此"惑"留在心头多年,后来阅读的东西多了,也就无师自通了。

流光如驰,一个甲子过去了。台北市温州同乡会出版的《温州会刊》给了我们师徒三人在刊物上聚首的机会。在一九九六年八月发行的一期上同时刊出俞大文师的《探花楼主人——孙希旦》和《梦游黄山吟(诗)》;李森南的《楠溪江上参加徐定公诞辰纪念会追记》;以及拙作《说说"七月流火"》。森南兄跟我是小学同班同学,同受俞师亲炙。当时,俞师正届米寿,颐养天年于鹿城;森南兄在台湾任浸信会神学院教授；我则在北京任中国大百科全书出版社编审，已经离休。师徒三人天各一方，在刊物上聚首之事。我想是森南兄策划的，因为他当时任《温州会刊》总编辑。

不久，我向温州友人打听到俞师温州蒲鞋市的地址，修书请安，并呈寄近作《报海拾误录》一书。他复信中提到，还记得我这个六十年前的弟子，亲切地称我为"贤棣"。俞师于二〇〇〇年以九二高龄驾鹤西行，他的女公子俞泳女士先后寄赠《忆菊庐主人俞公大文先生哀挽集》和《俞大文诗文翰墨选》（作家出版社二〇〇一年版）作为纪念。

《哀挽集》卷首刊出蔡圣波先生的挽诗《缅怀俞大文先生》说：

粉笔生涯已老翁，满园桃李哭春风。
罗阳多少青云士，半是先生培育功。

概括了俞师毕生教育人的丰功伟绩。其实，这首诗也适用于我在前面提到的两位恩师——鲍震庚先生和刘法道先生，他们也是一辈子为故乡的教育事业献身尽瘁。应该提到，俞师还是东瓯吟坛泰斗，著诗词数千首，辑成《有闻诗词》上下集、《忆菊庐吟稿》上中下集、《忆菊庐鸡肋集》等刊行传世。二〇一〇年十一月二十六日完稿于北京芳古园，时年九十

（本文原刊《瓯风》新刊第二集，黄山书社二〇一一年三月第一版）

且托瓯潮寄乡情

张怀江

张怀江（1922—1989），原名隆超，温州乐清人。先后就读于温州师范学校、福建国立东南联合大学、上海美术专科学校，后加入中华全国木刻协会，又赴浙南游击根据地参加革命，历任温州地委宣传部文艺科长、浙江美术学院（现中国美术学院）教授等。出版有《张怀江画集》等。

时序正值初春，我有幸借《我和温州》一角，寄予我对家乡的思念。

浙南,是我生身的地方。我是俯饮着乐清县城金溪和银溪的清澈流水、仰瞻着东塔和西象的秀丽山影长大的。童年种种,思之如昨。齿增益感乡情深!

浙南,催发了我的艺术之花。当抗日的烽烟唤起我的民族意念时,版画家郑野夫扶植我在故乡的土地上,从木刻创作开始,走上了我的艺术生涯。从此,我带着一副刻刀、几块木板,浪迹瓯江上下,鹿城内外。正是北雁的岩磨砺着我的刀锋;东海的浪花滋润着我的画笔;浙南人民的斗争生活和风情习俗,成为我从事木刻创作四十年的主要生活源泉。

浙南,更使我最初沾蒙党的阳光、触及生活真谛。那是在抗战末期,我刚回乡任教的一天午后,正面对着壁上一张自己画的农民速写在握刀进行木刻创作时,也许这一特定场景多少显露着我的艺术信念,竟引起一位来看望我的地下党的同志的关注,并因此朝夕与我谈艺术、谈理想、谈革命。我被启发,我在觉悟!从而,我几度溯瓯江、回瓯海,出没在反内战、反暴行的巨流中,行军在浙南游击队的行列里。在那老区山村的火篾灯下,留下了我的木刻屑花片片!

岁月易逝,风雨摧人!……

唯幸风雨过后山更青。当一九七九年五月,我承温州市有关部门之约,为祝贺温州解放三十周年的大喜日子而回到久别的温州乐清故土时,曾面对欢唱的瓯江,心如潮涌:回想当年我在温州瓯江小学任教、为报考大学而改名为"怀江"者，就是倾注了我做为家乡忠诚的儿子，对哺育我成长的"母亲"——瓯江的无限深情！今天，当瓯潮再次溅湿我的衣襟时，我为重握老战友、老艺朋、老乡亲的双手而悲欢交织，激动不已！我忘不了这一双双家乡亲人们的热手，当时带给我半冷的心腔以何等的热量呀！我是那么衰弱而又有了活力，犹如霜叶底下的嫩芽，复苏了生命之花！故乡，我是又一次吸饱您的乳汁而走向我的未了行程的！

瓯江潮连钱江水，我托江水寄乡情：祝愿古老而又娇美的浙南，在百花迎春的祖国大地上，更加矫健地前进！而我，作为您的儿子，该知如何以自己的余力，为讴歌您的英姿而琢磨刻刀，浓蘸彩笔！

（本文原刊《浙南日报》一九八一年二月二十二日）

我的启蒙学校
——回忆温州市府前街生活书店

张禹

张禹（1922—2011），原名王思翔，温州平阳人。上世纪四十年代起在浙江、江西、台湾等地从事新闻工作，曾任职于《江西青年报》《阵中日报》《和平日报》《浙瓯日报》《进步报》等，并在上海参与创办泥土社。后任《清明》杂志编辑，编审。著有《台湾二月革命记》《文艺的任务及其他》《从心随笔》等。

抗日战争爆发前后，我正在温州中学初中部读书。因为我是乡下来的住读生，又要保持各科的优良成绩得到公费，一向很少上街，也很少读课外书刊。不知什么时候，府前街突然开起一爿生活书店，我跟同学进去看了几次后，渐渐地成了它的"常客"。这家书店开始吸引我的是它那与众不同的新作风：书刊摊在桌面，书架也敞开着，让读者任意翻阅，十分方便；店员们的态度和善可亲，对我们这些无钱买书的穷学生毫不歧视厌恶。去了几次以后，我就被许多新鲜的书刊攫住了，每天下课就跑到那里看"白书"。较厚的书一次看不完，临走时打个摺放回书架，第二天又接下去读，直到读完时，把书也翻旧了。店员们还常常向我们推荐新书，或者递只凳子让我们坐着读。我当时全然没有想过：为什么这些卖书的"伙计"待我们这样好？也不知他们的姓名、家世和工作情况，只是从内心喜欢和尊敬他们，不知不觉地和他们结下了深厚而奇特的友谊。

在这家拥挤狭小的书店里，我初次看到马克思、恩格斯、列宁、斯大林的名字，初次知道红军长征以及许多当代中国发生的事情。虽然我还不懂得什么，却开始看到了学校和课本以外的广阔天地，隐隐绰绰地望见了在这个世界上存在着一个伟大的正义力量，知道为了挽救垂危的民族，先进的中国人正进行着一场可歌可泣的斗争；于是仿佛有一只无形的大手，越来越有力地从背后把我推到这场火与血的斗争中去……

后来读鲁迅先生的书，鲁迅先生把翻译、输送革命理论的人比作希腊神话里窃火的普鲁米修斯和偷送武器给起义奴隶的人。我就常常想起少年时接触过的生活书店的店员，他们不正是鲁迅所称颂的现代中国的普鲁米修斯吗？在旧中国封建法西斯的白色恐怖下，为了替奴隶们偷运武器，他们进行过多么艰苦而顽强的斗争，遭受过多少折磨和危难！我不知道府前街生活书店什么时候和怎样地结束它的战斗活动，但我在几年的浪游中亲闻目睹，许多地方的生活书店（以及其他进步书店）的工作人员，为了多给读者提供一本有益的读物，常常要面对敌人的野蛮迫害，甚至不惜付出自己的生命。因此，尽管我离乡很久，府前街生活书店的印象却长远地清晰地留在我的记忆中。它是我启蒙时的学校之一，而那几位不相识的店员则是我的好老师——他们不但引导我读革命的书，更重要的是教育我怎样做人、怎样地为人民服务。古语说，"桃李无言，下自成蹊"。启迪人们走上寻求真理的道路，本来就不必靠大声说教的；而凡是为革命事业做过哪怕一点一滴有益工作的人，都不应该也不会被人忘却。

四十多年过去了。在这将近半个世纪中，中国发生了天翻地覆的变化，每一个人都走过了一段漫长的生活道路。当年和我一起在府前街生活书店里读过书的人，几十年来的遭遇当然是各不相同的，正像任何剧烈变动中的社会一样，不免有前进、后退、分化、斗争……而决定各个人命运的现实因素则又是十分复杂的。然而马克思主义的革命理论是如此雄辩无敌,哪怕你只在这个大海中吸取到一小滴,都会如种子入土那样,迟早要生长起来结成果子。拿我来说,我是个平庸浅薄的人,有许多缺点和弱点,读了几十年马克思主义的书也没有读懂多少。但回顾过去,这所"启蒙学校"给我的教益仍然是十分重要的。在那黑暗的旧中国,是这些普鲁米修斯偷来的火为我指出了方向,鼓励我跌倒了再爬起来前进;在林彪、江青集团所刮起的漫天妖氛中,也仍然是从这所"启蒙学校"里开始读到的马恩列斯著作,给了我做人的勇气、力量和指针。只可惜我这个学生的"学业"太差了,至今还觉得愧对这所"母校"的老师,也愧对当年和我一起从这里得到启蒙而后为革命事业做出了巨大贡献的少年朋友——这样的人不论在温州还是在全国都很多很多,他们为革命所做的贡献同当年传播革命书刊的同志们的工作是分不开的。

这次回到家乡,走过府前街,又触发了我的回忆。恰巧,在市文化局召开的一个座谈会上见到了许多青年作者。我想,今天的青年,比起我们当年的条件好多了。他们可以在党的领导下学习马克思主义,学习各种科学或从事文学创作,而无须乎挤在一间狭小的书店里艰难地寻找几本革命书刊;但我也看到,今天的青年却面临着新的复杂的现实社会,肩负着比过去更为重大而艰巨的任务。正如毛泽东同志所说,推翻旧社会,建立新中国,只不过万里长征走了第一步。今天的四化重任确实是前无古人。于是，广大青年正在奋起，在追求、思考、探索，自然难免有苦闷、惶惑、彷徨、困顿。对于故乡的青年朋友，我能说些什么呢？我说，我们应该努力学习马克思主义。我说的是肺腑之言，从几十年亲身经历的坎坷道路中得出的经验之谈，也是少年时代从府前街生活书店这所学校的老师们那里得到的一点"心传"。我深信，既然几十年前，府前街那个单间门面的小书店能给幼稚无知的青年人送来普鲁米修斯的神火，用偷运来的"武器"武装了一代人的头脑；那么，我们今天还能有任何怀疑和懦怯而不去公开宣扬马克思主义的真理吗？还能对今天青年接受和追求真理的精神和能力不予以正确的估计吗？人生的道路仍然是艰难曲折的，今天的青年同志要攀登科学和文学的高峰，仍然必须付出自己的努力，不过比起四十多年前的条件优越得多了，他们的成就也必将远超过前人。这一点是无可置疑的。所以，缅怀旧事，展望未来，我觉得前途无限，信心十足。当年在府前街生活书店里工作过的和有关的人们，也会为这个光明的未来而高兴的。

（本文原刊《浙南日报》一九八一年三月十七日）

用自己的著作纪念值得纪念的人

陈正祥

陈正祥(1922—2003),温州乐清人。著名地理学家,中国文化地理学的开拓者之一。曾任台湾大学、香港中文大学教授。著作等身,《陈正祥教授著作目录》收录了他在教育和学术活动六十年间的中、英、德、日等四种文字的著述六百二十四种,包括专著和专刊二百五十六种以及论文三百六十八篇。

一

台湾商务印书馆在一九六〇年出版了我所著的《现代地理学之观念与方法》，是纪念祖母和外祖母的。前一年的五月，我应邀参加国际纪念现代地理学之父洪包德（Alexander von Humboldt）逝世一百周年大会，来人不限于地理学家，还有拉丁美洲各国的特使和大使，因为洪包德对世界的贡献不限于地理。我五月十八日去Tegel谒墓献花时，陪同当众宣布我这次还向大会奉献一册中英文合璧的《台湾地理图集》，似乎使我受到了特别热烈的接待。因我在地图集的德文献词中，歌颂洪包德创制等温线影响，又在洪包德纪念馆的午宴中被主席提到而掌声持续，更令人感觉学术奉献的重要！我是被邀请一百人中最年少的，德国地理学界此举给了我很大的鼓励和启发，所以在东归的路上，就下决心要写一本从洪包德谈到现代地理学的书。同时意识到用自己的著作纪念值得纪念的人，应该是一宗很有意义和值得提倡的事。

上指由商务印书馆发行、连续出了二十多版的书，原本是要纪念祖父和祖母的，后来觉得宜用有关农业的书纪念祖父，而外祖母和祖母却有很多相似：两人皆活过九十岁，儿孙满堂，给了我无穷尽的爱。祖父则以严格闻名。每在早晨要我当面读《大公报》的社论，他点了头，我才可进早餐；当时那些社论的确写得好，母亲说祖父是想我长大了文章写得通顺!

祖父曾在故居对面山上造林,此山以前每遇大雨,溪涧的色是黄混浊的;十多年过后,溪水全变白了,我因而懂得森林对水土保育的重要!他在皖南曾大规模造林,林地跨越两省。他喜欢旅行,曾带我游雁荡;有一次他到青田石门洞和杜姓好友下棋,看中一个他认为"有出息"的青年,资助投身保定军校。后来此人飞黄腾达,因报恩所作的一些事,影响了中国近代史,足以写一大本书。祖父病逝,送葬者众,出殡的路线一改再改,白衣人的行列长达二十多里,给后人留下难以磨灭的印象!他长时期隐居,生活简朴,姑母说他的一双皮拖鞋,实在旧得不能再旧了,亲手给他制作了一双锦缎拖鞋,但只肯在过年过节时穿一下。

二

姑母是祖父母的独女,排行第三。她的两位兄长,在东京读书时奔走革命失踪,她后面的两个弟弟,居长的是我父亲。她十九岁出嫁,二十二岁开始守寡。祖母说那些年家境很凄惨,祖父从西楼搬住东楼,将最好的房间让给姑母,并用楠木修建了佛堂,给姑母读书念经。她虔诚拜佛,研究佛学。偶尔回家处理要事,多数时间住在我们家里。每年陪同祖母到名山进香,我第一次游览普陀山,便是跟姑母去的。姑母阅读的古书,似较全家任何人多。我看古书遇到不明白处,喜欢求姑母讲解;这除了讲得细心外,她房中经常有最好的点心。祖母曾说:"你姑母如要月亮,你爷爷会架云梯登天摘下来给她。"她是全家上下爱护的核心。当时江南一带有许多望族,除图书外也收藏字画,数量且颇可观,形成星罗棋布的文化小中心。各家图书可以互借,古文物共赏,园林陪游览;学人往返,书香飘逸,精英辈出,文风盛极一时。由于比较观察多了,姑母鉴赏字画有独到之处,为时人所重。我对历史和文化的一些原始兴趣,主要受姑母博学的影响。

本书的部分篇章,曾在一九八一年出版了《中国文化地理》一书,同时有香港、北京、台北和汉城的版本。扉页标注用以纪念何伊人,她是姑母独女顺柳表姊的好学生,经常跟表姊到我家来,有时住得颇久,相处好像一家人。所以我用此书来纪念姑母,意义是双重的。

(本文一二分别为《西北考察记》《中国历史文化地理》献词;《西北考察记》,台北南天书局一九九九年七月第一版;《中国历史文化地理》,台北南天书局一九九五年十月第一版;题目为编者所加)

瓯江口

杨奔

杨奔（1923—2007），温州苍南人。诗人、作家。著有《描在星空》《深红的草莓》《霜红居夜话》等多部散文集。

我独立在这小岛上，头上一轮毒辣的太阳，四面是白茫茫的海水。

我早上从瓯城搭上航班，来探望一个患病家居的少女。

到村里一问,才知道她已在今早进城住院。来时是平潮,午后落潮,航船也只有待明早回城。我在这里没有熟人,也看不见旅店,只好在海堤上来回发怔。

却见港汊芦苇中推出一只打鱼船,撑船的是个瘦汉。我打了个招呼,听说是进城的,便不顾他一脸惊疑不定,跳上船去。船只却在沿岸缓缓巡游,好像还有所等待。

过了片刻,堤上又追来几个男女,扬手喊着"搭船"。直到他们坐定,小船开始荡向海面。我立即发现:这瘦汉两手操着两把桨——二桨和三桨,一前一后,摇得十分吃力。这时船身加重,吃水深了,又在逆浪中前进,小船便摇摇欲裂,船舷开始漏水,乘客转侧不安,一味的催船老大加把劲。那瘦汉只腼腆地一笑,额上已是连串的汗珠。而这一叶扁舟,在这不见两岸的江面仍然是进一步、退二步。船上人开始嘀咕:

"看来,到黄昏还进不了城!"

"啊,那还了得!"

不幸,乌云又从东海上空卷起,遮住了半边天,而西半天的烈日又晒得人头裂。正是中秋前夕,看样子将有一场大风暴来临。乘客从忍耐中开始生气了,埋怨他凭这条破船竟敢兜这么多的客,全不回想自己当时如何抢先上船;又嘲笑他赚钱心切,现在须得担保一船人平安无事。于是这瘦汉发窘了,陪着笑脸,避开乘客的怒目。逼到最后只好摊牌说:

"对不起。你们看,我哪里像个打船的?连这破船也是租来的，没想到它这么漏！我看，还是拢岸，请大家上去……怎么样？"

一个年轻人咆哮了："那你在先为什么不讲明，拿我们开心？"

"所以，我说对不起大家。这次洲上漫大水，十室九空。我家剩下老娘和小女儿，也淹出病来了。只好送到城里住院，还是队里出的钱。到如今半个月了，也没个口信带回。我想去接他们回家，又没有余钱。没奈何只好租船带几个客，也好帮衬一下，你看……"他抖着嘴唇，没说完。

听了这场告白，一船乘客沉默了，只剩下舱外风涛在咆哮。船上那年轻人霍地坐起，脱下外衣、手表，爬向船梢，对失惊的瘦汉低声说："把二桨给我——"

瘦汉尴尬地一笑，并出了二桨。这样双桨齐下，小船迅速前进。

又过了一阵子，另一个中年人也起坐，脱得只剩个背心，向年轻人大声说："现在轮到我了！"

就这样，每个乘客先后主动轮替着打二桨，而那把三桨插水也更带劲。全船人个个满头大汗，怨声消散，怨言沉寂，打桨声盖过了周围的风浪声。小船比原先加快了好几倍，顶风破浪前进。

这时乌云已布满天空，遮没一斜日，江面也弥漫了烟雾。风暴快迫近了，大家反而放了心，因为已看到前面城中的万家灯火……

最后，船拢岸时，正好晚上七点。

(本文选自《霜红居夜话》，百花文艺出版社一九九八年八月第一版)

温州小吃

林斤澜

林斤澜(1923—2009),温州鹿城区人。著名作家,被誉为"短篇圣手"。曾担任北京作协副主席、《北京文学》主编、中国作协理事等职。著有《布谷》《春雷》《山里红》《飞筐》《矮凳桥风情》《十年十癔》等。

小引

我喜欢小吃。对大吃如筵席,总觉得一般化。就是上两个特色的菜，也叫七盘八碗的公式淹没了。还有，也浪费，也熬神。年纪大了，常常不耐烦起来。

小吃也有一般化的，但你可以走开，去找那独立的个性。去坐那拘束的摊头。去随意吃点不吃点，喝点不喝点。

俗云："吃在广州。"近年因"温州模式"叫响，报纸上有了描写温州的小吃夜市的文章，标题多用"吃在温州"（这也算得乾隆笔意吧，他好用御笔另定天下第一）。

温州的小吃夜市，倒是灯火通明，通宵达旦。天黑开始，午夜高潮，上半夜下半夜摊担更换，黄昏与启明，品种不同。

要说出小吃的名色，就牵涉到方言土地语。越有个性的越土，若换做普通话，难免一般化了，怪可惜的。偏偏温州方言，自在一格，通用范围不过几个县。比较起通用来，广东话、上海话就"普通"得多，先前，在语言学上，温州话归属吴语系。前几年，一位在语言研究所专门研究温州语言的老乡说，现在只好把温州话从吴语系中划出来，单立一支。如果叫做独立大队太大，也得叫做独立小队。

事关地方风味，不得不先交代几句，作为引子。

一、生

各地都有生吃的食物，西红柿、黄瓜不必说，广东福建有海鲜的生食，如生鱼片，那要烫在热粥里。如生鱿鱼干下酒，但也经火略烤。

温州生食较多,有略加处理的也不经火不加热。凡属这种吃法的,生字需放在后边,如豆腐生、港蟹生、盘菜生、白鳝生、蛎蚶生。

本地人也偶有不吃"生"的,别人就会说:"白白把你做个温州人了。"温州人远离家乡的,谈起吃食,总是"生"占上风。上例诸"生",各人或有偏爱,但不论哪一"生",提起来都一片"啧啧"声,提到偏爱的,竟会发声如同欢呼。

港蟹生是诸生中上得台盘,不但上得去还有摆"当中"的资格。家常便饭也是四个盘叫"盘头",放到"盘头"中间去的叫"菜",爱说土话的也叫做"摆当中"。

港蟹生又写作"江蟹",其实就是海产梭子蟹。剥开洗净,或过盐水或洒盐暴腌二、三小时,斩块码在盘上,蟹肉因鲜作蛋青色,上铺蟹黄因肥一片金黄。这蛋青与金黄都因未经火,不凝结,生动明亮。加醋,加胡椒粉,也有稍稍加点白糖的,只是胡椒粉非常重要,不可少用。

一九八七年春,上海突发甲肝成灾,蔓延到杭州和沿海一带,政府劝告暂停生食。椒江市文联主席是位女作家,见我多年在外,亲自下厨监督,端上一盘生蟹。声明三天内得肝炎的,她负责。其实不用她鼓舞,她也负不了责。只见筷于上头,有略略踌躇的,有径直向前的,有连起连落的,眨眼间,便精光了。

正逢蟹季,天天吃,顿顿吃,到后来仿佛舌尖都破了,凡蒸、炒、煮的蟹，都不想动筷子。唯有这蟹生，百吃亦如初吃，那样的鲜味来自大自然，是自然的原味，岂能生厌。

有外地朋友不敢动筷，轻声叹道："茹毛饮血。"说的是原始。殊不知原始的美，是美的源头。追求美的人，经过千辛万苦，才会把返璞归真，作为追求的最高境界。

二、粉

粉，是大米水磨成浆，过漏成丝，入锅煮熟晾干。南方诸省都有，叫粉条，粉丝不一，温州自叫粉干。有细如发丝的加"龙须"二字。

农家待常客或不速之客，就炒粉干。大海碗堆尖，连声说怠慢怠慢端到面前。当饭，也下酒。怎么可以下得酒呢，那堆尖部分五颜六色，嫩黄的鸡蛋，翠绿的新摘蔬菜，棕黑的香菇，淡红的海米……

我少年时奔赴战争，第一次走进仙霞深山。头天到一交通站落脚，天上墨黑，一灯如豆，端上来这么一海碗，半个世纪过去了，还热腾腾在眼前。

不想我女儿八九岁时，"浩劫"中第一次回祖籍，坐了一天"小火轮"下乡看姨母。她留下深刻的印象：一是武斗的枪声，再是这样一海碗炒粉干。

粉干也可以煮了带汤吃。市上有一种吃法，走遍南北没有见过，叫做"猪脏粉"。卖时文火热着锅，大小肠横在锅中间，四边油晃晃的汤上煮烂浸透的粉干，粗大，本地人形容做轿杠一样。这是特制的，虽说烂熟，筷子挑起来不断，放到嘴里不糟。

朝摊头上一坐，摊主人先用筷子把轿杠一样的粉干挑到碗里，再用手指在热汤里捉肠头，嗖嗖几刀，捉肠嗖嗖几刀，大头小头一刀码在碗里，撒上碧绿香菜……动作的敏捷和潇洒，可观，可兴奋食欲。

现在夜市上简化了。把猪肠煮好切好放在一边，粉干也没有轿杠一样的了。临时一热，舀一勺猪肠上去，简化，有的是时代的需要，是好事。不过有的，是吃大锅饭吃出来的，可惜。

半个世纪以前，大将粟裕曾在浙闽边打游击。他晚年回来看看老根据地。我在夜市摊头，听到一个传说：一天晚上，大将从保卫严密的住处，一个人溜出来，坐在摊头吃了一碗"猪脏粉"。这当然无从查考，若是市场上的吹嘘，那，这个广告做得怪有想象力的。

三、鱼

各地吃鱼，用料做法不一，派别甚多。我以为甜派最糟；药派（加中药）贵重实非正路；酸派中西双版纳傣家的酸鱼，简约而别具一格；浓重是一大派，四川是代表，咸油辣麻，满嘴作料中略知鱼肉，浓重的对面，是清淡派。这多半是在沿海,在水乡,日日见鱼虾的地方。

人说温州也属清淡,温州看重原味,恨不能把条鱼洗洗煮煮就端上来。家常吃小黄鱼、大黄鱼、大小鲳鱼,洒洒盐,略略放点葱花姜片,蒸蒸上桌,原形本色。实不耐烦油煎油炸,若像北地裹上面粉炸成油条油卷油饼模样,何必吃鱼。北京主妇看见海杂鱼价钱便宜,想买又不买,理由总是:没有那么多油伺候它!

温州上席的大黄鱼,也不走油、过油,只浇点油,叫做葱油鱼,做法大体像西湖醋鱼却把醋也免了。

再有种做法,只有鱼味看不见鱼样:鱼丸、鱼饼、鱼面、鱼松是也。

鱼饼是把鱼肉斩碎,加"散"究(菱粉团粉),放葱放盐,多放姜,揉透要紧。成遍圆长条,用手拍上酱油料酒,走油成金黄色,上蒸笼蒸熟,切片码盘。配上烂熟猪头肉,烂熟好撇去浮油,也能切成薄片,那是刀功了。一片鱼饼一片猪头肉同时进口,因名鱼饼肉。其味可以想象。

原先四顾桥头的鱼饼有名,现在到四顾桥头回顾,连桥也没有了,那单间三层的木头小楼,了无踪迹。

现在还有鱼饼卖,配猪头肉同吃的事,青年人晓也晓不得了。鱼饼也不"行时",可能是偷工减料的缘故。

偷工减料又有原因,"温州模式"打响以后,市面上一片暴发景象。穿衣服论时装,饮食也赶时髦,鱼饼成了陈式粗货。如比当今的文学,三年两头出主义,急急忙忙倒洗澡水,会把孩子也倒掉的。

(本文选自《山水之间》,东方出版社一九九八年四月第一版)

难忘的岁月

葛克俭

葛克俭（1923—2020），笔名葛原，温州城区人。参加过由野夫创办的浙江战时美术工作者协会举办的第一期木刻函授班，与陈沙兵、杨涵等组织永嘉战时木刻研究社，后考入东南联大、上海美专就读。历任浙江省文化局美术组组长、浙江群众艺术馆美术处主任、《浙江画报》责任编辑等，又调至浙江省林学院工作。出版有《药》《葛克俭画集》等。

我在一九五〇年离开温州，屈指三十多年过去了，只在一九五六年与沙兵、子颐几个老搭档赴瑞安老区体验生活，途经温州，来去匆匆，此后再也没有机会一睹故乡面貌了，而故乡的风土人情、亲朋故旧无不时常萦回脑际。好在我童年时代的邻居好友□士德差不多把刊有《我和温州》专栏的《浙南日报》都搜集起来，隔一段时间寄给我一大卷。我和我老伴都是在温州市土生土长的，我们不仅看了《我和温州》专栏每一篇回忆文章，而且一字不漏地看完每一份《浙南日报》上有关故乡的新闻报道，作为我们工作之余最美好的享受。茶余饭后，我们互谈故乡的风俗习惯：二三月间各条街道布满彩色布幔、张灯挂彩的"拦街福"，端午节南塘河的"斗龙"和"台阁"，八月半去看"福禄林"等大户人家的"小摆设"……；话题在不经意间又转到吃的方面，什么东门陡门头的"灯盏糕"，四顾桥的烧鹅、鱼饼，一一勾引起我们童年时代天真无邪的美好回忆。

　　回忆往往是美丽的。即使是艰难的岁月，经过回忆的"艺术加工"，也颇带有"浪漫主义"的色彩。

　　我这里着重谈的是抗日战争时期温州的木刻运动和《木刻通讯》。

　　那是在一九四〇年，祖国的大半壁江山处在日寇铁蹄蹂躏之下，民族的存亡迫使我们一群艺术青年考虑这样一个问题：艺术如何反映现实的社会生活？那时候，野夫、金逢孙等在丽水举办"木刻函授班"，温州区的导师是张明曹，他当时住在府前街王永兴木器店楼上。"木函班"招生广告一出来，我们都纷纷到明曹先生处报了名。当时温州区的同学有沙兵、子颐、杨涵、叶蓁、张大辉（平野）等人。这个"木函班"办得很好，不仅印发木刻技法的讲义，还印发《铁骑》《口号》等示范性的木刻界前辈的佳作，还印发学员习作以便相互启发，还供应木刻用品以供学习之需，周到细致，热情负责。今天想来，我还是以十分感激的心情来看待当时在非常艰苦的条件下在东南一隅散播进步艺术种子的先辈们的。而我们一接触到木刻艺术，也深深为它的刚劲有力、黑白分明的表现形式和战斗内容所感染，废寝忘食地学习。"木函班"先后办了半年，沙兵、子颐和我以及温州区的其他同学都以可喜的成绩在"木函班"结业纪念册《铁笔集》上名列前茅。

当时我们几个贫穷的"知识分子"大都在小学里担任美术教师的职务，一周二十几节的美术、劳作课已经够紧张的了，自学木刻又占去了几乎所有的休息时间，但毫不知倦，干劲很足。"木函班"结束后，我们相继在小学高年级的美术课教学生刻木刻，还先后出版了《增爵木刻集》《广化木刻集》、连环木刻画《一粒米的故事》等等小学生的木刻专集，这在中国木刻运动史上可说是一个创举。为了解决木刻用具供应问题，我们办了"永嘉战时木刻用品社"，通过杨涵家的打铁铺制作木刻刀，通过林文达做木刻刀柄、木刻匣子；为了提高我们的绘画基本功，我们自办画室，向陈振龙先生借了一批石膏头像练习素描和速写；在这期间，我们还在温州中山公园组织展出了《全国双十木刻展览》，展出全国各地著名木刻家的优秀作品二百余幅，在全市文化界引起了很大的反响。

然而，最艰难和最繁重的工作还是我们的《木刻通讯》。这是一本三十二开、土报纸印刷的二三十页小型刊物，名义上是"木函班"结束后温州区学员藉以继续学习提高，交流创作经验，并与各地木刻工作者相互联系，推动木刻运动的一个学习园地，主编者是沙兵、子颐和我，实际上，党派了杨涵、林文达等人对这个小刊物以热情的支持和帮助。承印这个刊物的仓桥文化印刷所，就是党领导下的一个印刷单位，从国民党当局领取图书杂志登记证，也是党通过有关人士进行的，真是"麻雀虽小，五脏俱全"，从审查登记、筹集经费、组稿编辑、印刷发行，全仗全体人员的共同努力，从一九四一年至一九四二年，先后不定期地出版了六期，尽了我们当时的宣传抗日，揭露黑暗腐败的社会现象，关心群众疾苦，争取进步的点滴责任。我还记得，在刊物的第三期上，正值温州市"四·一九"沦陷后不久，沙兵就及时地刻了一套连续木刻画，题为《四·一九事变记》，揭露了日寇在温州的暴行，鞭挞了王永山之流为虎作伥，认贼作父的丑态，尖锐泼辣，效果良好。

当时的出版印刷条件是异常艰苦的，没有铜版，没有锌版，只能用木刻原版上机印刷。有一期我们要介绍德国著名版画家珂勒惠支的名作《牺牲》，无法制作，我们硬是将原图用连史纸描下来，再反贴在木板上复刻，效果还算不错。另有一次，张大辉作了一幅题为《反侵略》的砖刻，也无法制版，只能原板上机，印完刊物，砖头已经四分五裂，"粉身碎骨"了。

这个刊物除上述诸人经常供稿外，温州区学员叶蓁、张长弓以及夏肖敏和当时木刻界前辈野夫、金逢孙诸人都给予大力支持。一九四二年春，赖少其、邵宇从上饶集中营越狱脱险途经温州，住在子颐家，少其同志还为这本小刊物写了一篇论述民族形式问题署名"洪波"的短文。

这些都是四十多年前的旧事了。旧事重提，并不是眷恋过去有什么值得夸耀的业绩，而是珍惜那充满激情的火热的斗争生活，那不断探索，奋发向上的求知愿望，和那团结友爱充满情谊的战斗集体。岁月流逝，当时的战友和老师如沙兵、文达、野夫、明曹早已作古，健在者也都早生华发，继续在美术工作上作出积极的贡献。而我因工作需要，近年来对植物科学画作不断的探讨和研究，作品也曾几次被遴选赴澳大利亚、美国等地展览。回顾一九四〇——一九四二年，那难忘的岁月，今天仍激励着我们继续前进！

(本文原刊《浙南日报》一九八四年二月二十三日)

魂萦温州
——我在故乡的文艺少年岁月

黄静嘉

黄静嘉（1924—2019），温州鹿城区人，法制史学家，资深大律师。曾任台湾东吴大学、中国文化大学等校教授，台湾中国法制史学会会长。所执掌的台湾联合律师事务所，曾被伦敦《国际财务金融法律评论》（一九八九）评选为世界最优的律师事务所之一。著有《日据时期之台湾殖民地法制与殖民统治》《春帆楼下晚涛急—日本对台湾殖民统治及其影响》等。

一、南蛮子与北侉子之间

本文作者出生于一九二四年，到今年（二〇一〇）七月就是八十六岁的老人了。每次与别人谈及我的故乡时，我就要花费很多唇舌。因为我出生在杭州，一九三一年全家随父迁往山东，在山东就读小学，那边的同学多叫我"南蛮子"。嗣因抗战全家由山东迁回浙江，乃转往著名的省立绍兴中学读书，又被同学称为"北侉子"。后来，到了台湾，一住就是一甲子多，但被称为"外省人"，顾名思义，盖有视我未融入当地文化之寓意；但当回到那个我深情眷恋的神州大陆时，却被称为"台胞"。有时我还觉得有难定归属之感，从而在一定程度上有所谓认同危机（identity crisis）的困惑。虽然如此，我一直坦承我是温州人，这当然是基于"祖籍以贯"的观念。

二、先人之朱卷中关于父祖及五服亲的记载 并谈我家旧宅地谢池坊

先父曾告诉我，在科举制尚未废弃前，我的祖父与曾祖父都曾考取举人，父子孝廉一时传为美谈。为证实先父所言，我曾求助于温州档案馆，查得了他们当年考试的朱卷木刻本。这种朱卷的由来，乃清代为避免考生作弊，因此将试卷誊录，誊录后的考卷上有考官朱批故得名。朱卷内容除了试卷本身

尚有"三代角色"之记载，因此若干五服亲之姓名如黄体芳（字漱兰，曾任礼部侍郎，是清流领袖）、黄绍箕（漱兰子，曾任京师大学堂监督，该职务相当于今日之北京大学校长，著名剧作家黄宗江及著名演员黄宗英均为其后人），均在其列。

从小，从先父的谈话中，得知我家祖居位于今温州市区，约坐落于谢池巷及府学巷中间；谢池旁有"池上楼"。"谢池"与"池上楼"之得名均与谢灵运的园林诗有关。祖宅在我出生前即因失火烧毁，且我的童、少年时期，多半跟父母在他乡同住，因而未能亲身体会到当年温州祖宅的荣景，直至抗战期间我才回到温州定居。顺便一提，我家的祖宅在父亲手上时，因邑人黄群（字溯初，为蔡锷之好友）及潘国纲（鉴宗）游说，以象征性的价格出售供嗣后改建为瓯海医院（今温州医学院附属第一医院）。黄溯初当时承诺在我家回温定居时，他会为我们安排住所。

三、承平风华的温州及国府体制下由地下党主导的温州政工队

由于地理位置和时势推移的原因，抗战时期的温州情势颇具特殊性，因其原为沿海较为繁荣之地带，且为少数未为日军长期占领之城市，舶来品大量经由其转往内地，乃形成经济上一时的畸形。温州亦可以说是犹具承年风华的海防前哨城市，但于一定意义上，也是一个国共分治的城市。此一

时期,我在温州度过抗战八年,就个人而言,那是灵魂燃烧的岁月。在民族圣战炽热的火焰中,型塑了我的性格与世界观,从而决定性影响了我的一生。我参加了当时任浙江省主席之黄绍竑所创立,而在一定程度下受到地下党主导的战时政治工作队(政工队),从事文艺宣传工作。当年,我曾深入楠溪江之穷乡僻壤,在街头演讲,张贴墙报,演出街头剧如"放下你的鞭子"等。同时,开始受到激进社会主义思潮的洗礼,至今年已八秩有六,壮志犹在,余热未已。正如我在"孑然一身的旅人——八十老者之歌"的自叙诗中所说:"想是难舍他未圆的残梦,固执地拨弄炉中的炭火,凝视余烬深处仍有通透的红",足证我少年时期对公平社会的憧憬至今依然未改!

四、创刊《文艺海风》副刊

作为一个大约十六岁的文艺少年,我偶在地方报纸上发表文章,较常出现的园地是当年的《温州日报》。此报在政治上属极右派,由黄埔同学会的负责人徐立创办,很自然地和地方行政当局吕古轩(当时的永嘉县长)有些来往,因而促成我与《温州日报》的关系。当时我与徐立及该报总编辑顾培根先生时有过从,故他们常在社论版面上刊我的文章。

我的文艺少年岁月中,最值得怀念的是我在《温州日报》所创的副刊,此刊占用了温州日报第三版全页,刊物名称为

"文艺海风"，这个副刊得到当时温州火柴公司财务上的支持，由火柴公司出钱买下整版广告。

我的《文艺海风》副刊虽然不久夭折，但我后来认识一位在台大农经系毕业的孙先生，任职于台北某保险公司。我俩曾在谈话中发现俩人均为温州同乡，并承他告诉我，他当时是《文艺海风》副刊的爱好者。他甚至很兴奋地说："当时你是我的偶像。"据他说他还保留着这些东西，而我近年试图在温州找出这些往日报纸时，已不复见。

我一直记得一些在《文艺海风》中的几篇文章，其中一篇是亡友钱田文（思敬）先生所写的《天才的悲剧》一文，他引用韩非子的《说难》，叙述对人君进言的种种困难，稍有不慎即会引致杀身之祸。田文旁征博引，说理明晰、文字精练，刊出后极得读者好评。

那个时代的文艺及戏剧领域里，如能搬出苏俄名家之姓名，则令人刮目相看。记得我的一位朋友殷秦以就以李斯基为名写过一篇《门外剧谈》，文笔流畅，多处征引用苏俄名家戏剧理论，颇有唬人的架势。殷君曾在丽水任国军第三十三集团军少校参议，当时在永嘉县政府任秘书。一九四五年我曾在上海与他一见面，匆忙中未能叙旧。据说他在浙江某地解放后，遭受镇压而死，令人惋惜！

五、《天长地久》及《祖国》

我偶曾就当时上演的话剧作评论,时或由导演董辛铭邀请参观话剧的彩排。目前仍勉能记起者,我曾在《温州日报》上评论由《茶花女》改编的《天长地久》一剧,该剧系由杨善因女士担当主角,杨女士后来下嫁我的忘年交亡友吴百亨之子吴枚。吴枚夫妇曾于一九五〇年代在台小住,嗣后转往美国侨居,并在美国经营豆腐工厂,生意不错,现由其下一代继续经营。

我的另一篇"剧评"为《祖国观后》,至今手上还保存了该文最后的校样,从中可以看到抗战时期地方报纸的版面安排。该文放在与社论同样显著篇幅的专栏,而当时通常只有地方长官的演讲才能有此殊荣。现在我手上还保留着《温州日报》所刊载的绿色土纸的校样,使我回想起当年在开元寺编辑部的情景,《祖国》一剧是于一九四三年二月五日演出,我在六日就交出稿件,可见当时我还是很勤勉的。《祖国》一剧,似乎是陈铨的作品,陈铨为西南联合大学教授,因其为"战国策"派之一员而知名,他的另一剧作《野玫瑰》曾引起全国轰动,后来拍成电影《天字第一号》。

《塞上风云》是以抗战为时代背景,叙述日本间谍如何在蒙古草原上操纵当地权贵王公,及抗日志士如何起义斗争的故事。此剧由我家世交、时任军事委员会法规会主委黄菊裳中将之女黄冠秋女士担纲演出。《夜光杯》则为夏衍之作，在瑞安演出，由当时与我往来密切的张劭女士（玉辉）——担任该剧的女主角，演出也颇受好评。玉辉后来下嫁名演员沈扬（《万家灯火》一剧主角）。这两位小姐早年均随各自的尊人住在南京，两人为手帕交，常以"瑾""瑜"互称，十分亲密。

古人有谓对"少作""壮悔"，今日重读这些"少作"，不免觉得汗颜，不过这些仍显示了我当时所经历的成长阶梯，也展现我当日的文风。

六、观看《雷雨》：琦君串演繁漪一角

在我惨淡少年的时期，对当时的话剧相当有兴趣，并有幸参与。我曾参加过姚苏凤写的《之子于归》排演，因原来的男主角不克继续，遂由我担任男主角，但该剧后因故并未上演。当年温州话剧演出的风气颇盛，因我常在报上发表剧评的关系，许多团体邀请我去观赏他们排演话剧，记得当时看过联立中学演出的《雷雨》，是由当时的名导演董辛铭执导，今日已不能记得全部演员，却对演"繁漪"的演员有深刻印象，因为饰演繁漪一角的，正是后来台湾以散文知名的作家琦君。我曾在台湾温州同乡会会刊上，记叙此事。此外，尚记得演鲁大海的刘光新，他已于数年前逝世，又饰演四凤一角的曾淑英，不知现在何处？

七、当年我观赏话剧的陋习

还记得我曾经在演出当日,手持一本剧本坐在第一排座椅上,核对演员台词之背诵能力,看演员有无误漏。依我当时的观念,如果没有剧本,台词由演员即兴发挥,即视为下里巴人的"文明戏"。此乃亵渎话剧艺术,大逆不道。于今,却成为被允许的一种创作形式。当时,我执意要求演员要忠实于剧本上的每句话,并以之为评断演出的标准,今日或应视为一种孤陋。而因为我的近乎挑剔的剧评,曾引致剧宣三队在演出中曾插入词句谴责我为"在螺蛳壳里做道场的'剧评家'",其对被谴责者虽未指名道姓,我却自己对号入座,认为是对我而发。一方面因为对方有了反应而私心窃喜,另一方面也勉励自己,应致力提升自己对话剧的了解。

(本文原刊《瓯风》新刊第一期,黄山书社二〇一〇年九月第一版)

中秋明月照家乡

林曦明

林曦明（1925— ），永嘉乌牛人。国画家，并擅长剪纸。中国美术家协会会员、中国剪纸学会名誉会长、美协上海分会理事，曾任报社、出版社美术编辑，美术老师，后任上海中国画院专职画家，多次举办画展，出版有《林曦明画集》《林曦明剪纸选集》等。

我的家乡是浙南永嘉县一个美丽的山村。为怀念故乡，我用了"乌牛"为笔名,常常题在画中。我真想念家乡:那儿山常青,水常绿,满山遍野,牛羊成群。一到春天,山花烂漫,鸟语花香。我家的后山是一片茂盛的翠竹林。夏日,我常在竹林里读书,习画,自学诗文。故乡给我的印象极为深刻。这些已是四十余年前的事,但一想起来,犹如昨天一般。

吾家门前溪水清,吾家屋后翠竹林。
春到三月秧田绿,秋来金谷满山坪。

这是我在少年时写的赞美家乡的诗。今日读来,勾引起我思念家乡之情。我想起家乡的四月,正是春耕大忙的季节,"乡村四月闲人少,才了蚕桑又插田"。我少年时候,每当春夏农忙时节,都参加干农活,从麦收犁田到插秧,都能干。秧插好后,平地山田,一片绿油油的,好像给大地铺上了丝绒毯一般,宛如一幅美丽的乡村风景画。真叫人赏心悦目,一望快慰。每当晨起,乡间的空气格外清新。我常回忆起清晨早起到村口的一条石板小桥上看书的情景。此时农民已出早工了,田间远远近近,田歌四起,唱的是:

山歌好唱口难开,樱桃好吃树难栽。
白米饭好吃田难种,马鲛好吃橹难摇……

歌声婉转，悦耳动听。那年月生活虽然艰苦，但山区的环境却是富有诗意的。

一九四三年间，农忙时，我在农村干活，农闲时就到温州城里学画。我的老师是温州最有名望的苏昧朔先生。那时他住在信河街的庆言坊。我在他家学画多年。当时我家生活十分艰苦，每次到温州只能量一斗米去，带一、二元路费。从家乡到瓯江口上船要走三小时山路，常常是赤足走路，鞋也舍不得穿，节省一点钱，用来付给老师家的小菜钱。在老师家里，一周二周过去了，可是家里没有人送米来，回家又无路费，生活的逼迫，使我不得安心学画。在如此困难之时，我想一边去画雨伞，或找个戏院画海报，一边坚持学习，可是连找一个画画雨伞度生的机会也没有。

我年青时，爱好甚广。也很喜欢音乐，喜欢京剧，听京胡。但因生活穷困，听到隔墙人家传来京胡声，本应欢乐也成为伤心事，心中非常难受。黑暗的社会剥夺了我文化娱乐的权利。那时是国民党统治的天下，又是日寇侵占我国之时，坏人当道，特务横行，中国人民处在水深火热之中。就是上街买点小菜，也得小心翼翼，不当心就被那些日寇的走狗拳打脚踢。贫与富，真是相去天渊。"几家高楼饮美酒，几家流落在街头。"街头巷尾拿着竹竿破碗行乞的劳苦人民成群结队，我深表同情。有时身边如果还有几个铜板，就拿出来数了数，留下回家的路费，剩余多少就给他们了。在温州公园里,常见冻死的乞丐,无人收尸。真是"朱门酒肉臭,路有冻死骨"。因此我留心观察他们的生活,同情、关心他们,常常以此取材,用我的画笔为他们诉说人世间的不平事。这一时期,我特别喜欢画一些乞丐,那些街头流浪者的生活,如唱道情的,打花鼓的,卖花女等许多现实生活题材。山水、花鸟也是无所不画,同时临摹了大量的古代画家的作品,从中吸取养料。这时进步很快。于一九四六年抗战胜利时,在温州的国货公司三楼的"神州画苑"开了个人画展,展出作品一百余件,深受广大观众的好评,作品一售而光。可恨的是一些官僚、行商,把画拿走拒不付款。画展完满结束,但又是两手空空,一无所得。

正是那充满着压迫、剥削、人吃人的旧社会,教育了我,使我认识社会,探索人生,去寻求光明。

一九四九年,故乡解放了。真是喜从天降,犹如深山日出,阳光照遍了我的家乡。我参加了土地改革运动,艺术也发挥了新的现实的战斗作用。过去学的是古装人物画,一时用不上,我就苦学苦练画现代人物画,如画连环画,宣传画,剪纸,配合革命工作,进行宣传教育。

离别家乡已近三十年了,家乡变了,变得更美丽了。谁人不说家乡好,对故乡如同对母亲一样的爱。"月是故乡明。"一读这诗句,就如同回到了自己的故乡一样,那般美好,那般令人神往。我真想回到家乡去写生、画画,去描绘我所爱的一山一水，一草一木，把故乡画得更美好。

"夜静生明月，天涯共此时。"我希望家乡早日繁荣富强，人民安康；我愿家乡的山更青、水更绿，花更烂漫，月更明。当此中秋佳节，谨向家乡人民寄去我这最美好的祝愿！

（本文原刊《浙南日报》一九八一年九月六日）

"百好"还甩得出什么王牌

黄宗英

黄宗英（1925—2020），温州瑞安人。著名演员、作家。主演过《追》《乌鸦与麻雀》《家》等电影，著有《小木屋》《星》《橘》《百衲衣》等文学作品。

擒雕牌甜炼乳。嗯，老朋友。

擒雕牌强化麦乳精。也打过交道。

擒雕牌冰淇淋粉。市面上常见，当放进冰箱。

熊猫牌（Ａ）甜炼乳。出口的。

白塔牌奶油。久违了。

我从浙江省瑞安百好乳品厂建厂六十周年（一九二六——一九八六）时印着本厂主要产品广告的塑料乳品袋里，掏出一听"甜美素"。咦，十大主要产品里没有"甜美素"，这必是近年来的新产品了。

用小巧的杭州张小泉剪刀的尖尖儿，对准贴着只印有英文说明的罐头听上的第一道圆沟，我举起了大菜刀。（这刀，是前几天找不到切西瓜的刀时，从瑞安市府招待所的厨房里借来的。唉，我的随身小刀、多功能启罐器和家门钥匙再一次毫不例外地在旅途中丢失了。）宽实的刀背敲击细亮的剪刀柄，"嗞"地从击开的小孔时冒出乳白色的浓液；我熟练地在圆心的另一侧又敲了个更小的眼儿作进空气孔。放下刀剪，翻转听头，我将"甜美素"往玻璃杯里倒去……浓香的乳液带我回到童年；而童年在我已是一个甲子——六十年左右的间隔了。

甜美素和甜炼乳模样近似，但它是瑞安百好乳品厂试制投产的植物脂肪取代部分动物脂肪的高营养新产品。自从医生告知我血糖指标超高后，我已力戒喜爱吃甜食的习惯，再说我也不愿自己变成臃肿蹒跚的肥婆。我是第一次品尝这甜美素；而对这个厂传统名牌产品擒雕炼乳，我太熟悉了。我在婴儿时期吃的是什么奶，已无从查对。自记事时起，每逢开炼乳罐头时，母亲总要讲：

"这炼乳，是瑞安——你阿爸的故乡一位吴百亨先生，在民国十五年办了一家百好乳品厂造出来的。民国十四年生下你来，缺奶，长得又瘦又黄。那几年，市面上英吉利的'飞鹰牌'炼乳铜钿赚来多兮多。吴百亨就是要和不列颠帝国比一比，就创了个'擒雕'牌子，用中国人的巨手把飞鹰抓起来。为这牌子，吴百亨先生和纳司而英瑞公司先后打了六场官司……"母亲的话，我们兄弟姐妹都会背了；不等母亲走调地唱起"打倒列强"，我们就早把炼乳对着可可粉喝光溜了。记得那时只有爸爸喜欢咖啡，大概是他十六岁留学东洋养的习惯。

以后，我做了母亲；我母亲又在我的儿女喝炼乳时，重复这个抓老鹰的故事。儿女们比我们这一辈更不听话，只要外婆一开口："你妈妈小时候缺奶……"孩子们就赶快打岔："擒雕牌就是要和不列颠比一比。不列颠、不列颠……"讥笑地跑开了。母亲躺在床上仍然对着天花板讲述吴百亨的六场官司……

母亲出生在温州水竹棚巷，曾是地方上第一批入女学的学生，打过小旗上街喊过"抵制洋货"的口号。

瑞安百好乳品厂，从草创至今已是占地三万三千二百五十五平方米，拥有乳牛六千余头的国营大厂，经历了六十二载的风风雨雨。如今，擒雕炼乳在国内市场是抢手货，并出口巴基斯坦、印度尼西亚、越南、泰国、缅甸、印度、尼泊尔、马来西亚、新加坡、罗马尼亚、瑞典、英国、阿尔巴尼亚、埃及、坦桑尼亚、赞比亚和香港、澳门等二十多个国家和地区。每临秋冬之季,只要祖籍温州、瑞安有亲友到上海,都会给我带一盒黄色硬纸封面包装的白塔牌奶油(咸黄油),盒内是一夸脱一块共四块装成。亲友总是引以为荣地、重复地说:"这是美国总统尼克松、法国总统逢皮杜、日本首相田中角荣七十年代访问中国时点名要吃的白塔油。"凡外国总统喜吃 Butter 者,有助于中国浙江省瑞安人投他的"记忆选票"的。我也真舍不得自家吃"白塔",常常分赠给亲友或带到摄制组去和大家一起吃;并也不免重复一番故乡亲友式的自豪。是的,百好乳品厂不受省区地域、厂房围墙的限制,影响了几代人。使几代喝过、吃过百好乳品的中国肉体和心灵萌动着与外国比一比的郁郁之志,哪怕是在最艰难困苦也还相当贫穷乃至饥饿的时候。

  总工程师家庭出身的我,此生究竟喝过多少听擒雕炼乳,吃过多少克白塔奶油是无从计算的了。只是,当我此生第一次跨进飞云江畔、横山脚下的百好乳品厂大门时,是在公历一九八八年七月九日北京时间上午十时整。是以第三世界中华人民共和国公民、瑞安女儿的身份回祖籍故里带病疗养顺便参观的。

  说真的,我来到瑞安已经二十多天了,没敢去百好厂,我担心会听到不好的消息。为了活得不那么沉重，我喜欢在自我陶醉中过日子——包括陶醉在已逝、将逝的美好的事物里。瑞安百好乳品厂，六十多年来已经成为中国民族工业的一座美丽的星座。我愿在记忆中永远保留"百好星座"的光辉。而在"大弦嘈嘈如急雨，小弦切切如私语，嘈嘈切切错杂弹"的经济体制改革局面下诞生的各种性质的工厂、企业繁琐、复杂、交错、争奇的今日中国温州瑞安，全民性质的百好乳品厂会不会面临巨星陨落的危机呢？自由市场上的牛肉已经卖到九元多一公斤了，而喂牛的精饲料已暗中涨价几番了。乡镇工业、个体专业户勃起，富裕了的、市场经济细胞十分活跃发达的瑞安农民有多少户还愿意费心养奶牛呢？百好厂又有什么妙方拢住工人不以"第二职业"专宠于"第一职业"之上呢？唉，全民工厂厂长难当以温州地区为最了。

　　说实话，我是被瑞安百好乳品厂的邻居——瑞安永久机电厂吸引回瑞安的。永久机电厂厂长温邦彦，是在一九八一年开始探索科学创业之路始而卖尽家产办厂的。他发明的组合及多功能电磁阀荣获第十五届日内瓦国际发明金奖。他还以三位常开电磁阀、三位继电器和 ST 型恒温琉水阀参加第三十六届布鲁塞尔尤里卡世界发明博览会而荣膺世界发明一级骑士勋章。

　　永久机电厂是民办集体。

　　永久机电研究所是个体性质，温邦彦兼任所长。

永久机电公司是股份化,温邦彦兼任董事长。

永乐机电学校将属于全民,温邦彦兼任校长。

永久机电厂的厂房暂时不起眼地蹲在百好乳品厂的旁边,大有"欲扑先伏"之势。这新厂似小快艇,在有待开拓的社会主义初级阶段的经济体制"港湾交错"、"苇石相依"的航道里,比百好老厂"尾大掉头难"要灵活便利得多。虽然在灵活的空间密集着风险因子;风险却又永远是突破的前奏。

我是带着"瞻仰"之情踏进百好厂的,并偕同美国某公司中国部经理的亲属一起参观。因为我了解到百好乳品的海外客户名单中没有美国,而我也深知美国对食品进口的检疫和控制极严。我经历过抵达美国机场验关时的第一句,并也是唯一的一句问话:"带动物或食品了吗?"我也还记得去岁中秋节前,深圳都乐公司给我送来广州"陶陶居"月饼,我藏起一盒打算转赠著名书画家吴作人老大哥。赶巧在我去北京前夕,美籍华裔著名作家陈若曦女士莅临上海;上海作家协会设宴接待,我就把这盒月饼赶忙送给若曦了,若曦调皮地悄悄说:"我明天回美国,想办法把它'走私入境',让家里人尝尝。"未知她"食品走私"成功与否(以后,在吴作人老大哥面前,我对着空气给他画了四只月饼,老人欣然笑纳)。啊!拉回话头。回顾吴百亨先生创建百好厂之初,在与英商抵角竞争的同时,就从美国和日本引进设备,并重金聘请从美国康尼尔大学乳品专业留学归国的技术人员来厂指导,后来日寇侵华,温州地区三次沦陷,百好厂被炸,几度停工停产;在大亏损的情况下迎来了抗日战争的胜利。吴百亨同年就指出:引进印度牛种,聘请荷兰或英美技师……那么,今日吴百亨,此时此刻,又在想什么呢?

瑞安百好乳品厂是在一九七九年引进日本全面质量管理的。当我和这个厂第九任厂长、高级经济师吴承宽以及他的伙伴们相处四个小时之后,我那因病弱瘦疲惫而肿胀的双脚,迈着比进厂时更为轻松的步伐离厂。

吴承宽厂长是从浙江大学高分子化学系毕业的,食品工业正是用此所长的天地。近年他曾赴南斯拉夫考察,去联邦德国学习工厂企业管理;开阔了眼界,增长了见识,启发了思路,明确了差距,催熟了新的企业观。今吴承宽厂长与前吴百亨厂长不沾亲,不带故,都是当代擒雕人。吴承宽自一九八五年一月任厂长以来,也经历过不亚当年吴百亨和英商六个回合的拼死活搏——仅从《浙江日报》曾在头版头条发表过《瑞安旗帜鲜明支持改革者——百好乳品厂吴承宽勇于开拓遭非难》的报道之标题,以此一个"钢样"可测今日擒雕人是怎样"冶炼"出来的。已故老吴厂长与今日小吴厂长被时代之火"冶炼"之"临界度"不一,前者是招牌之争,后者是人才之见。吴承宽担任厂长以来,大胆起用了一大批有争议的、或别人不敢用、或尚未识别的人才、潜才。今年已经四十八岁的吴承宽,团结、扶植了一批比自己年轻的左膀右臂、四大金刚、十八罗汉……并尽量分权给副厂长……

某日良宵酒后,吴承宽的好友不无担心地对他说:"承宽,你这么大胆提拔青年人,这可是为淘汰自己创造条件呀!你快一只手的岁数了,别人可以取而代你的。"

一个敢于自觉地自我淘汰的人,又有什么艰难险阻能挡住他锐意改革的脚步?!——我看到新型的人和他的伙伴,我相信这新型群体的核心枢纽,会驾驶这艘已有六十多年历史的、带着各个历史时期斑驳的坚固"船体",将能在新的形势下搏风击浪,开拓新的航道。

本文不再细述百好厂在全面推行"目标承包经济责任制"取得成果后,又在全厂推行"以优质优价买卖形式"的经济责任制之新貌;以及走横向联合、积极发展外向型经济之路的情况。更懒得去描述两大间占地一百二十平方米的厂荣誉室里,挂在墙上的各种奖状、奖牌;陈列在玻璃橱里的各种奖杯、奖品等荣誉之物,这些都是从国家经委、轻工业部、浙江省、温州、瑞安市府里捧回来的。在这里,我只说两个比例数:一、百好产品熊猫牌Ａ字号甜炼乳占全国出口总量百分之五十以上。二、百好厂今年一月至五月盈利是瑞安全市其他十八个国营工厂盈利总和的五倍!啊!怪不得瑞安市市长问过我三四次:"什么时候为您安排去百好厂看看?"

我不想再多写什么。只因和吴承宽说话加以病弱之躯难以适应故乡海鲜之美,我放弃了午餐桌上的风味佳肴:蜻蠓——生活在海水和河水交界水域的青蟹和专吃硬壳蜡蠓的黑色小鱼蜡蠓虎。软而小吃大而硬，大自然之奇观令我胡思乱想：什么观念是改革意识的天敌？吴厂长正要把蜡蠓往我面前碟子里挟，我知这大蜡蠓是午餐最贵的菜。我认真地打趣说："都存在百好吧！一九九〇年来吃，月息三分。"

吴承宽敏锐的目光眺着我："立契吗？"

"立契。"

吴承宽立即找来纸笔。"你违约不来吃呢？"

"当以今日海鲜市价折每千字稿酬价以文字偿付。"于是双方签字，瑞安前市委书记张桂生作证。

吴承宽志得意满，高级经济师心电脑一算：无论我一九九〇年来吃海鲜或交稿，他都合算：千字稿酬在两年内不会高于海鲜的比价，他嘱咐本市著名摄影师刘显友为契约摄影，复印存档。

只为重利压身，当晚书写此文，共计五千字，提前交付。那么，这有效期至一九九〇年契约上甲方应偿付者，就看吴承宽和他的伙伴们能否吸引我这"盖千家被、吃万家饭"的作家再来百好厂进餐了。我是想来的，排除"百好"之特殊性，在全民企业的共性里，"百好"做出的"文章"，大有为全国国营企业参考的价值。

当我走出厂门时，吴承宽厂长轻轻地、真挚地对我说："您能不能在深圳、蛇口或珠海给我们找个适当的合营'拍档',我们还要开发新产品,我们不能一门心思盯在奶源上。瑞安一个人才四分多地,可这里山区、半山区有的是水果、药材……"

"要搞饮料吗?"我打量着他那翘进的眼角旁,体现有成就的男性魅力的鱼尾纹。

"对。"

"晚了点儿。什么'可乐',什么'宝',市场上已经多得让人发晕了,除非你再擒雕!"

"当然!"

"对手?"

"也姓'百'。"

"明白。我投个信任票,百好产品六十多年一贯不鸣则已,一鸣惊人……找'拍档'……我试试……试试。"

一九八八年七月十日晚十时
七月十一日凌晨五时半

(本文原刊《散文世界》一九八八年第十期,略有删节)

怀念故乡

谷超豪

谷超豪（1926—2012），温州市区人，著名数学家，中国科学院院士，曾获国家最高科学技术奖。在超音速绕流的数学问题、规范场的数学结构、波映照和高维时空的孤立子的研究中取得了重要的突破。历任复旦大学副校长、中国科学技术大学校长、温州大学校长等。

对于长期居住他乡，有时甚至飞越重洋、奔走天涯的人来说，怀念故乡是倍加亲切的。

我怀念故乡秀美的山水。那苍翠的华盖山，亭亭玉立的积谷山，洒下无数烟雨珠玉的梅雨潭瀑布，宛如在人间仙境的石门胜景等等，经常浮现在我的眼前。我还曾两次去过雁荡，这是我所见到过的最奇妙的自然胜景，引以为憾的是两次去的时间都很短，还没有把这个山区的风光一览无遗。

写到这里，我又想起了故乡所经历过的苦难的岁月。它曾被侵略者狂轰滥炸，顷刻之间，我们学习、生活的温中校舍，化为一片瓦砾。我永远记得在防空洞里听到的炸弹的呼啸声，小孩和妇女的嚎哭声，看到那残垣断壁下满身是血的死难者的尸体。故乡也曾被侵略者的铁蹄直接践踏。我曾在几十里外，眼望着日寇纵放的熊熊大火，把天边映得通红。大火吞噬着城市，也烧灼着我的心。

我怀念在故乡战斗过的革命志士们，和那些醉生梦死、花天酒地、抢发国难财的投机者们相反，他们在严酷的白色恐怖中，冒着生命的危险，坚持奋勇的斗争。无论在城市或农村，都踏遍了他们的足迹。他们的汗水和鲜血灌溉着故乡的田野，培育着它的光荣革命传统。

我怀念在故乡从事辛勤教学的老师们，在那艰难的岁月里，他们和学生一起到贫困的农村，尽管生活十分清苦，但他们辛勤执教，一丝不苟。"钟灵毓秀，桃李葱茏"，在他们的培育下，人才一批批地成长，使温州在学术上也享有盛誉。

解放后，我忙于工作，只回去过一次。但我为故乡的每一进步而欢呼。温州新生了，人民幸福了，生产上去了，文教事业发展了，这些振奋人心的消息，给我带来了极大的欣慰。

十年浩劫期间，从故乡传来了一个个不祥的消息。火不是侵略者放的，而是那些"响当当"的"英雄们"的杰作。坚持地下斗争的志士们没有死在敌人枪弹下，却不明不白地被夺走了宝贵的生命。学校关门了，学生不想学习了，青年们在歧路上彷徨。那些早已绝迹的沉渣，又一一泛起，把好端端的温州，搞得那么乌烟瘴气。

新的历史进程给人们带来了无限的希望，从故乡又传来了不少的佳音。我期待，期待它永不忘记过去的苦难，永不忘记那光荣的传统，期待它洗刷所蒙受的屈辱，重振昔日的雄风。

也许是它所受的摧残太严重了，也许是大地的回苏总要有一定的时间和过程，故乡来的人们并不以它的进步为满足，有时还为某些阴暗现象而痛心。固然，这也引起了我内心的不安。但我相信，在今后的历程中，这些终究只会成为短暂的历史现象。故乡的聪明、勤劳的人们，一定会以加倍的努力，以坚定而扎实的步伐，在新的征途上前进又前进。

(本文原刊《温州一中八十周年校庆专辑》，温州一中八十周年校庆筹备委员会一九八二年八月编印)

忆临时中学

王来棣

王来棣（1926—2012），温州平阳人。浙江大学毕业，一九五二年到中国科学院历史研究所第三所（今中国社会科学院近代史研究所）工作，从事现代史研究，副研究员。先后参加《五四运动》《中国近代史》《中国近代史稿》等书编写或增订修改。

一九三八年初，我小学毕业，进入设在平阳鳌江的"临时中学"读书。临时中学的寿命很短，一九三八年初创办，一九三九年初就被国民党政府下令解散了。临中的一年生活，是我的启蒙时期，使我终生难忘。每当填写履历表时，我总要把这段经历写上，并引以为荣。

抗日战争爆发后不久，平津沪相继沦陷，温州地区在外地上学的学生，纷纷返回故乡。我的三叔父王栻（清华大学研究生）和六叔父王载纮（天津南开中学刚毕业）也于一九三七年初秋回到鳌江。三叔的同学沈鉴先生，因家乡沦陷，也到我家避难。他们都是参加过"一二·九"运动的爱国学生，到家乡后，立即投入抗日救亡运动。平阳北港属浙闽游击根据地，早在土地革命时期，就有红军活动。鳌江镇与北港是近邻，进步力量比较强大。鳌江地下党组织团结爱国学生，在抗战爆发后半年时间内，就成立了"平阳青年抗日救亡团"、"新生剧团"、"青年军训队"、"妇女团"、《平报》社和临时中学。

临时中学在校风和课程设置方面，都与一般中学不同。学校的教师都是从外地回乡的大学生，除上述我的两位叔叔和沈鉴先生外，还有他们的同学陈德煊、蔡孔耀、汪远维、徐贤议、王祥第等先生。学校的经费主要是学生交纳的学费。教师们没有工资，每月发给五至十元伙食费。校舍是原来的"娘娘宫"，从当中佛堂隔出一个小礼堂，两旁轩廊改成四个教室。全校学生一百多人，分四个班：高一和初二各一个班，初一两个班，课程除语文、英文、数学、物理、化学外，给我印象最深的是"国耻史"。"国耻史"教师汪远维，是清华大学历史系的学生，地下党员。他讲课时并没有很多慷慨激昂之词，而是用大量帝国主义，特别是日本帝国主义的侵华事实，激励学生的爱国热情。上课时，我们往往禁不住高呼"打倒日本帝国主义"的口号。汪老师一面揭露清朝政府和国民党政府卖国投降的罪行，一面讲述爱国军民英勇抗战的故事，给我们留下深刻的印象。以后我学习并从事近代史研究工作，与汪老师的启发不无关系。

每星期一，按照当时的惯例举行"纪念周"，主要由老师述评前一周的政局和抗日战争的进展情况；有时由我们自己写墙报，绘制抗战形势图，上街张贴。老师们通过这种活动，教我们分析政治形势，关心祖国的命运。

临中上课时间一般集中在上午，下午功课不多，课余可以自由活动。我的大部分课余时间是在校旁的民众教育馆里度过的。民教馆里有不少进步书刊，对我影响最大的是毛泽东同志的《论持久战》、斯诺的《西行漫记》和高尔基的《母亲》。当时我是个年仅十二周岁的初中一年级学生，第一次阅读《论持久战》这样的政论性文章，感到非常困难。我花了大约一个月的时间，才一知半解地读完了它，懂得谁是抗战的主力和抗战必胜的道理。《西行漫记》和《母亲》把我带进一个新世界。从此，我向往苏联，向往延安。

我还利用课余时间参加青年军训队和妇女团的活动。青年军训队办过两期，我都参加了。每期三个月，共有队员五六十人，大都是店员、教师和学生。王载纮任队长，王于东任教官。军训队以保卫家乡为宗旨，向国民党政府要了几十支旧步枪，人手一支。每天清晨，我们身穿灰色军装，裹绑腿，穿草鞋，在鳌江小学的操场上持枪操练，有时还进行野营和演习。妇女团团长是鳌江小学教师陈素瑶（现名陈章耀，地下党员），副团长是杭州高级中学学生宋爱兰。妇女团组织我们进行家庭访问，办识字班，给居民注射霍乱预防针，此外还请医务人员教授救护伤员的知识。

一九三九年初临中被解散后，老师们相继离开家乡，阮世炯、金冶、许启桐（现名许布洛）、方严娟、周月仙等十多位进步同学，由地下党输送到皖南参加新四军，我和多数同学留在蒋管区继续上学。因为国民党政府把临中看作"赤化"学校，不承认我们这一年的学籍，视我们为"赤化分子"，这就更促使我们走上革命的道路。

临中的时代虽已过去四十多年，但我至今仍怀念那充满爱国民主精神、富于革命朝气的学生生活，思念并感谢当年教育和帮助我的良师益友。

(本文原刊《浙南日报》一九八三年十二月十五日)

温州学人在香港

杨勇

杨勇（1929—2008），温州永嘉人。著名学者。曾任香港中文大学、台湾高雄师范大学教授。著有《世说新语校笺》《陶渊明集校笺》《洛阳伽蓝记校笺》《杨勇学术论文集》等。

温州同乡会成立五周年，王国桢老先生邀我写一篇有关"温州学人在香港"的文章，用资纪念，我虽然滥竽中文大学三十余年，而所知实在有限，前辈之中，在香港专上院校任教者，盖有瑞安籍伍叔傥先生、林仲达先生、陈次甫先生及永嘉籍王书林先生等，都是饱学之士，道德文章，冠绝当世，实为一时之彦。最为后辈所敬佩。可惜时间匆促，材料不周，难以详其历履，只得据胸臆录出，述其大概，以报王老之命。杜撰尤所不免，仍待他日补正。

伍叔傥先生名俶，瑞安仙降人，少从平阳宋平子问学，稍长，入北京大学中文系，遇黄季刚先生。与论今古，甚得奖许。时年十七，暑间返乡里，随父拜访孙仲容先生，请示治学门径，孙验其学程，乃曰：言学问则须从少植其根基，言文则可。又问：学何代文为宜？孙曰：观君体态，六朝或有所成。于是发愤忘食，总观三代两汉之书，而专精于六代之文。终于大有所成。领吾国近代风骚者凡三十余年。骈体文、五言诗乃其专长。尝任温州中学国文教席，现任国立中山大学教授王季思先生，即其中学任教时之得意门生也。历任国立中山大学中文系教授，抗战军兴，出任中央大学中文系主任，胜利后任台湾大学中文系教授及日本京都大学访问教授，一九五八年转来香港崇基书院任教，兼授新亚书院六朝文。余生也晚，幸忝列先生之门墙，上其文心雕龙课。先生论议高左，证引渊博，而乡音则极浓。可说句句都是温州话。同学不知所云。初时选修者凡七八十人，二三周后，只存十余人。余每堂必在前座，某日，先生问余："你懂我的话吗？"我说："句句都懂。"全堂哄然大笑。自此之后，先生与我过从渐密，乃知先生文学根底深厚，文章功力精绝。《三国志》《文选》《后汉书》几乎篇篇能背诵。援笔成文，藻思不穷。先生《穷照录自序》所谓"万里寻师，不知国有颜子"者，正指我而言乎。先生六朝文既将绝，而其人亦随之，行谊若嵇阮高深不可测，而平淡自然，不异常人，其妙在此。余所撰《世说新语校笺》，能风行于世者，先生所付心力最多。高山仰止，景行行之，虽不能至，而心向往之矣。一九六六年十月病逝香江，享年七十余，有《暮远楼诗钞》问世。哲嗣既安、既妥皆有成就。

林仲达先生，瑞安县城人。瑞安林氏，书教最盛，代出才人，近者林损、林尹是。先生少慧敏，读书过目不忘，族人皆异之。早岁负笈北京大学，毕业后任平阳郑楼师范学校教席。抗战胜利，南下台湾，任台湾师范大学教授，后任香港珠海书院教育系教授兼主任。赋性纯厚，治学严谨，行事一秉于古礼，口不多言，悛悛如乡人，而学生笃教之则若泰岳。死之日，全校师生莫不为之哀痛，可谓有道之士者矣。

陈次甫先生，名鸿翔，瑞安县人。早岁负笈日本，毕业早稻田大学，归国后，任浙江绍兴中学、温州中学教席，长物理之学，民国二十四年任教育部督学，不久，即出长留日学生监督（位同大学校长），抗战胜利后南来台湾，任师范大学教授及新加坡南洋大学教授。一九六四年任香港新亚书院心理学教授，一九八七年病逝台湾，享年九十有六。其为人也忠厚诚信，宅心宽和，待人周到，尤喜交游，识者多尊其行谊而称之为"好好先生"云。

王书林，永嘉人，父鸣卿公，晚清历宰闽福清古田等邑，所至有声。鼎革后入财经界，从张公权、黄群游，温州中国银行、瓯海实业银行，均其手创。

清华用美庚款，浙省每年取四人，名留美预备班，自高等科循序渐进，毕业至美入大学。是为旧制。是年入学考试，国文命题"王骥论"，诸生瞠目结舌，莫知所以。书林幼娴经史，至此下笔千言，遂膺选。时屈映光主省政，赠以"两浙名实录"一函，期许之深可见。留美时历经哥伦比亚等名校，得有教育硕士，精心理、统计学，平生诲人不倦，其子侄后昆，得其启迪成材者甚众。

曾任山东教厅督学，浙绍兴中学校长，抗战时任教中央大学总务长兼教授，胜利后中大复员，任南京临大主任。一九四九年来港，任珠海、新亚、香江、崇基各校教授。

一九五九年香港专上学校成立协会，任秘书长。中文大学成立转任校务秘书长。先生虽系留美学生，国学渊源深厚。晚年移居美国，以《论语》自娱。著有《论语研讨与索引》及《论语译注与异文校勘》二书，行之于世。用力之勤，凡二十年寒暑不易其志。《论语译注自序》云："平生快慰之事，无以成此二书为最。"足见用力精苦之一斑。一九八三年病逝夏威夷寓所，享年八十有五。子兆凯，夏威夷大学农业博士任教授兼主任，可谓有后者矣。

此外，有新起之秀者黄笑椿博士，为已故黄朝阳先生长女，朝阳先生六千金，皆大学毕业，而以笑椿成就最大。笑椿五十年代随家人来港，就读协恩中学，读书勤勉，分秒必争，常抱书而睡，一九六四年考入香港大学生化系，在校操行端正，为同学敬慕，毕业后留校研究，得博士学位，乃温州女性同乡在香港大学得博士学位之第一人。历任该校讲师、高级讲师迄今。为人孝悌谦和，教学甚勤，实年青学人中之佼佼者。

吾温州山明水丽，文物丰厚，民风淳朴，克勤克俭。五六十年代来港者，虽以工商业为志，然极知教育后辈之重要，或节衣节食，培植子弟则不遗余力，子弟皆能听命不违，努力向学，故后杰辈出。大学毕业者甚多，其得博士学位而名于国际者，有林启明先生次公子鸿麒博士，美国麻省理工毕业，现任美国一公司研究部主任。陈良崇先生大公子增涛博士，法国大学毕业，现任法国一公司驻港饮食业代表。唐国华先生大公子（DR.FRANK DONG），英国伦敦大学电脑博士，现任美国洛杉矶一公司主任。董超俊先生大公子林森博士，亦在美国一公司任经理。叶仲文先生二公子文龙博士，台湾国防医学院毕业，现在美国执业。胡志贤先生次公子阿森博士，台湾大学医科毕业。已故仇之谦先生四公子朝光博士，巴西圣保罗大学毕业，现任巴西一公司董事。此皆我温州同乡之精英,亦社会之生力军。更望后来居上,青出于蓝,努力不懈,精益求精,发扬吾温州人之固有美德云。

(本文原刊《温州会刊》第七卷第一期,台北市温州同乡会会刊一九九一年二月十日印行)

苍南乡思

谢云

谢　云（1929—2021），盛培，号裳翁，温州苍南人。出版家、书法家。曾任广西出版总社社长，广西自治区新闻出版局局长、宣传部副部长等职。创办线装书局，任首任总经理、总编辑。著有《谢云书法集》《灯前余墨》等。

乡思有寄，梦魂里归。扁舟一棹，家在江南。三大庙居，水乡村落。舟楫悠游，山水佳音。鲸头古庙，心香袅绕。硫石独峰，俯仰乾坤。莒溪灵境，渊澄取映。蒲门城墙，风云无毁。矾都水净，冰清玉洁。玉苍奇石，残山剩水。桥墩古镇，茶香四方。风帆霞关，碧海无波。炎亭海错，千舫到此。阅尽人间，凤岭登高。寇扰大渔，御敌国门。碗窑访古，依稀柱石。矴埠山静，古屋瞻胜。纵横阡陌，贞坊千秋。香林妙寺，水绕禅门。白石古桥，踏归旧路。河上渔鼓，喜听乡曲。竹怜春雨，春笋好吃。芥菜晒干，阶前香漫。油菜花开，天地含芳。门前绿水，父老笑容。秋村画图，波翻金穗。机声唧唧，宜山遗响。水驿棹渡，龙港筑城。金乡钱库，万象呈祥。灵溪新景，天开画境。入祠问祖，谢家宝树。花开三月，清明拜坟。祖传闽音，没齿不忘。父写春联，半耕半读。父栽桑园，桑枣红挂。墨洒铁砚，父亲教笔。当窗无尘，家之后园。清潭三尺，我家水缸。篱上瓜熟，至味淡泊。闻鸡起舞，父传子学。叔婶身教，与世无争。母亲归去，遗我六岁。报母无日，静坐垂泪。婶母百岁，辛苦持家。路栽桃李，宜山校园。笔架山前，起伏连卷。故园种果，文旦犹存？芳草田径，人生穷达。旧游何处，两椽茅屋。春风化育，乡土恩情。

(原刊一九九九年四月三十日《苍南时报》，选自《灯前余墨》，中国文联出版公司二〇〇〇年一月第一版)

思故乡

施昌东

施昌东（1931—1983），又名施昌骥，温州文成人。毕业于复旦大学中文系，留校工作，专攻美学。著有《先秦诸子美术思想述评》《汉代美学思想述评》《美的探索》《一个探索美的人》等。

我生于温州西部山区的一个小镇——文成县玉壶镇，是吃那里的红番薯长大的。因此，解放以后，我在外地，每当看到红番薯，往往就情不自禁地想起我的故乡，想起我的青少年时代的生活来。

我的故乡是一个小小的盆地。她四面环山，形如酒壶，故名"玉壶"；其中一弯溪水，天然地流成一个"之"字形，再加上北面狮岩寨上两座草木葱茏的山岗，就俨若一个巨大苍劲有力的"芝"字，故又名"芝溪"。因此，自古以来，在当地的门联上就有"壶山毓秀，芝水回文"之句。我从小就活跃在这壶山芝水之间，深深地受到大自然之美的熏陶。

我的父亲是一个铸造罐镬和犁头的老司，他一双手做工，要维持一家七八个人的生活，家中只能以红番薯或番薯丝为主食，只有逢年过节的时候，才吃一顿白米饭。因此，我小时候为了吃上那一顿特别喷香的白米饭，是多么地盼望清明、端午、中秋、春节的到来呵！

由于家穷，我到九岁才入小学，同时也参加劳动，经常跟哥哥叔叔们到很远、很高的山上去砍柴，因而至今在我的手指上还留有被柴刀砍破的若干伤疤。然而，我却一直为自己小时候当过樵夫而自豪，所以在解放以后，我在杂志上发表美学论文时就曾特地署上"施樵"这样的笔名，以作纪念哩。

在抗日战争胜利以后，我小学毕业了。也由于家穷，我不能去读自费的中学，只得考入公费的瑞安县立简易师范学校。然而只读了一年，师范生的待遇就降低了，入学寄读要自备食米。那时我家还是终年吃番薯丝度日的，哪有白米让我带到学校里去呢？为了升学，我和两个也很穷苦的同乡同学，在瑞安城里一户贫民家里租了半个极为简陋的房间，从家乡运去番薯丝和柴草，每天买些咸菜和虾皮，自己烧着吃。甚至还有一个夏天，由于家中困难，番薯丝未能及时运来，接济不上，不能开伙，我们三个人只得饿着肚皮去上学。两天以后，才设法借到一点钱，在那飞云江岸边摊头上买了一碗豇豆稀粥喝了。然而，那时我却因此深感读书机会太难得而更加用功。

在瑞师读了两年半，还没有毕业，我就到温州海坛学社补习英语，准备投考高中。这个私办的学社是在海坛山上的一个古老破落的庙宇里。其中有一个神柜，里面坐着一尊佛像，名叫海坛爷；前面站着两个判官，一文一武，异常威严，时常有人来烧香跪拜的。因为瑞师不教英语，我为了尽快考上高中必须将初中三年读的六册英语在半年之内全部补习好才行，于是我就住在庙里，废寝忘食、夜以继日地苦读。在夏天，那庙里蚊子多极，把我的脚腿都叮肿了，我也顾不上去治疗一下。到了秋天，我成功地以同等学力考上瑞高。

在这里更值得我回忆的是，我在温州期间，平生第一次看到了电影，特别是《松花江上》和《一江春水向东流》两部影片，描写抗日战争及其胜利以后人民的斗争生活和苦难异常强烈震撼着我的心灵，使我多次感动得嚎啕大哭，甚至忍不住内心的悲愤而跑出场外痛哭了一阵之后，才好继续看下去。从此我开始体会到艺术之感人力量的伟大而深深地爱上了它！

后来，我在瑞高也就特别喜爱阅读文艺作品。当然，在这方面也还由于高中的几位老师对我的深刻影响。我还记得宋贤老师曾给我们班讲授《诗人杜甫的伟大同情心》和鲁迅的小说《药》《故乡》等，就使我很感兴趣。再如朱昭东老师是我们的班主任，既教我们的音乐课，又教我们演戏；在解放初期我参加《血泪仇》《宝山参军》和《金戒子》等革命歌剧的演出，就是他导演的。尤其是胡焕光老师对我的影响最大，他不但在上语文课时常以革命文艺理论来启迪我们如何看待文艺作品，而且还经常指导我写新诗和小说等等，使我对文艺越来越爱好。因此，在一九五一年秋高中毕业时，我就去投考复旦大学中文系，由此后来我才走上了以文艺为主要研究对象的美学科学的道路。

……

回想我在温州度过的青少年时代，使我深深地感到艰苦的生活能锻炼人！后来我在外地三十年来，在为建设祖国美学科学事业而奋斗的过程中遭到种种挫折而不消沉、退缩，这是与我从小就在艰苦的生活中培养了相当坚强的意志和毅力分不开的。

(本文原刊《浙南日报》一九八二年九月二十二日)

怀念王晓梅先生

刘旦宅

刘旦宅（1931—2011），原名小粟，后改名旦宅，温州市区人。著名国画家。自幼爱好绘画，十岁举办画展。擅长人物、花鸟画，代表作有《石头记人物画》《聊斋百图》等。

王晓梅先生是我的启蒙老师。他的殷切期望，对我以后毕生从事艺术的追求影响极大，他的嘉言懿行，值得我永远以崇敬的心情追忆萦念。

忆念王先生，使我又回到了五彩缤纷的童年时代的朦胧梦境。

我幼时家境贫苦，学龄前，记得没有什么好玩，只是整天在石灰地、墙壁上到处鸦涂，以画画作为游戏。后来该上学了又付不起学费，求得分减免还是很拮据。有人看到小小年纪画得蛮有意思，就介绍我进永嘉县（即今温州市）最有名的三希小学读书。校长就是热心教育事业著称的王晓梅先生。

记得初次见面时，王先生仔细地欣赏着我的画，就一口答应允予进校读书，学费全免。后来又因看我面黄肌瘦营养不良，有段时间还不收伙食费在校住读。——四五十年过去了，当时的情景使我永志不忘。

进校以后，王先生对我的教育真是关怀备至，专门成立了叫什么名称的辅导小组，在课外对我进行全面培养。他谆谆教导我说，光是画好画还不行，那只不过是个好的画匠；应该学好一切文化知识，字要写得好，要会作文，懂诗词，历史地理和其他科学知识也不能放松。他认为一个优秀的画家，必须尽可能地吸取前人积累的各种知识来作为自己艺术修养的养料，他还常常教育我说，艺术必须从象牙塔中出来，走向十字街头，督促我去写生，去画码头、工地、路边、土里的劳动大众。在学习传统之外教我要吸取西洋的技法。并着重指出连环画是一种很好的形式，要多进行创作。希望我成为一个融通古今、切实有用的有创造性的艺术家。虽然我至今还没有达到先生所要求的境界，但是我确实感到他是一位有识见、有魄力、善于因材施教的教育家。

王先生主持下的三希小学，不但课堂教学认真，成绩很好，课外活动也生动活泼、丰富多彩。学校里有由学生志愿参加的各种兴趣小组，还经常组织各种比赛，如作文比赛、演讲比赛等。各个年级都出墙报、办画廊、开故事会、开成绩展览会、演出文娱节目等等。这些在旧学校里是不多见的。学生们在这种愉快、活跃的学习气氛中，进步较快，而王先生又十分注意从各种活动中发现人才的幼苗，组织专门力量重点培养。使我印象特别深刻的是一次王先生发动学习苏联小英雄铁木儿活动，教导大家勇敢坚强、爱劳动等。现在想来，解放之前那时的条件下，王先生就具有这样的进步的教育思想，真是难能可贵，使人敬佩。

三希小学的课外活动还常常扩展到校外，在社会上有一定影响，县里多次举行比赛，三希总是名列前茅。记得有一次全县小学生作文比赛，我得了第一名，王先生为了防止学生的自满情绪，谆谆教导，指出文章的不足之处，如何来提高，今后更须努力学习等等。

王先生多才多艺，能诗懂画，还会写剧本、作导演。抗日时期，他曾为学生编导了好些演出节目，到校外献演。宣传抗日救国的道理，很受观众的欢迎。有一次举行抗日救亡募金义卖，正值农历端阳节。他出了主意，教我画了几十幅

《钟馗》由他加题诗词,突出镇恶捉鬼的主题。"钟馗捉鬼"是民间喜闻乐见的古老传说,日本侵略者又被人民斥之为日本鬼子,传统题材和当时形势巧妙地结合在一起,群众大为赞赏,几十幅画一售而空。由此可见,王先生不但是一位出色的教育家,而且是一位热忱、机敏,善于做宣传教育工作的爱国者。

我少年时代受到王先生的教育、培植,更使我永生难忘。我的最早的个人画展就是在他的主持下举行的。第一次是我刚进三希那年在大同巷校部,名称是"十龄童刘小粟个人国画展览会"(我原名柏清,小粟是王先生给我取的,后来才改为旦宅);第二次是毕业时在五马街国货公司。那时展出的作品,现在想来并不出奇,只是因为年纪小居然能画几笔,引起了人们的兴趣,溢美之言充耳不绝。赞扬声听多了,不一定是好事。王先生及时地既鼓励又告诫,切莫成了一个"十岁的天才,二十岁还不失为秀才,到三十岁便成为庸才"的人。教我读王安石写的《伤仲永》,意味深长地指出文中"泯然众人矣"是不使学之故。后来在我的纪念册上题着:"不懈不怠,成功在等着你!"王先生的题词和一些有关的资料在十年动乱时都毁了,然而王先生的教导永铭在心。

王先生作为一位教育工作者,在我的印象中是完美的。他公而忘私,把全部精力都扑在学校工作上,即使是假期也很少回到住在永强的家里去。他又慈祥而坚强,为了让学生有一个比较宽敞合理的校舍，不惜以去就向校董会力争以底于成。他真是忘我地把全身心融化于教育工作，以致在解放初期，当我初步理解共产党人所应具备的高尚品质时，便立刻联想到他：王梅晓先生一定是位共产党员——虽然后来知道他其实不是。

以后，王先生由于众所周知的原因蒙受了种种冤屈。我和许多深知王先生的人一样，是难以相信的。但也由于众所周知的原因，只能是默默地无济于事地对他感激和怀念！王先生现在早已得到昭雪，我以无可名状的心情写了这一点点回忆，为王先生高兴。王先生对故乡教育事业的贡献是不可磨灭的，王先生为祖国培育人才的高尚精神是永存的。

（本文选自《瓯海文史资料》第一辑，瓯海县委员会文史资料工作委员会一九八六年十月编辑出版）

衣食

周素子

周素子(1935—),温州乐清人,周昌谷之妹。著作作家,现居新西兰。著有《晦侬往事》《情感线索》《水云集》《周素子诗词钞》等。

记忆中母亲的一首歌谣,咏的是故乡四季的主食。歌谣道:"正月糕。二月两三条。三月苦苦。四月麦稞。五月五月荒。六月早稻黄。七月七秋凉。八月番薯芋头娘。九月九重阳。十月薯丝晒遍白洋洋。十一月烂冬天。十二月做糕好过年。"

过年打年糕，在我们老家里是头等大事。头年十二月下旬打好的年糕贮存，富裕的人家要吃到第二年的二三月份。清贫些的人家，几家合打，也要吃到正月末。都要请师傅来做；自家有壮劳力的，相帮揉粉、舂捣。打年糕的场面很热闹，也很复杂。在那个年代，从米到粉，到蒸，到捣等一系列程序，一律都是手工的。

在我家与大伯父、二伯父相邻的游廊尽头，与小鱼池隔一道花墙处是磨坊间，这里就放着一具石磨，耳朵上木把两端吊挂梁上，人站在固定的位置上，推而使石磨转动，可一人磨，也可二人合磨。磨石是须保养的。经过一年的使用，凡磨米、磨麦、磨干薯丝，或街上邻里来借用，磨石经常磨损，于是在准备打年糕需大量磨香粳米前，要请石匠来锻磨，加深石磨上的沟道。小时我欢喜看匠人锻磨；看王师傅来家理发；更欢喜在年前看请来的女工在家做鞋。邻里的妇女常来我家借用石磨，她们在磨粉时，用宽带绑背着孩子，孩子在母亲背上，在摇晃的规律动作中睡着了。母亲们在磨米中哄着自己的孩子，经常唱着歌谣。我还记得一首，说的是"磨麦。请客。磨糯米。请自己。磨粗糠。请大公。"（两两押韵，"公"读成"刚"，土语，是大伙的意思。）直白可爱。

老家的年糕做得很粗人，像大人的胳膊那么粗，要在立春前用冬水浸入大缸内，往往放到第二年的春末夏初，不能换水，换水年糕会发臭。但是臭年糕炒咸猪肉、辣芥菜还是一道特殊风味的家乡佳肴。我和昌米哥特别爱吃。他后来寓居杭城，还要求家乡来人在春天为他带臭年糕，他还不忍私自享受，要招呼我等同享哩！

年糕师傅都是天生的雕塑艺术家。当米粉团在蒸笼中蒸熟，倒在捣臼中舂捣，然后放在大案板上，年糕师傅光着双臂，趁热揉粉团，双手烫得通红。他们为孩子们捏出十二生肖等动物形象，用红豆、黑豆嵌作眼睛，然后在腹部插上一根筷子。孩子们舍不得吃掉，总要等正月过后，才会蒸来蘸白糖吃了。师傅还用各式印板印出花纹、形状各异的花年糕，这是用来送人情的。打年糕时，邻里可以随时进来吃糕头，主人不得拒绝。"糕头"所用馅，不外为花生、芝麻粉、红糖等乡间粗货。孩子们穿梭、夹杂其间，将节日的气氛渲染到了极致。

我的老家山区，不多的水稻梯田，一年四季大都吃的五谷杂粮，尤以薯丝为主食。即使富裕人家，也不能一年到头吃白米饭。用柴灶烧饭，大锅内一半是米饭，一半是薯丝干，中间用小竹帘隔开。孩子优待吃米饭，大人们吃时则以薯丝和米饭相混着吃，谓之"擂沙饭"。平时很少炒菜，木制的锅盖很高，凡萝卜、菜根、鸡蛋、咸肉、咸鱼，一律在煮饭时放在帘架上一锅蒸。吃蹄膀、红烧鸡等也通常只在锅中煮之半熟后，仍盛在碗内放到饭锅内帘架上重蒸，到糜烂为止，省柴省时。从小的饮食习惯，使我至今不爱吃炒菜，尤其不欢喜吃肉丝油炒什么东西。我仍然欢喜吃蒸熟、炖熟、糜烂入味的菜肴，或者就是腌制的海货、蔬菜，如咸蟹、咸虾、咸肉、咸鸡、醉泥螺、醉香螺、醉蛏子、糟白鱼、糟鲞、风干肉、咸菜、酱瓜……若有贵宾临门，一道白鲞炖猪肉，是待客佳肴。

老家在端午节不裹粽子，要在过年时才裹粽，其品种不多，有纯用糯米裹之者，称"白地粽"。以糯米浸草木灰汁裹之者，称"淋灰粽"，煮熟后呈黄褐色，有一股奇特的香气，我母亲很欢喜吃。还有豇豆粽，更有特别大量包裹的是番薯粽。山乡盛产番薯，秋收时红皮白芯光趟个大的，藏于柴仓砻糠内，到十二月裹粽时，取来去皮、刨丝，剁成米粒状，混入糯米裹之。裹白米粽时不能裹得太紧，太紧煮时米胀裂口。而裹番薯粽，要塞足、塞实，因为番薯熟后，反会缩压。番薯粽宜冷吃，既甜又糯，不需菜肴。番薯粽是粗货，不能款客，但我则特别爱吃。家家户户于番薯粽都是裹得特别的多，是上山、下地、落市时所带的主食。平时煮熟后一串串晾挂在廊沿通风处。

小时堂兄弟们常在家里竹林中办过家家的游戏，吃的是真食物，哥哥们分配我们回家偷食物，我总是挑的番薯粽。往往我和昌谷哥配合，我爬在谷哥肩上，由我摘取。还把吃后的粽叶塞入灶膛深处，大人做饭时，粽叶随之焚烧了，不留痕迹哩！廊沿所挂的粽，常常每天三五个地递减，只听母亲埋怨道，今年的番薯粽裹得那么多，怎么不见吃就少了？我们背地里真高兴极了。只有白地粽蘸白糖才是款客的。后来到了杭城，才知道豆沙粽、肉粽，还有"五芳斋"的名牌，真是"食不厌精"啊！

过年还做姜糖麻糍，是把做好的糯米糍团浸入姜糖汁中。个头就有小碗那么大小，城里小姐吃不了半个。端午节时，正是新麦收割的时节，山乡的端午节吃新麦饼。制法一似春饼，老家俗称"熄饼"，比城里的春饼大两三倍。裹饼的作料很丰富，一般备有咸猪肉、豆腐鲞、绿豆芽、炒鸡蛋丝、弹胡（海跳鱼）等菜肴，卷入饼内成筒，一筒有胳膊粗细。这只有穿粗布衫的山里人吃起来才不嫌粗犷而快意。

去年暑间我们曾经归国，三幼一家也自德国返里，一起回到雁荡老家为我父母扫墓。在大荆古镇，我三伯父的养子显正哥就以"熄饼"招待我们全家。德国女婿王渊食之，赞不绝口！

山区四时八节，或请短工帮工时，吃点心一般做"麦粿"，咸者以干菜、肥肉做馅，甜者是花生芝麻碎馅。去年回乡，老朋友如坤做了数十只"麦粿"送到荆庐慰问我等。

乡人待客，还炒米粉干，殷勤与否是看作料的丰盛与否，有时一盆炒米粉端上来，作料比主食还多！作料大多用肉丝、香菇、木耳、笋干、金针、虾干、弹胡干、鳗鲞等等。

下半年做冬至，都吃汤团，一只汤团有酒盅大小。咸者做成椭圆形,有嘴,内以咸菜、豆腐干、肥肉为馅;甜者圆形无嘴,内还是花生芝麻碎,外面滚以松花,淡黄色。还有以花生、芝麻、豆粉拌糖,滚在实心汤团外面,称"擂毛汤团",我最喜吃这种汤团。

古镇依山面海,吃的是山珍海味,一日有两潮,随潮海鲜连接上市。过去交通闭塞,又无冷藏,吃不完的海鲜,都用重盐炝、腌、泡渍制之。所以故乡的菜肴,终年有咸鱼、炝蟹、腌海蜇、醉螺等家常便肴。即使是蔬菜,也因山乡地少,而终年吃腌制、霉腐之味,如腌芥菜、霉苋菜梗、霉指甲花茎等。更自制豆瓣酱。我母亲还善于酿酒、造醋。

我童年时的山乡衣着,都靠的是自耕自足,市面上也有卖细洋布的,但是母亲节俭,我们穿的衣服,都是母亲亲自耕织、自制而成的。老家有一句俗话,形容叙述某事的自始至终至细至微,则说"从种棉花讲到拆破衬",从棉花籽开始一直要到拆破布垫鞋底,这个过程真是繁复漫长。我母亲在荆山脚地里播种棉花籽后,摘棉花、轧籽、纺线,将经线绷在机上织布。她能织斜纹布,多色格子布,然后制成各种衣服、被褥,连哥哥们上中学的制服(中山装式)也是以土布染成靛青自制而成的。我后来到县城上中学,也穿哥哥们穿过的土布制服赴学校。母亲交代:洗时不用肥皂,下水为净,否则褪色。布机两头剪下的线头,有一、二尺长,也不使浪费,接上线头,用来打成各类宽细带子,都是蓝白二色相间织出图案，我家里有终年用不完的各种布带。

大姐出嫁后，还常回娘家取带子用度。打带子用的小竹机，只有算盘那么大，在机上经上接好的线头，一头系在床架上，一头缚在腰带上，小竹机就悬空挂着。织带不用梭子，纬线就用手指来回穿挑。每晚临睡，我们在油灯下读书、玩耍，母亲则就灯光盘坐在床上织带子。母亲在宽带上能织出蝴蝶穿牡丹、梅花、方胜等图案。这类带子可做袜带、鞋带、围裙带；宽带还用来背孩子。母亲织的带，我带有两条到纽西兰，作为纪念品，平时很少示人。母亲做家务外，还种地、纺纱、织布。她还养蚕。春天她将蚕仔放在胸前肚兜里，蚕仔渐渐的变成黑色的了，不几天母亲用鹅毛扫下蚕苗，养在小竹筐的一张绵纸上，喂以剪成细末的嫩桑叶。小蚕渐渐长大，遂移至大竹匾上。

桑叶是向山乡农家买来的。当蚕上山结茧前，桑叶的需求量非常大，母亲忧虑接不上，有时亲自跑到山区购买。此时蚕食桑叶，不是一片片喂食，而是以整枝整枝的带叶桑条喂食的。蚕吃桑叶，沙沙沙，像下雨的声音。蚕体透明了，要上"山"作茧了。这时油菜籽已收成，就用一捆捆的油菜杆（所谓"山"）供蚕做茧。然后采茧，母亲自己缫丝，孩子们围在火热的土制缫丝机前，吃缫完丝已煮熟的蚕蛹。若用油炸来吃，比花生米香嫩。此物后来知道还极富蛋白哩！

母亲只卖丝，她自己没有织过丝绸。但是她能织苎麻布，做苎麻背心、苎麻衫、苎麻蚊帐。夏天，苎麻衫用米汤浆洗，穿时即使出大汗也不沾体，且特别凉快。母亲的苎麻衫染以靛青。父亲穿的苎麻背心，则是白色的，撑起来，像穿着纸做的衣服。我家后门井台西边是苎麻园，割苎麻像割韭菜似的，永远也割不完的。故乡割苎麻并不连秆割下搬到室内剥皮，而是直接在苎麻园中披剥，苎麻骨就委弃在苎麻园中，到干后收来当柴烧。披下的苎麻皮，再用刮刀在皮里反向刮离表皮后，撕成细丝。然后就得长年累月地纺织苎麻细线。织苎麻线不用工具，就以食指拇指将一根根细苎丝轻搓连接抛入控篮里。然后再卷成团团的苎麻线团，开始打线。打出的线或织苎麻布，或打成缝衣纳鞋底的线。

  打线是孩子们最高兴的事了，既是玩耍又帮大人做了事。大人先在长廊上相对放置两架土制手摇打线机，然后将团线穿过秤砣置于水盆中过水，孩子们来回奔跑牵线，两根一组，各挂于手摇机铁勾上拉直，大人们再以手摇之，然后两股再合为一股反摇之，就成一条条长线。孩子们牵线于两机之间，松松的握着线，飞快的奔跑。在大人们的助兴呼喊中，跑上一天也不知道累。线打成后，挑个明朗好天，到东门溪，或蒲溪去捶线。溪边有多家捶线的人，捣杵之声，此起彼伏，要一直捶洗到苎线纯白为止。母亲在溪边石块上用棒槌捶线，哥哥们欢喜下水，游着，拉着绺绺长线游向远方。母亲招呼他们，他们不肯回来……苎麻线织布，纳鞋底，成衣，还可做苎麻蚊帐，凉爽、透气、牢固。

过年要穿新衣。我不一定年年有新衣，但一定有新鞋，而且是绣花鞋。花绣在鞋头上，都是由我的堂姐小芽姐刺绣的。她绣的花像活的一样，在古镇上，是很出名的……

契诃夫在他的《白静草原》一文中写过，谁做过乡下人，谁听到过大雁的鸣叫声，谁就再也做不像城里人了。我离开山乡几十年了，后来在城市居住多年，但是我感到我仍是一个山乡人，我仍然不断地从事腌制咸肉、咸鸡、咸鱼、咸菜、咸萝卜，霉制苋菜梗、菜部头，经常想吃麦粿、熄饼。即使到了海外奥克兰，几乎变本加厉，对那些洋食物绝不问津，连牛奶也不喝。但是我在这里仍然遇到了"知音"。去年二月份，二幼的小友高一青想吃霉菜梗，感叹在奥克兰尝不到这一美味。二幼对她说，我母亲处现成有之，遂邀请高一青来品尝。因此我与小高之间由霉苋菜梗有了更进一步的缘分。奥克兰原"利园酒家"大厨余小波，自己身为大厨，但他最欢喜吃我做的制品，而且务必要蒸而食之。他说我的食品是最最好吃的。

现在我腌有冬瓜，佐以新鲜醉虾仁。又有香椿腌生韭菜、以柠檬代醋酸辣浸泡生花菜，还有腌鱼、醉鸡、醉蟹。再焖上一锅香粳米掺糯米的米饭，希望一青、小波能来共享！

（本文原刊《瓯风》新刊第三集，黄山书社二〇一一年十月第一版）

梦绕瓯江旦暮求

王大兆

王大兆(1935—2006),温州市区人。曾担任香港《文汇报》"台湾版"主编、温州旅港同乡会副理事长,著有《最深的乡愁:来自台湾和温州的报告》。

人,往往是容易怀旧的,中外古今,概莫能外。古人有诗曰:人情重怀土,穷达岂异心。俄罗斯伟大作家高尔基也写过:感情倾向于过去,而理智却化身于未来。

一个人在故乡父老的面前是无所遁形的,而我的历史在温州可以说是一本公开的书。故乡一位宅心仁厚的妇人——我最亲爱的母亲给了我生命;而在我个人感情最痛苦的时候,鹿城一位纯情的少女献给我坚贞的爱情,使我感受到家庭的温馨。

我是抗战前出走的,童年时在温州近郊梧田乡下读初小。春天,当燕子南归,呢喃地叫着在屋梁上筑巢时,田野里,小河边,各色野花盛开了。早晨,我们背着书包上学,一路上是放风筝的孩子,各式各样的风筝迎着春风飘荡在空中。

夏夜,天空像是一个倒悬的蓝色大海,映衬着一轮皎洁的皓月,微风轻轻吹过,捎来了远处弹词艺人的琴声和鸭船咿咿呀呀的桨声。

秋日,在河里捞残落的荷花,在田埂旁挖泥鳅和小蟹,嚼着煮好的香喷喷菱角,爬上树摘刚熟的柚子。

冬晨,睡醒后,躺在被窝里懒床,数着黎明的阳光把百格窗的窗纸一格一格地照透……

然而,美好的童年还没过多久,日本侵略军攻占了温州。看着日本兵持抢横行霸道,又眼见机翼涂着膏药旗的日军军机朝温州投入燃烧弹,残杀故乡人民,仇恨的种子埋在了童心深处。

一九四四年温州二次沦陷,我随家人坐舴艋舟逃离到温州山区文成县龙川镇,就读于当时浙江第三临时中学子弟小学。次年儿童节,老师教我们唱《八百壮士》歌,当唱到"中国不会亡,中国不会亡……"时,同学们个个眼睛都红了……

抗战胜利时,我在温州市著名的三希小学读高小,男同学演戏《周处除三害》,操琴的是今天还在台湾的王祝南老师,女同学跳的歌舞是"天上小鸟飞……"那欢快的旋律和美好的歌声,使我至今难忘。而尤其难忘的是耿直的王晓梅校长,他给我们以爱中华民族,做纯正少年的教导,可谓铭心刻骨。半个世纪已过,不敢有违师训。

一九五五年,新中国的黄金时代,在长城内外,大江南北,到处响着《歌唱祖国》《我们要和时间赛跑》的歌声中,我由北京返回故乡温州勤俭中学读书。学校设在背靠青山,绿水环绕的头陀寺里。山涧清泉,树头初日,莘莘学子,琅琅书声。每天傍晚的文体活动时间,男女同学一齐载歌载舞,歌声荡漾在晴朗的天空。

温州,不但是风光秀丽的鱼米之乡,而且是文化之邦。商务印书馆抗战前全国仅几处有分馆,温州就有一个,端赖郑振铎先生乃半个温州人也。我的文化知识,全靠当时进城先坐小人书书摊,后进纪念清末朴学宗师、温籍大学者孙诒让的籀园图书馆,再逛府前街书店打下的基础。在读了一年瓯海中学和一年广州中山大学附中后,我就离开家门,走南闯北,漂洋过海,无论做工习农,粉墨登台,还是教坛授业,以至于今搞新闻工作,可以讲,一切都是故乡所给予。

我年轻时莽撞，故乡父老兄弟对我却非常爱护与宽容。记得一个夏日傍晚，我骑自行车在瓯江边的朔门撞倒一位中年人，我连忙扶起他说："对不起，对不起！"对方看了看我，并未责难，却摇摇头说："你今天撞了我两次了，以后要小心啊！"

我正觉得奇怪，他接着说："早晨在蒲鞋市，也是你在电灯柱旁撞倒我的。"

我一回想，真有其事，惭愧得无地自容。故乡兄弟对我如此厚道，使我每每忆及，往往会笑出泪来。

我所崇敬的亦师亦长的温州市政协主席陈国钧先生曾问我："大兆，你为什么在温州市每次讲话都会哭？"我回答说："那不是哭，而是流泪，因为我每回温州，感情上就翻江倒海，常感微躯难报故乡父老的无限恩情！"

是的，文成龙川清香的山茶，温州梧田甜美的柑橘和杨梅，洞头岛的龟脚（台湾叫"佛手蛤"），灵昆的蟛蜞（香港称"青蟹"），雁荡山雄伟的铁城嶂，江心屿多情斑斓的晚霞……这一切童年、故乡的种种，是如此深深地留在我的心里。

在海外生活了十多年了，我发觉无论在香港、台湾、新加坡，还是欧美、中东，散落在世界各地的数十万温州游子，没有一个人，不对美丽的故乡怀着深深的感情和无限的眷恋。

记得一九八六年我访问欧洲时，在荷兰一个出"菲利浦"音响产品的漂亮小城作客，住在一位既是同乡又是亲戚和学生的华侨家中,我问他读小学的大男孩,想不想回温州?孩子仰起头来回答说:"真想走归!真想外婆、舅舅、阿姨!"我问:"荷兰不是很好吗?"孩子说:"这里只有复活节、圣诞节和同学庆祝生日的聚会。温州过年热闹,还有清明吃米饼、端阳吃粽子、看龙舟比赛、八月十五赏月、冬节吃汤圆……"

近年来,旅居海外和港台的温州人,正注视着改革开放以来故乡发生的巨大变化,每逢见面,都要打听温州情况,并且渴盼着早日回乡探亲。我们夫妇都是喝瓯江水长大的,则更日夜盼望夫妻双双把家回。

温州人像油菜籽,散落到哪里都会生根、开花、结果。生活在世界各地的温州人,靠着自己聪明的大脑和勤劳的双手起家。在香港,男的胼手胝足,拼命苦干,打下事业的基础;女的省吃省用,勤俭持家,相夫教子,配合丈夫建立事业。不管老一辈还是新一代,在自己安居乐业的同时,也总希望能为故乡的发展贡献一份力量。

在台湾,温州人同样也非常怀念故乡。台湾被称为"国宝级"的作家琦君女士的三十多本书中,就有专门写温州和温州人的,例如《烟愁》《红纱灯》《母心似天空》等等。文章中有许多地方甚至用温州方言直写,例如"晒晒暖""爽相爽""天光早"之类。她还引用母亲年轻时在温州农村唱的民歌:"阿姐埠头洗脚纱,脚纱飘起水花花……"

台湾新闻界元老,曾任台湾《中央日报》社长、"中央社"董事长的马星野先生,在收到岛内同乡南怀瑾先生赠送的土产鱼生——一种腌制的小带鱼仔时,曾发表过一首题为《思亲》的诗,就更加感人肺腑:"拜赐鲈莼乡味长,雁山瓯海土生香。眼前滴滴思亲泪,欲试鱼生不忍尝。"

台湾《中国时报》在配岛内政要夫人穿旗袍的彩色照片,介绍中国旗袍之美时,也透露了蒋经国夫人等,长期以来穿的旗袍,都是台北的温州店东杨成贵亲手做的,可见温州人的心灵手巧。

现在,温州及温州经济格局已名扬全球,温州的一举一动,有时在港澳台和世界各国,当天就会见报。《香港》明报在系列报道中国十四个开放城市时,几乎用一个半版配照片介绍了温州。其中一个标题是:"雁荡山媲美瑞士,大排档通宵达旦。"

外国通讯社拍发的温州一位少女骑自行车上街的照片,香港很多报纸都刊登了,人人争看温州小姐,说长得漂亮又打扮入时。

上述种种关于温州的报道,使海内外的同乡,自豪之感油然而生。

近年自改革开放以来,温州的面貌更是发生了巨大的变化,瓯江大桥、楠溪江大桥、飞云江大桥相继建成了,海外同乡们奔走相告。一九八七年十二月,我应邀参加了温州—香港客货班轮的通航典礼,乘风破浪,驶向香港。当时兴奋的心情难以言喻，只记得一位返温探亲的老台胞激动地在船上说："历史将记住这一天！"

故乡是百看不厌的。十年来，我几乎每年总会回去一二次，往返温州无论乘船坐车，不但累人，而且费时，对工作节奏快、时间又宝贵的香港人，总觉得不够方便。

去年四月返温，得悉机场已建成，只待通航，端的快乐莫名。参观温州机场时，只见它犹如一只海鸥，跑道恰如它的两翼，导航塔犹如海鸥高扬的头，候机楼也好过国内不少机场。

六月，由香港直拨国际电话到温州，香港电话公司的女接线生告诉我：温州电话已增至六位号码了，前面要加"二"。原来如此，难怪我拨不通，发展之快，出人意料，令人兴奋。

七月下旬，我平生头一次坐飞机回故乡。由上海一起飞，我就紧贴在机舱窗口，一直看着江河、丘陵、田野快速掠过。待飞机进入瓯江上空，平稳地降落在温州机场，我不由浑身兴奋得发抖。上帝，终于等到这幸福的一天啦！

九月下旬，参加完温州市海外三胞联谊会返回香港，不到两个月，香港报纸转登了中通社于十一月十五日自北京发出的消息，国务院正式批准兴建温州至金华的铁路了，而且是全国首条中外合资的铁路，真是喜事连连，目不暇接。

记得七月初通航前夕，温州旅港同乡会决定在香港《文汇报》刊登套红庆贺广告，理事长黄崇川先生和我共同拟定了内容：

百年大业温州起飞，
鹿城儿女笑溢香江。

这的确表达了旅港温籍同乡的振奋心情。

故乡，您真的变了！从当前日军侵占温州，到今天屹立在伟大祖国的东方，从昔日的舴艋舟、轮船、汽车到千辛万苦建成的温州机场；从拔地而起的工商银行大厦到龙湾工业开发区的工厂林立。这一切证明故乡六百六十万父老兄弟姊妹们是无所不能的，他们以血汗浇成了今天漫山遍野最美最红的山茶花！

温州，我最亲爱的故乡，请让我借用元曲《诵新月》来表达我对您的激情，对您的眷恋：

我初三看你眉儿尖，
初八看你眉弯弯，
十五看你庞儿圆，
这等等都只在今宵前后！

(本文原刊《温州日报》一九九〇年九月十五日，选自《最深的乡愁：来自台湾和温州的报告》，台海出版社二〇〇五年版)

故乡的清泉滋润着我的歌喉

姜嘉锵

姜嘉锵(1935—),温州瑞安人。国家一级演员、中国音乐家协会理事,任职于中央民族乐团,擅长演唱中国古曲诗词歌曲,录有《华夏之声》《宋姜白石歌曲》等专辑唱片及磁带。

"我的故乡有一条小河,它日夜在我的村前流过……"每当我向国内外听众唱起这首《故乡的小河》时，在我的眼前就映现出飞云江上游那清澈见底的水流，瓯江渡口那乘风破浪的小舟。唱完这首歌，当听众报以热烈掌声时，我是倍感欣慰的，因为，我是喝着飞云江和瓯江的水长大的，是故乡的清泉滋润着我的歌喉。

我的童年在瑞安这个小城镇里度过。我家的住屋并不是达官贵人的深宅大院，而是夹杂在鳞次栉比的普通民房之间。我童年时的邻居朋友，不少是穿牛鼻子草鞋的。暑夏，满天星斗的夜晚，大家围着一张竹床，念着童谣："燕儿燕儿，飞过殿，殿门关，飞过山，山呀平，地呀平，飞过过虎岭。"有时我还会情不自禁地爬上竹床，踮着脚尖，学大人撞歌的样子，挥动小拳头唱起："一根扁担射过窗，哎西诺哉，老伯叫我吃冬瓜，唷里山喳。"寒冬，雪花纷飞的傍晚，我就坐在灶前的"柴仓凳"上，一边取暖，一边偎着老雇农五舅公爷，听他哼《长工十二叹》："正月叹苦是新年，穷人勿住财主边……"

后来家搬至温州，住进施水寮这条破烂不堪的小巷。虽然离开了念童谣、唱山歌的朋友，离开了满肚子是歌谣的五舅公爷，环境的转移却把我带入了另一个音乐天地。我家倾斜的大门旁，有一扇小门是长年不开的，这里就成了一个中年盲人乞丐的"雅座"。他每天抱着一个两三岁的小孩，哆嗦着身子，以颤抖的声音在唱着要饭："先生，先生母，路头路尾做做仁德，加福加寿先生公哎……"他的声音是嘶哑的，但感情凄楚，曲调委婉，我听得入神。当我走近他，将一把米放进他的破碗里时，我被钻心的音调，催出了热泪。

清晨起来，小巷深处又传来了"歌声"，那是叫卖音乐。卖豆腐乳的老头拉开粗犷的嗓门唱着："红方，白方，臭方豆腐乳哎，糯米糟豆腐"，平稳的旋律过后，来了一个"豆腐乳哎！"强有力的收音。接着又是卖草药的唱过来，卖番薯的唱过来……

当时我在想，为什么穷人们干活、乞讨、买卖都要唱呢？我朦胧地觉得歌唱更能传递人的感情……于是，童谣、山歌、鼓词、道情以及叫卖音乐在我幼小的心灵里，播下了歌唱的种子。

催我心田里歌唱种子萌发的启蒙老师却在学校。一九四五年，我进瑞安师范附小读书。记得当时的音乐老师是女的，大概叫李谦谦。她发现我有嘹亮的嗓子，就热情地教我唱歌，在一次学校音乐比赛中，我还得了第一名。"听淙淙的瀑布声音，这是自然之境……"这是我十岁时听李老师唱的歌，至今还时时萦绕在我的耳际。

一九四八年我考入瑞安县立中学，由朱昭东老师教我们音乐，他好像是温州人，他宏亮的声音，使我为之震惊，特别是他唱的《松花江上》，给我留下了深刻的印象。当时，我就暗暗盼着自己，有朝一日也能像朱老师那样，为祖国的命运而引吭高歌。

"解放区的天是明朗的天。"浙南解放了,我已在温州中学读书。温州市青年团工委,组织了合唱团,我也被挑选进了。记得当时的团工委就在中山公园对面露天照相馆的楼上办公,我们就定期到那里练唱,指挥我们唱歌的是一位叫叶大兵的老师,他嗓子并不漂亮,但他使出全身的力量,大幅度地挥动手臂把我们的热情都鼓动起来了。

此外,我们还投入了土改、镇反、抗美援朝等宣传活动。我的邻居是夏卖蟾蜍冬卖笋的老头,他有一顶"松糕帽",一件"浪背",我就向他借来,"全副武装"自己,扮成老头,背起一个长长的道情筒,随学校宣传队穿街走巷演出。

我的音乐实践活动从家乡开始了。街头巷尾,是我最初音乐活动的"天然舞台"。

一九五三年我离开了心爱的音乐之乡。一九五六年进中央歌舞团,开始了我的专业音乐生涯。我成为歌唱演员之后,并未丢弃故乡民间音乐对我的影响,而是继续扩大民族音乐的视野,演出到哪里,采风到那里,从全国各地区、各民族的民歌中汲取更丰富的营养。近几年来音坛群星璀璨,唱法各异,我尊重同行们的努力和探索,但我却仍然要在建立中国民族声乐学派的道路上走到底。因为我坚信,她是根植在民族土壤之中的,她是具有旺盛的生命力的。

故乡的清泉滋润着我的歌喉,故乡的人民把我哺育成歌手。我要为我们伟大的中华民族,英雄的社会主义祖国而放声歌唱《在这万紫千红的春天》!

(本文原刊《浙南日报》一九八一年十一月二十二日)

故家,老屋基

林冠夫

林冠夫(1936—2020),温州永嘉人。红楼梦研究专家,曾任中国艺术研究院研究员、中国红学会副会长。著有《红楼梦纵横谈》《红楼诗话》《溪山话本》等。

前几年,我为《大若岩诗文集》写序言时,说到风景区大若岩,距我故乡仅二十华里。它的附近,有一组景点曰十二峰。每当天朗气清的日子,夕阳斜照时,站在故家老宅的外道坛,十二峰的峰峦清晰可见。

浙江的大部分地区为丘陵,登高远眺,看到几十华里之外的景物,是常有的事。这里说到的故家老宅,早已不存在了。我的童年时代,不是生活于这所老宅中,而是另外一处简易住所,因为老宅早年毁于回禄。

那时,南方城镇村庄的房子,绝大多数是木结构,最忌失火,故失火成为忌讳语,人们说到失火,辄以相反的"走火"代之。《红楼梦》中有个马棚失火的情节,下人向贾母报告时,曰"马棚走火"。

最忌火灾的,当然是藏书楼。江浙藏书家多。浙江最大的藏书楼名"天一阁",就是取"天一生水"的含意,就是出于以火反藏之的意思。不独浙江,明清之交的钱谦益,其藏书楼曰绛云楼,藏书名擅一时,藏有宋版书多部,后来因乳媪携其细软女夜嬉于藏书楼,不慎烛炧落于纸堆中,火延全楼,诸多善本,尽付一炬,有人说,楼曰"绛云",于防火甚为不利。绛云者,红色之云也,完全是一派着火时的景象。

不独藏书楼,普通人家亦是如此。每年一到入冬时,各城镇都有专人按钟点出来敲梆击柝,曼声呼叫:"小心——火烛,小心——火烛。"乡村,没有设专职的击柝者,则由各家出个半大的小孩,两人一班,轮流承值。尽管有此防范,但每当冬令干燥季节,房子毁于火者仍然时有发生。这里说的老宅，就是由此而被毁者。

我见到的，"老宅"早已荡然，留下的只是一片地基了，家族里的人仍都称那里为"老屋基"。也许是毁后时间较长，几乎看不到房基的遗形，所见的已是几片菜地，惟独头进堂屋前的一段石阶，因为打磨得光滑方整，尚保留下来，如果不是这么一段石阶，当年的头进堂屋是个什么模样，已经很难想象了。

此外，阶前偏右侧，尚留有一棵梨树，据老辈们说，那是内道坛石侧花坛中的残留物，为当年火灾的幸存者。我见到的这棵梨树，倒显得枝叶繁茂，生机勃勃，依然年年还能结出梨来。

这个村庄较为特别，各家房外屋边都植有梨树，每到清明节前后，梨花盛开，远看，一片梨花的海洋中，偶尔露出几个深灰色瓦的屋角，才显出那是一个村庄。村中的小道，多是青石平凑而成，一场春雨过后，如同冲洗过的青石路上，落上疏疏的点点洁白花瓣，而枝头的梨花残瓣，轻缓地悠悠飘落。这是故乡给我留下的惟一美好记忆。

村中各家，都有多少不一的梨树。每年的夏秋之交，梨果正成熟，有的人家自行采撷，挑到山外或城中出卖。城中那些大一点的水果店，也各自派小贩下乡收购。这也是村民们的一项可观收益。

我童年时，因老屋基的这棵梨树不算是正规的，常常等不到梨子成熟,便约上几个小伙伴,去采这些半生不熟的梨子。会爬树的,便上树采摘,一个个从树上往下抛,由不能上树的,在树下接。采够了,便围坐在那段废弃的石阶上,尽情大嚼一番。

所谓道坛,是指正房前的一片空地。比较成规模的房子,正房两侧各有厢房,构成一个"凹"字形。这个"凹"字形中间的场地,当地称为"道坛"。如果"凹"字形重叠,构成二进三进,则是二进道坛或三进道坛。较为考究的房子,房外另有围墙,围墙大门之外的场地,则名曰外道坛,围墙里面的称内道坛。内道坛的两侧,有的还各砌有层面略高的花坛。二三进道坛中,有的还有房主一家专用的水井。不过,这种井中的水,一般只用于洗涤。食饮用的水,则另有供多家汲取的水井。

江南的村庄,常有一口磊形水井,供全体或附近的村民公用。这倒是很古老的村庄格局。最近,人们围绕着汲水处聚居,由此而形成村落,因此乡村总是与水相并提。一个古老的词语,称离开家乡远出者,曰"离乡背井",就是由此而来。

老宅的围墙早已不见,只于迎面处留下几段断壁残垣,略见当年形景,外道坛却完整无缺,因为那片地面都是平石铺成,成为村民们晾晒粮食或其他杂物的公共场所。靠近围墙处,几件青石凿制而成的器皿却残留在那里,也已经不是原先成套的了,留下的,只是一个大水缸和一个石盆。据老辈说,水缸边当年还有一副石架,安着一道相连的水笕,以接引后山上的一处山泉,缸中接满水时,拉开水笕,水便从旁边的沟中流走。我见到的那口水缸,因多年闲置不用,缸中已结出一层青苔了。

那石盆很有趣,一边有个连着小石槽的洞眼,水盆也与水笕相连。注水时塞上洞眼,注满水可洗涤,用水毕拔去塞子,水从小石槽中泄出,沿着水沟流走。我童年时见到的石公园,还偶尔在使用。每当有被子床单之类的大件衣物洗涤,或洗较多的蔬菜,家里人便去外道坛,使用这个水盆。一道道换水时,出水的水沟还在,进水是怎么个操作,已经没有记忆了。

在旧时代,我只生活过短短的几年。那几年,听到家族中长辈们的一个经常话题,就是要在"老屋基"上重建故家。几位从堂的伯祖、叔祖和伯父、叔父,主张最力。此外,连几家亲戚也都为此事起劲。老祖母的一位堂弟,是营造专业的设计师,自告奋勇,由他出任重建中的设计者。我母亲的弟弟,即我的大舅父,更是慷慨许诺,某个的一片树林,属于他家祖传产业,将来如果木材不敷使用,可以到那里随意砍伐。

对此,我父亲也颇为动心,有过种种设想。然而,于他也仅仅只是动心而已,因为他考虑的问题更多。如要重建,真的开始动工起步,他作为这个家族的主事者,自然感到有一份责任,但他知道故宅原先的规模,对肩负的是一副多重的担子,心中也是十分清楚的。

那时,家道已经中落,何况四十年代又是个各方面都不景气的时代。父亲多年主持支撑这个家,他已常常感到力不从心。如果重建故宅,能否腾得出手来筹集这一大笔费用,委实不是易事。因此,重建故宅的事,始终只是停留于计划设想之中。

老祖母和母亲却懂得父亲的为难之处,父亲是这整个家族的主事者,需要应付的事真太多了。记得有一天晚上,父亲与母亲闲聊,讲到人的忧患和欢乐,并不与财产、地位相联系。在那晚的闲聊中,他还有意无意地给我母亲讲了个故事。说:

从前有个老乡绅,家中有一份产业,也颇受人尊重,可是他却整天愁眉不展,忧心忡忡。可是,他家的一位佣人,日子却过得十分快乐。他的夫人问,我们家有这份偌大的产业,衣食不愁,你却整天郁郁寡欢。而我们家的佣人阿牛,一无所有,一到晚间,吹拉弹唱,欢乐来已。你为什么不学学那位佣人,也过得快乐一点?老人说,他明天就唱不起来了。第二天晚上,那佣人的房中,果然无声无响。此后一连三天三夜,那佣人一直沉思着,再也听不到他的吹拉弹唱声了。他夫人说,这几天果然听不到那人的房中传出琴曲声了。

老人又说：明天晚上你又能听到他的乐声了。第二天，那佣人的房中，果然传出又是拉又是唱的一片乐声了。

夫人问这是怎么回事，老乡绅说，我乘他房中无人时，在他窗台上放了一百两银子，他不知银子来历，不知怎么处理，就唱不出来了。昨天我对他说，前几天我因有急事外出，有几两银子不便带，放在这里，你看到没有？那位佣人说，我已经替你收好了。于是就拿出这包银子。这时他已一无思虑，晚上自然又可欢快弹唱了。我们家这份产业，远非一百两，应该思虑的事难道还少吗？

那时我因年岁太幼小，对故事的真正含意，不完全明白，但只感到这个故事很有趣味，所以印象颇深，长留在记忆中，至今还记得。当时我虽然没有去想父亲为什么给母亲讲这个故事，但我觉得母亲是听懂了。父亲思虑的，当时是重建故宅这一桩事。母亲深知父亲的诸多难处，当家族中人再提这重建故宅的事时，母亲在一边则是缄默了。

后来有一年，由于一场自然变故，将这重建故宅的设想彻底打消了。我的故乡地处浙南，东南沿海各地，每年春之交，常常是台风夹带暴雨，造成大灾害。故家老宅的大格局，是依山而建，后山是层层叠叠的梯田，地势较为陡峻，在这种自然灾害中，往往受到严重的威胁。

那年的一场大风雨，来势颇猛，后山的梯田连层断裂滑坡，出现了多米诺现象，滑下的泥石直冲到老屋基后进的边沿。据老辈们说,那里原先是一口荷花池,不过我所见到的已不种荷藕,而是作为种植茭白之用。这时,那茭白池已被泥土碎石填成坡地了,再后面,几层梯田也已变成泥土碎石的斜坡了。

天放晴后,老祖母特地去视察一番,她看到后山的景象:斜坡的高处,还留着残破的梯田。如重建房子,老祖母的居室恰好安在最后一进,如果再遇上一场大风暴雨,那高坡还存留清坡的危险,别的不说,老太太受什么惊恐,就不堪设想。祖母当即表示,不能在这里重建故宅了。

其实,这是老祖母为父亲解围。当时,老太太看到家族中几位长辈对主事的父亲施加压力,知道父亲的为难。她正好乘后山这场塌裂,提出一个十分充足的反对理由:这里危险,不应在这里重建。自此之后,别的长辈们也不再向父亲提起在老屋基重建故宅的事了。

不过,家族时原人,那个时候对这片土地,依然叫它为老屋基。后来由于时代的原因,老屋基另有归属,它在我的记忆中,也逐渐淡忘了。

事隔多年之后,我因事南下,乘便回故乡看看。偶然路过老屋基,见到的是一片新面貌。前一进空地上的梨树,自然处埋掉了。残留的台阶,也不再闲置,大约有人将以派了别的用场。那地基上,已有人在那里并排建了两所房子。屋后那个填没的茭白池是何模样,已无法看到了。

到二十世纪五十年代,这块地皮上因已建了房子,人们遂自然不再叫它为老屋基了。

(本文选自《溪山话本》,作家出版社二〇〇七年九月第一版)

我是温州人

戈悟觉

戈悟觉（1937— ），温州乐清人。毕业于北京大学，曾任宁夏文联副主席、作协副主席，温州广播电视大学党委书记、教授。著有《记者和她的故事》《她和她的女友》《一生中的四天》《来过西部》《状态》《时光有声》，主编有《瓯越文化丛书》《走出温州》等。

中国人的习惯，见面彼此爱问："你是哪里人？"自然，我回答："温州人。"

我的习惯，在说出这三个字的时候，目光总要在对方的脸上"观照"一番。这习惯是三十多年逐渐养成的。

早在一九五五年秋天,我考上北京大学。他们对我的来历无动于衷,报名处的工作人员问:"哪个温字?"我们中文系的同学竟然也有人说不清温州在浙江还是福建。在北京同学一堆、上海同学一堆的新生宿舍里,我自甘寂寞。温州嘛,南方一个十多万人的小城。一位同学知道文天祥来过温州,我对他肃然起敬。至于瓯江,不会有人知晓。十多年前我写过一首诗,其中有"瓯江未有名,万古空留声"诗句,颇为秀色如斯的瓯江鸣不平。

大学时代有两件事留给我很深印象。

一是温一中一位女同学参加全国体操邀请赛,顺便到北大看望我。这简直是我们男生宿舍的节日,我们把破鞋装到一个袋子里,把脏被子拿出去晒太阳,借了两张画,里里外外打扫了一遍。女体操运动员在我们的心目中是美的化身,那神采,那线条,那技巧。她来了,穿一件不合身的蓝棉袄蓝棉裤,一双黑条绒的棉鞋。当年温州的学生装是黑色的,穿蓝的已经是时新。她又说不好普通话,拘谨地坐着,那臃肿,那木讷,那呆滞。我不禁为温州人难堪。其实,当我陪同她去体育馆,她穿体操服拍照的时候,神采、线条、技巧全都显示了。我真为温州人遗憾。

另一件是现代汉语教师得知班里来了个温州人,便约我去说温州话。他在写一部方言专著,温州话太特殊了,他一再说:"难得见着真正的温州人。"我因稀因冷为贵,心里不是滋味。

大学毕业我来到宁夏。不料宁夏有这么多温州人。到处是"支宁青年",宁夏石嘴山市的商店里,可以说温州话买东西。我热情洋溢地写了一篇文章"塞上开遍江南花"的通讯报道,我的小说处女作就是写温州姑娘嫁给宁夏农村小伙子。好景不长,国家经济的困难岁月来了。温州人不断地离开了这朔方异域。我这个温州人,每每被误会是"支宁"跑不回去的人。在对方的脸上,我看到的是同情,怜悯,抱憾。"温州人,啊,啊……"这"啊啊"里的意味是深长的。

后来,默默无闻的温州突然名声大噪。那是随着"祖国山河一片红"传遍全国的武斗。"真的烧了一条街?""死了多少人?""听说……"我成了温州新闻的发言人,时时面对这种诘问。那时温州人成了热血沸腾、骁勇善武、为"观点"赴汤蹈火在所不辞的好汉象征。不多久,温州又引人瞩目了,成了"资本主义复辟"的样板!你们温州如何如何,你们温州人如何如何,一件件离奇故事传到我这个塞上温州人的耳朵里。我觉得大家对温州过于关怀了,几乎人人肚子里都有一个关于温州传说的标本。又不久,温州怎么又变成经济搞活的典型了。于是,又是你们温州如何,你们温州人如何。在全国的各大车站,我几乎都能听到温州话,据说一个洋文字母都不认得的温州人(有些人连中国字也认不得)也敢闯欧洲，还有，形容温州人善动脑子："头发都是空心的。"形容温州人能干："插根棍子都能让它发芽。"

现在，小小的偏僻的温州是太出名了。出名得让人眼光缭乱，莫名其妙。

今年春节我们全家回温州探亲。临行我和妻子在送什么礼物给父母费神，最后决定买两条驼绒被。驼绒是西北特产，驼绒被在西北也算是高档消费品。我们五年前回过温州，忘不了父母的又小又硬又重的被子。没想到，我们的奢侈品竟成了低档货，父母亲早已盖上了鸭绒被。

这是来温州第一天给我们上的课。既失意又愉快。

在家乡二十天，真是忙。忙着应酬，见面，访问，观光，赴宴（过年亲戚间的宴请是必不可少的）。尤其是和小学同学的聚会，一下子超越了"昔别君未婚，儿女忽成行"的感慨，而是从前十来岁的我们，在一起申报谁当了祖父、祖母，谁已经退休、离职。我能认出多一半人，喊出他们的名字，或者只要他们一说话，举手投足，立即活现出当年的那位小同学。我在那天晚上，尤其感到自己是温州人，属于铁井栏街瓦市殿巷的温州人。

但我究竟是在故乡生活十七年、在外乡生活三十多年的温州人。经历那么多的脸上表情之后，我开始"观照"温州人了。我在温州不断地询问："你觉得温州人到底有什么特点？"我是十分认真的。我常常听到这样的回答：能吃苦，敢冒险，目标感强，肯干肯钻研，聪明，乐观幽默，精力充沛，讲义气，富有人情味，务实，等等。这些都是长处了。不过大概是自家人不说两家子话吧，也可能是我在外面听惯了对温州人的溢美之词，还有，是一种我更喜欢听到对温州人的好话的心态作祟，我对贬词印象更深。比如，虚荣心强，贪图小利，商业道德差，表现欲过旺，无大目标，意气用事，等等。

我自己的判断呢？我离开温州乘坐在开赴上海的轮船上，我想了一路。结论是：不要下结论。概括一个民族或是一个地方的品格，是很难的。那十七年我太小，这二十天太短。我发觉我更挂念的是温州的明天。明天，大家（全国）会怎样议论温州呢？他们在听到我是温州人时，眉毛、嘴巴会是怎样动作？我企望美丽、繁荣、富裕、充满活力（多么难得啊）的故乡，会更美丽、更繁荣、更富裕、更充满活力，企望故乡清洁、文明，有很高的文化素质和道德力量，企望……

我是温州人。第一，这不可更改；第二，我为此骄傲。我的心中，日日夜夜流着滔滔瓯江水。我一天比一天、一年比一年越来越为我是温州人自豪；将来也会是这样，一天比一天，一年比一年……一定的。

一九八七年三月十日于银川

（本文原刊《温州日报》一九八七年三月二十五日）

最忆师生情
——记中学语文老师林书立

周瑞金

周瑞金（1939— ），温州平阳人，著名报人。曾任《解放日报》《人民日报》副总编。以"皇甫平"的笔名，主持撰写《改革开放要有新思路》等评论文章，为改革开放鼓与呼，引起强烈反响。著有《宁做痛苦的清醒者》《新闻改革新论》《皇甫平改革诤言录》《南怀瑾：一代大师未远行》等。

一个人在自己的记忆屏幕上，中学时代的经历往往是色彩最鲜丽的一幕。不管过了多少年,也不管经历怎样的变迁,中学时代的人和事总是那么亲切而清晰地浮现在心头,历历犹如昨日。

时隔四十五年,在今年欢庆母校百年校庆的时候,我对母校最深的记忆是什么呢?可以毫不犹豫地回答:最忆师生情!是温州中学那些富有学识、经验和素养,而又充满热爱、关切学生之忱的老师!他们是人民辛勤的园丁,是发掘、培养人才的灵魂工程师,他们永远值得我们敬佩、爱戴和怀念。

我是一九五四年夏由建华初级中学提前毕业,就读于当时温州一中高中部的,三年的学习生活,紧张、充实而愉快,特别是学校领导的重视教学,各学科教师的认真授课,全校学生的好学进取,以及由此而形成的全校浓厚、热烈的学习风气,给我留下了深刻的难以磨灭的印象。我不会忘记,金嵘轩老校长的学高、德劭、望重;魏忠副校长的勤恳、恭谨、忠诚于党的教育事业。我也不会忘记,班主任王帆云老师同我们三年相共,亲密无间;郑虔老师不辞劳苦地为我们几个外语爱好者编写并辅导俄语课外材料;王祥第老师陪同并介绍夏鼐教授,以激励我们后学者钻研学问,追求事业。我还不会忘记,关怀过我们这一届学生,为我们所普遍敬佩、赞赏的洪震寰老师、洪特民老师、周兴球老师、黄来仪老师……

我最难忘怀的,是教过我们三年语文的林书立老师。当时,他虽然只是一个比我们大六七岁的青年教师,可是由于教学的认真引人，为人的质朴忠直，待学生的热情诚恳，他赢得了任教的两个班级全体同学的深深敬爱。他每次讲课都准备充分，内容丰富，生动感人，而且注意教学方法，善于调动学生听课的积极性。他经常为我们批改作文至更深夜阑，在我们一本本作文簿上留下热情、中肯、富有启发的批语。在他的启迪、教育下，我们五六两个班级的学生爱好文学的特别多，仅一九五七年夏同时考进复旦大学新闻系的就有三人之多，使全系为之注目。我们所以选择攻读新闻学这个专业，走上新闻记者的道路，都是同林老师的教育、关怀、鼓励分不开的。此外，我们班级爱好文学的许多同学，也都得到了林老师的悉心指导和帮助。毕业后，我们班级同学每逢聚会，除了班主任王老师以外，总不忘邀请林老师前来参加，四五年来从未间断，足见师生情深谊重。

至于林老师对我的影响，那就更直接、更深刻了。本来，我的语文成绩平平。大约在高一下学期，有次林老师谈到诗人闻捷的抒情诗《天山牧歌》的特色，引起了我莫大兴趣。不久，在一次命题作文时，我便以《致闻捷老师的一封信》为题写了一篇作文，表达了自己对诗人的敬慕之情以及对他的抒情诗的热情赞赏。想不到，这篇粗陋的作文竟得到林老师的赏识，他给我写下长长的批语，在课堂上朗读，并推荐去参加全校作文比赛，竟得了个二等奖。这对我是一次很大的鼓励。可以说，这是我对文学产生兴趣的契机，也是我和文字结下不解之缘的发轫。七八年之后，当我到《解放日报》工作，一次遇见闻捷同志时，曾经对他谈起自己这段往事，他听了哈哈大笑说："我是当记者时爱上诗，学写诗，想不到你是爱上诗才当记者的……"这么一个热情爽朗、才华横溢的优秀诗人，几年后竟被"四人帮"迫害致死，我是非常悲痛的。

俗话说："严师出高徒。"别看林老师平时对学生和蔼可亲，可是对学习的要求却十分严格、一丝不苟。他常说，爱惜人才就得从严要求："严是爱，松是害嘛！"我印象较深刻的是有一回，他以《什么是幸福》为题要我们作文。由于当时我不会写议论文，便写成一篇蹩脚的抒情文。尽管林老师平时对我的作文颇多好评，常在课堂上朗读，可是这次却毫不留情地在我的作文本上批了几个大字："文不对题，词不达意，差！"接着又写了一行：今后要加强议论文写作训练，以补其短。看到批语，当时我脸上是怎样的火辣辣啊！但正是从这种火辣辣中，鞭策我去研读、学写杂文、评论等议论文章。日后我能在《人民日报》和《解放日报》主管评论工作，为党的机关报撰写社论、评论文章，细想起来，还同那篇作文的失败、林老师的严格指点有密切关系哩！

令人难忘的是，毕业前夕，在那温馨的仲夏黄昏，林老师和我时常一起漫步在华盖山上，畅谈理想、未来、事业和人生。我当时心里话总喜欢找他倾吐，而他总是那么亲切，热情,以自己的阅历和经验,循循善诱地指导我应当怎样确立理想、选择道路,怎样看待社会、认识人生,怎样正确地处理红与专的关系。我们倚坐在华盖山上,背靠着亭亭松柏,面对着瓯江口点点渔火、曳曳帆影,经常畅谈至皓月当空,乐而忘返。时隔多年之后,林老师忆及师生间这段真挚的交游,曾满怀激情和期待,给我写了两首《重访华盖》的诗。四十五年来在学习和工作的征途上,在复杂纷繁的政治斗争中,我常常感到自己所以能目标如一、步履稳正,始终坚持在党的新闻工作岗位上战斗,不能不说林老师的思想、品格、情操对我的影响是一个重要因素。

古人云:"一日为师,终身为父。"老师对待学生能像父兄对待子弟那般关怀、体贴、爱护,是为人师表的一种高贵感人的品格。在母校念书时,我是个家在外地的寄宿生,平时缺少亲人照料,家境又比较困难。林老师便像父兄般无微不至地关心我,他看见我营养不良,就给我送来鱼肝油丸;每逢节假日便邀我上他家吃饭。记得参加高考的前一天,我患感冒发高烧,林老师焦急异常地赶到学校集体宿舍,亲自为我调药,待我烧退了才放心离开。第二天一早,他又亲自送我上考场,并留下一盒万金油,捋下自己的手表让我计时用,而且再三叮嘱我沉着应考,遇难莫慌。这些事看起来是很琐细,微不足道。但一想到今天到处听说是学生给老师送厚礼、请筵席,再忆及四十五年前的师生关系,老师对学生竟关怀、体贴若此,这该是何等地感人至深,又何等地难能可贵啊!岁月可以流逝,记忆可以淡忘,但母校老师的这种深情厚谊,将永远铭刻在我们每一个校友的心底。

在我敬爱的老师六十寿诞的时候,我曾写了一首诗表达自己的敬仰之情:

忆昔程门雪未消,
春风催涨瓯江潮。
四方桃李争荣日,
师德巍巍仰弥高。

写于一九八二年,二〇〇二年略作修改

(本文选自《宁做痛苦的清醒者》,文汇出版社二〇〇三年六月第一版)

三游平阳

叶永烈

叶永烈(1940—2020),温州市区人,著名作家。毕业于北京大学,以创作《十万个为什么》《小灵通漫游未来》等科普作品一举成名,后以写人物传记见长,出版有《红色的起点》《历史选择了毛泽东》《毛泽东与蒋介石》《"四人帮"兴亡》等。

一九九九年金秋,我游历欧洲十国,在各国"唐城",处处可闻温州乡音。温州人在欧洲名气很大,以至欧洲人"只知有温州,不知有浙江"!

不过,在国外,温州人并不只指温州市区的人,而是一个泛称,包括温州郊县。

在温州各郊县之中,有四个县跟我有着特殊的关系:一个是乐清县,家父出生在那里;一个是瑞安县(如今已经县改市),家母的故乡;一个是平阳县,岳母的家乡;一个是苍南县,岳父的老家。不过,岳父当年总是称自己是平阳人,因为他家所在地张家堡当时属于平阳县。平阳是一个大县,后来一分为二,分出一个新县——苍南县,张家堡被划入苍南。

我在温州市中心长大。小时候只随父母去过乐清县和瑞安县。高中毕业之后,我离开故乡温州,远赴北京大学求学,后来定居沪上。

自从一九六三年结婚之后,我成了"平阳女婿",一下子拉近了我与平阳的距离。我的耳际常闻平阳乡音,因为妻、岳母以及她们家的亲友,都讲一口平阳话或者平阳口音的温州话。

我头一回去平阳,是在一九八七年。昆阳镇是平阳县政府的所在地。那个时候的昆阳,还是一副古老的面貌。昆阳镇给我十分遥远的感觉。因为我从温州来到瑞安,一条宽阔的飞云江拦住了去路。在冷雨中等了许久,才登上渡轮,慢吞吞地在浑黄的江水中行驶了二十来分钟,这才终于到达彼岸。

记得,上了岸,我要"打的",乘的是三轮摩托车,平阳人叫它"狗儿车"。"狗儿车"在颠簸的道路上蹦蹦跳跳,真的像是一只撒欢的小狗。

我住在舅舅家。屋里四周的板壁已经是深咖啡色,不言而喻,老屋的年岁比满头霜的舅舅还要大许多。

十年之后,我再度来平阳,那种遥远感不复存在。新建的飞云江大桥,使大江变通途。

"狗儿车"已经不见,代之以满街奔跑的"富康"牌出租车。

我下榻在落成不久的平阳宾馆。古镇上能够有这么气派的宾馆,给我宾至如归的感觉。跟舅舅家的老屋相比,仿佛隔着一个世纪。不过,小镇上到处在拆建。就在平阳宾馆之侧,正搭着高高的脚手架,不时传来一阵阵轰鸣声。整个昆阳镇,仿佛成了一个巨大的工地。

我当时是应邀前来讲学,到了平阳县好多学校。一座座学校几乎都新建了校舍,平阳人对于教育的热情,表明了这里文化底蕴的深厚。

又过了三年——二〇〇〇年金秋,我应邀来到平阳采风,第三回来到这里。

一下车,我几乎不认识昆阳镇了。当年的脚手架,如今变成一幢二十多层的平阳大厦。我下榻于平阳大厦的"阳光假日酒店"。从窗口望出去,紧邻的平阳宾馆成了相形见绌的小弟弟。

我注意到一个小小的细节:欧洲人习惯于喝冷水,在欧洲宾馆的客房里没有开水;中国人喝惯开水,中国的老式宾馆在每间屋子里放一个热水瓶,服务小姐进进出出灌开水,常常干扰旅客的休息;如今的中国内地宾馆,学习香港的办法,在客房里放个"热得快",让旅客自己烧开水;这家"阳光假日酒店"则在每间客房里安放了桶装矿泉水以及热水器,又方便又干净。尽管现在家家户户用上桶装水和热水器,但是常年在外奔波的我,还是头一回遇上喝水如此方便的宾馆。

三年前的大工地,如今变成了一座现代化的新城。舅舅家的长满青苔的院子连同古屋已经成了历史陈迹。内子度过童年时代的老街已经变成一条新楼鳞次栉比的现代化大街,尽管街名依旧,但是面目一新。

使我惊讶的是,在晚上九时多外出,昆阳镇上商店灯火辉煌,海鲜餐馆、新潮服装、进补药铺、数码相机、好莱坞大片光碟,比比皆是,就连书店也明亮如昼。看来,"夜上海"之风已经吹入这座海滨小镇。记得,去年在欧洲,入夜一片死寂,因为那里的商店晚六时关门。

这回金秋采风,使我有机会广泛"触摸"平阳,细细浏览着洋溢江南风光的《平阳上河图》。在这迷人的长卷之中,我特别喜欢两颗熠熠生辉的明珠与三个不同凡响的小镇。

山东有平阳县,浙江有平阳县。"平阳"这名字,给人以一马平川之感。所谓"虎落平阳",是说老虎从深山来到平原,失去了倚恃。其实,平阳既有平展展的大片沃土,也有突兀青山。南雁荡山秀峰异,洞幽溪清,乃平阳明珠,名列国家级风景名胜区金榜。雁荡山分北雁荡与南雁荡。南北各有特色,北雁荡以奇峰取胜,而南雁荡则以奇洞闻名。

镶嵌在平阳画卷上的另一颗明珠则是南麂列岛。黄沙、碧海、白浪,配以奇岩怪石,南麂令人心旷神怡,留连忘返。这里有着"东方夏威夷"的美称,是游览平阳的首选之地。在中国东南沿海,南麂是最美的海滩。

除了南雁、南麂这一山一岛之外,平阳还有一溪:乘竹筏在顺溪漂流,坐水观山,也是人生乐事。两岸竹林如翠,脚下碧波似玉,良辰佳景似浓浓醇酒,令我陶醉不已。

在平阳的诸镇之中,我很喜欢山门、腾蛟、水头这三个各具特色的小镇。

"山不在高。"在离南雁荡山不远的山门镇,尽管山不高,山间翠竹掩映着一座看似普通的黄墙寺院。

在这座小小的寺院里,沿着木扶梯爬上小小的阁楼。一举手,我就能摸到天花板。走过门框时,不能不低头。在阁楼板壁上,我见到一个蓝色的方布袋,上面缝着一颗红色的五角星。据友人告知,这是粟裕大将当年用的挎包。阁楼里的小房间,便是粟裕的卧室。一张木板床,一张小木桌,一盏煤油灯,便是房间里的一切。

这里山深路远，又临近福建省，成为浙闽两省交界的所在。在三十年代，粟裕领导的中共浙闽边临时省委以及中国工农红军挺进师，就在这里点燃了星星之火。粟裕在这里的畴溪小学，创办了闽浙边抗日救亡干部学校，粟裕担任校长。

这里成了温州的"井冈山"，温州的"延安"。蓝色布袋上的红色五角星，在战火中锤炼成鲜艳的红旗，飘扬在温州城头。至今我仍清楚记得，在一九四九年五月，温州不是由中国人民解放军正规军攻克，而是由穿灰色军装、戴八角帽的浙南游击纵队一举扫平。浙南游击纵队的前身，正是当年活跃在平阳山区的中国工农红军。

于是，在平阳山门建起了"红军亭"，建起了巍峨的"中国工农红军挺进师纪念碑"，建起了"中国工农红军挺进师北上抗日出征门"……当年粟裕每日取水的寺前小井，也被命名为"红军井"。

一九八四年粟裕大将病逝之后，粟裕夫人手捧将军的骨灰盒，把将军的部分遗骨安葬在平阳山门"闽浙边抗日救亡干部学校"旧址，因为平阳是粟裕将军浴血战斗过的热土。

平阳另一个名叫腾蛟的小镇，也给我留下难以磨灭的印象。

这个小镇，藏蛟卧龙。且不提这里历代的文状元、武将军，光是当代的"数学泰斗"苏步青和"百岁棋王"谢侠逊，便是从这里腾飞的两条巨蛟。

我采访过苏步青,并为他写过报告文学。他是一位风趣的长者。记得,我称他为"苏老",他笑道:"'老'而又'酥',不妙!不妙呀!"

我问他:"您的名字苏步青,据说取义于'数不清',从小就要当数学家。"

"哪里,哪里。"他连连摇头,"我的名字,是我父亲取的。'步青',就是'平步青云'嘛,就是'出人头地'的旧思想,跟数学毫无关系。我的哥哥苏步皋,也就是'步步高升'。什么'数不清',完全是瞎编瞎传。我小时候生在穷山沟,做梦也想不到当数学家。"

他告诉我,他在一九〇二年九月二十三日出生于平阳腾蛟。父亲苏祖善种地为生,母亲徐氏生了十三个孩子,其中十一个是女孩,他是最小的一个男孩。

我又问他,温州出了许多数学家,据说是温州靠海,从小吃黄鱼,脑子特别聪明。听了这话,他不笑了。他很严肃地说:"在旧中国,温州条件很差,没办法研究物理、化学,而研究数学只需要一支笔、一张纸。这与黄鱼无关。"

这一回,我在腾蛟参观了苏步青故居。故居背靠卧牛山,面对开阔的田野。故居保存完好,如今已经成为旅游者参观的必到之处。

谢侠逊的大名,我早已从内子的舅舅那里听说。谢侠逊少年时曾与他在昆阳对弈,后来以弈为业。谢侠逊十分感叹地对内子舅舅说:"小时玩玩,临老当饭。"

谢侠逊六岁从父习棋,十三岁棋冠温州,三十一岁夺冠上海,四十一岁成为中国"棋王"。

在腾蛟,见到规模盛大的"中国棋王碑林"。置身碑林,仿佛置身于名人之林。李济深、林森、冯玉祥、章士钊、梁启超、于右任……都曾与"棋王"对弈,弈毕题词相赠。这些题词刻于碑上,济济一堂。居中的巨碑上,镌刻着江泽民在"棋王"百岁之际所写题词:"百龄高手,永葆青春。"巨碑背面,则刻着一九三九年仲夏"棋王"与周恩来对弈的残局,更是妙趣横生。

我注意到,"中国棋王碑林"四周护栏的青石柱上,刻着一颗颗圆圆的棋子,富有特色。

受"棋王"影响,腾蛟人人善弈,有着中国"棋乡"的美誉。

水头镇跟山门、腾蛟截然不同,这里一片浓浓的商业气氛,皮革厂聚集于此,成为中国新兴的"皮都"。这里的皮茄克、皮包、皮带、皮鞋名闻遐迩,畅销国内外。

我下榻于虎豪宾馆。这是虎豪皮件公司附设的宾馆。一进门,就见到两颗"★"。虽说只是二星级宾馆,但是在我看来,可以与欧洲的四星级宾馆媲美。每间客房大约二十多平方米,明亮而干净。宾馆中的小花园,曲径通幽,满目苍翠,赏心悦目。入夜,以大理石装饰、宽敞的餐馆,座无虚席，杯觥交错。在小镇上能有这么豪华的宾馆，从一个小小的角度反映这里商业的发达。

山门是星火燎原之处，腾蛟乃文化之镇，而水头则是商家云集。三个小镇，三个面貌。在平阳的这三个小镇之外，鳌江镇已经是规模超群的现代化"大镇"，集渔港、工业、商都于一身。

往日，虎望平阳而却步；今朝，虎游平阳而欢欣。在新世纪的阳光下，平阳一片璀璨。

(本文选自《行走中国卷》，上海文艺出版社二〇〇二年一月第一版)

淡淡的温州情结

王则柯

王则柯（1942— ），温州市区人。中山大学教授，经济学家。在微观经济学、博弈论和信息经济学等领域享有盛名。著有《经济学的常识理论《新编博弈论平话》解释的困惑《认识博弈的纳什均衡》等。

去年很高兴的一件事情，就是适应高原的能力有了明显提升。相隔四年的两次中甸旅游成为见证。随后云南、青海这么走下来一路顺利，金秋十月终于首次游览西藏。

早就想去西藏看看，可是多年没有成行。暑假快结束的时候，收到几乎年年去西藏的一位同事的短信，说她刚刚结束藏北无人区的自驾游回到拉萨，历时十七天。遇到另外一位旅游说走就走的同事，问她去过西藏没有，她说十年前就去过。再想起女儿要好的同事也都有丰富的西藏阅历，我感到自己真的太落后了。思想说不上巨人，行动千真万确是矮子。要知道，她们都只是我学生辈的女性。

正好这个时候，突然收到我在浙江大学教过的一位学生从拉萨发来的邮件。她是上海财经大学的研究生，作为志愿者离开学校一年，到了拉萨工作。她说那里情况很好，藏民对他们也很好，还说九月十月是拉萨最好的季节，问我是否有空去拉萨看看。

我再也不能无所作为了，开始认真筹划起来。最早是考虑坐火车进藏乘飞机离藏的，一些同事马上表示愿意帮助我买好从西宁到拉萨的火车票。说话之间，又过了大半个月，比起人家说走就走，真是磨蹭得厉害。突然一天，看到国庆假期当中中秋节那天，从广州去拉萨的飞机票特别便宜，我和女儿们马上决定十月三日中秋节当天，从广州直飞拉萨。

想不到进入西藏以来，只出现过快步走的时候会略略喘气这么一种现象。入藏的第三天，主观感觉好像已经完全适应。我原来的想法是：在拉萨住下来就是胜利。这时候就坐不住了，遂临时参加了拉萨当地的两个散客旅游团，一次去圣湖纳木措，一次去圣湖羊卓雍措和后藏的日喀则。圣湖美丽得"像假的一样"。旅游纳木措的那天,曾经因为集体观念太强而跑步一百米左右追赶汽车，但是上车十几分钟喘定以后，也没有感觉任何不良的后果。

日喀则旅次，认识陈姓夫妇两位温州籍的团友，他们形体健硕，性格豪迈，是形容举止就能够为国人挣面子的一对。当知道我也是温州人的时候，陈先生问我温州哪里，我说永嘉县上田村，他马上手机上网，我的心情随笔《聆听巴桑》就跳了出来，里面谈到我的家乡。

我祖籍浙江省温州市属下的永嘉县。一九四二年，我出生在永嘉县的上田村，父亲是王季思（王起），当时在浙江大学龙泉分校任教，母亲是徐碧霞。一九四七年我们迁到杭州与时在之江大学任教的父亲团聚，后来又随父亲迁到广州中山大学。此后的五十多年时间，我没有回过家乡，所以谈到童年的家乡生活，只有一点在农田里捡菜帮子和在伯父家大花圃偷摘番茄的记忆。五十多年以后的二○○二年，承蒙胡毓达教授的安排，我才首次回到温州地区，在温州市区呆了三天，其中有半天时间因为旅游楠溪江，勉强可以算是回到过永嘉，上田村则迄今没有回去过。这使我觉得，自己的家乡观念非常淡薄。在我们从永嘉出来的全家，只有我一个人不大听得懂温州话，说就更加不行了。全家离开永嘉的时候，我弟弟不到三岁，比我小得多，但是他不但会听家乡话，而且会讲，虽然没有人认为我弟弟比我更有语言天赋。

我虽然听不懂温州话，却听得出温州话，不然也没法在日喀则旅次和陈姓团友唠同乡。他们两口子是很有品味的成功人士，懂得享受生活。后来在拉萨青年街散步，又不期而遇，有机会再次亲切话别。在世界许多地方，我都听到走过的有温州人，可是只在西藏这样让你感觉神圣的地方，我才敢于以温州人的身份与同乡的陌生人相认。你说奇怪不奇怪。

我虽然听不懂温州话，但是对于给别人泼冷水说他的温州话不好，却颇有心得。我们中山大学图书馆的前馆长连珍先生，也是温州人，他们全家定居广州比我们要早。连先生的大公子比我小一岁。有一次两家一起吃饭，连公子说他就会说温州话。我马上问他温州话怎么说"意大利"，他顿时败下阵来。

到广袤的西部去，和陌生人交朋友。去年在藏区的经历，真是非常可贵的人生记录。难得的是，其间还插入温州同乡萍水相逢的温馨记忆。

(本文原刊《瓯风》新刊第一期，黄山书社二〇一〇年九月第一版)

图书在版编目（CIP）数据

现当代温籍名家笔下的温州 / 方韶毅编 . -- 上海：文汇出版社, 2022.9
（梦绕瓯江）
ISBN 978-7-5496-3791-1

Ⅰ.①现… Ⅱ.①方… Ⅲ.①散文集－中国－当代 Ⅳ.① I267

中国版本图书馆 CIP 数据核字 (2022) 第 151062 号

梦绕瓯江

现当代温籍名家笔下的温州

作　　者	方韶毅
责任编辑	苏　菲
装帧设计	何天健
出 版 人	周伯军

出版发行	文汇出版社
	上海市威海路755号（邮政编码200041）
经　　销	全国新华书店
印刷装订	温州市北方印务有限公司
版　　次	2022年9月第1版
印　　次	2022年9月第1次印刷
开　　本	787×1092 1/32
字　　数	240千字
印　　张	14

ISBN 978-7-5496-3791-1
定　　价　68.00元